조선말의 '낙중학'

한주 이진상의 삶과 사상

계명한국학총서 48

조선말의 '낙중학' 한주 이진상의 삶과 사상

2018년 11월 26일 초판 1쇄 인쇄
2018년 12월 13일 초판 1쇄 발행

지은이 | 홍원식 외 7명
펴낸이 | 신일희
펴낸곳 | 계명대학교출판부
42601 대구광역시 달서구 달구벌대로 1095
전화 053-580-6233 팩스 053-580-6235
등 록 | 1970. 9. 1.(신고번호 제347-1998-1호)

ISBN 979-11-89468-62-0 93150
값 25,000원

이 도서의 국립중앙도서관 출판예정도서목록(CIP)은 서지정보유통지원시스템 홈페이지(http://seoji.nl.go.kr)와 국가자료공동목록시스템(http://www.nl.go.kr/kolisnet)에서 이용하실 수 있습니다.(CIP제어번호: CIP2018037987)

낙중학 총서 6

조선말의 '낙중학'

한주 이진상의 삶과 사상

계명대학교 한국학연구원
홍원식 외 지음

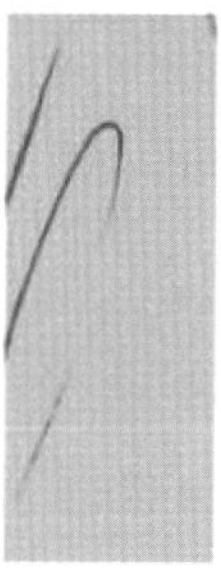

계명대학교 출판부

책을 펴내며

Foreword

계명대학교 한국학연구원에서는 2010년부터 2017년까지 매년 총 8회에 걸쳐 조선시대 낙동강 중류 지역의 유학인 '낙중학洛中學'을 주제로 한 기획 학술대회를 진행하였으며, 그동안 발표된 논문을 바탕으로 '낙중학총서'를 5권까지 간행하였다. 이번에 간행되는 『조선말의 '낙중학' 한주 이진상의 삶과 사상』은 '낙중학총서' 6권에 해당하며, 여기에 실린 글은 2015년 제6차 기획학술발표대회 때 발표된 논문들이다.

조선 중기 낙동강 중류지역에서는 한강寒岡 정구鄭逑와 여헌旅軒 장현광張顯光과 같은 우뚝한 유현儒賢들이 출현하여 낙중학을 이끌었지만, 조선 후기로 오면서 낙중학은 뚜렷한 유현을 배출하지 못한 채 낙동강 상류지역 중심의 범퇴계학권凡退溪學圈 속으로 편입되어 들어갔다. 그런데 조선말 19세기 중엽에 이르러 낙중지역인 성주에서 한주寒洲 이진상李震相이 출현하면서 낙중학은 다시 부흥하는 계기를 맞게 되었으며, 영남지역은 물론 전국적으로도 유학계의 중심적 위치에 서게 되었다.

이진상은 일찍이 자신의 재실에 '조운헌도祖雲憲陶'라 편액하여 '운곡雲谷(朱子)을 조술하고 퇴도退陶(李滉)를 헌장하겠다'는 뜻을 세워 '심즉리설心卽理說'이나 '리발일도설理發一途說'과 같은 독창적 성리설을 제기하였으나,

그것이 이황의 학설과 어긋난다 하여 영남지역에서 일대 파란을 일으켰다. 이것은 곧 낙중과 낙상 영남유학계의 분화를 의미함과 동시에 한주학의 등장과 낙중학의 부흥을 의미한다. 그는 스스로 '문자벽文字癖'이 있다고 말했듯이 성리학 관련 저술뿐만 아니라 예학과 역사학, 경세학 등 다방면으로도 관심을 가져 많은 저술을 하였다. 이것은 조선 중기의 낙중 선현인 정구를 떠올리게 하며, 낙중학의 한 특성으로 자리매김하기에 부족함이 없다.

본 책에는 총 8편의 글을 실었다. 먼저 총론으로 「이진상의 '한주학'과 낙중학의 부흥」(홍원식)을 맨 앞에 싣고, 나머지는 성리학과 기타 두 부분으로 나눠 실었다. 이진상은 조선말 전국을 대표하는 성리학자이면서, 한편으로는 성리학 이외의 다방면에 걸쳐 방대한 저술을 남겼기 때문에 이렇게 구분했다. 구체적으로 제1부 성리학 부분에는 「한주 이진상의 리기설」(김기주)과 「한주 이진상의 리학적 심즉리설 고찰」(이형성), 「한주 이진상의 심주재설과 존덕성공부론」(추제협) 3편을, 제2부 성리학 이외의 한주학에는 「한주 이진상의 현실인식과 경세론 - 『묘충록』의 인재양성과 선발세도 개혁안을 중심으로」(우인수)에 이어 「한주 이진상의 춘추학 - 『춘추집전』·『춘추익전』을 중심으로」(박인호), 「한주 이진상의 『사례집요』와 예학사상」(전성건), 「한주 이진상의 시세계」(오용원) 4편을 실었다.

이진상에 관한 연구는 금세기 들어 본격적으로 이뤄져 그에 대한 평전과 연구서가 몇 권 출간된 상황이다. 그가 조선말을 대표하는 성리학자였으므로 대부분의 연구가 그의 성리학을 중심으로 이뤄졌다. 성리학 이외의 부분까지 한주학을 주목한 저술은 본 책이 처음인 것으로 판단되며, 또한 조선말 낙중학의 부흥이라는 관점에서 한주학을 바라보는 것이 본 책의 특징이라고 할 수 있겠다. 동학과 제현들의 질정을 바라며 글을 맺는다.

2018년 10월

홍원식

목차 Contents

이진상의 '한주학'과 낙중학의 부흥

홍 원 식

이진상의 '한주학'과 낙중학의 부흥

홍 원 식

1. 머리말

경북 성주군 월항면 대산리(한개마을)에 자리잡고 있는 조선 말 성리학의 대가 한주寒洲 이진상李震相(1818~1886)의 종택을 찾으면 가장 먼저 눈에 띄는 것이 '주리세가主理世家'와 '조운헌도재祖雲憲陶齋'라 새겨진 편액이다. 여기에는 대를 이어 주리설을 신봉해온 가문이며, 주자(雲谷)를 조술하고 퇴계(退陶)를 헌장한다는 뜻이 담겨 있다. 이진상은 일찍이 20세 때 이황李滉을 배향한 도산서원陶山書院을 배알한 뒤 30세 때 '조운헌도'의 뜻을 세우고서 자신의 서재 이름으로 삼았으며, 평생토록 이황의 주리설을 존봉하면서 방대한 성리학 관련 저술을 남겼다.

그러나 사후 그의 문집과 저술이 도산서원에 봉정되자 영남 일대에 큰 파란이 일어났다. 그의 문집은 1895년 거창에서 발간되었고, 이어 『리학종요理學綜要』가 1896년에 발간되었다. 그의 문집과 『리학종요』가 학문연원이 있는 도산서원에 봉정되자, 도산서원에서는 1897년 8월 성주 향교로 문집을 되돌려 보내면서 패자牌子 한통도 함께 보냈다. 그 패자 속에는 문집의 내용 가운데 이황의 학설과 부딪히는 내용이 많아 이 책은 본 서원에서 보관하기에 합당치 않을 뿐만 아니라 이황의 후학들이 차마 똑바로 바라다볼 수도 없는 지경이니, 이 책은 본가에 되돌려 보내고 패자는 향중 여러 집안에 두루 돌려 알리는 것이 좋을 것 같다는 내용이 들어 있었다.[1] 수난은 여기에서 그치지 않았다. 1902년 11월에는 박해령朴海齡과 이중화李中華, 유만식柳萬植 등이 중심이 되어 그의 학설을 이단으로 몰고서 마침내 상주 향교에서 그의 문집을 불태우는 초유의 사건이 일어났다.[2] 이 소식을 들은 그의 아들 한계韓溪 이승희李承熙(1847~1916)는 흰 관복을 입고 아버지의 사당에서 3일 동안 비통한 마음으로 곡을 하였다.[3]

이승희[4]와 더불어 곽종석郭鍾錫 등 흔히 '주문팔현洲門八賢'으로 일컬어지는 그의 제자들은 스승 이진상의 성리설을 옹호하면서 학파로서의 모습을 갖추어 퇴계학파 안에서 분화되고, 기호학파의 성리 논쟁에도 깊이 간여함으로써 당시 유학계에서 중심적 위치에 서게 되었다. 한주학

---

1) 李承熙. 『韓溪遺稿』6. 「宣錄條辨」 참조.

2) 『한주문집』의 환송과 소각 사건의 전후 사정은 內山弘一. 1990. 「이진상의 심즉리설과 영남학파」(『벽사 이우성교수 정년퇴직기념, 민족사의 전개와 그 문화』. 창작과 비평사)와 권오영, 2006. 「한주 이학의 전통과 사상사적 의의」. 『한주 이진상 연구』(경북대 퇴계연구소 편, 도서출판 역락). 75~8쪽 참조. 이진상의 아들인 이승희가 지은 선고 행장을 보면, 그의 문집이 불태워진 곳은 상주 향교이다. 저자를 비롯한 많은 필자들이 이제까지 그의 문집이 불태워진 곳을 상주의 道南書院이라 말한 것은 정정이 필요하다고 본다.

3) 李承熙. 『韓溪遺稿』7. 「年譜」 壬寅 참조.

4) '주문팔현'의 한 사람이자 그의 아들이기도 한 이승희는 곧바로 再從姪인 李基澈을 도산서원으로 보내 환송된 연유를 찾아 나선 결과 이황의 후손인 李晩寅이 그 배후에 있음을 알게 되었다. 이만인은 도산서원으로 보내온 『한주문집』을 검토한 뒤 문제되는 조목에 대한 변론의 글을 지었는데, 이기철이 어렵사리 그 글을 구해 베껴오자 이승희는 이에 대해 다시 조목별로 반론의 글을 짓게 되었다. 아울러 그는 「陶山通文」에 대해서도 변론의 글을 지었으며, 몇 년 뒤 『한주문집』이 상주 향교에서 불태워질 때 돌았던 「道南通文」에 대해서도 다시 변론의 글을 지었다. 『韓溪遺稿』6의 「宣錄條辨」과 「陶山通文條辨」, 「道南通文條辨」 참조.

맥은 심산心山 김창숙金昌淑 등 재전再傳 제자들에게도 이어져 다양한 학문적 전개와 현실적 실천에 나섬으로써 실로 조선말에서 근대 시기에 걸쳐 전국적으로 최대, 최고의 학파적 면모를 드러내었다.

이진상의 성리설이 크게 논란이 되었던 것은 바로 '리발일도설理發一途說'과 '심즉리설心卽理說'이었다. 그의 성리설이 이황의 '리기호발설理氣互發說'이나 '심합리기설心合理氣說'과 배치된다는 이유로 안동의 도산서원과 상주의 도남서원道南書院을 중심으로 한 이황의 후예들이 배척했던 것이며, 이에 대해 이승희와 이진상의 제자들은 관점과 간법看法을 달리 했을 뿐 양자의 학설 사이에는 간극이 없다는 주장을 폈다. 이진상이 이황을 더 없이 존숭한 것은 맞지만, 겉으로 드러난 이론상의 차이가 있는 것 또한 분명하다.

필자는 수년 전부터 조선시대 영남유학을 낙동강 상류(洛上) 중심의 퇴계학과 낙동강 하류(洛下) 중심의 남명학南冥學 둘로 보는 것에 대해 이견을 제시하며 낙동강 중류 지역 중심의 '낙중학洛中學'을 따로 구분해 볼 필요가 있음을 주장해왔다.[5] 낙동강과 금호강이 합류하는 낙동강 중류 일대에는 일찍이 고려 말 정몽주鄭夢周로부터 조선 초 길재吉再와 김종직金宗直, 김굉필金宏弼을 거쳐 조선 중기에 이르면 나름의 계승의식을 가지며 정구鄭逑와 장현광張顯光 등이 활발하게 활동했다.[6] 조선말에 이르러 다시 이 낙중 지역에는 이진상이 등장하여 앞선 선현들에 대한 계승의식을 가지며 낙중학을 부흥하고 퇴계학을 새로운 지평으로 이끌었다는 관점 아래 그의 활동과 철학에 대해 살펴보고자 한다.

---

5) 홍원식 외. 2012. 『낙중학, 조선시대 낙동강 중류지역의 유학』. 계명대학교 출판부. 4쪽 참조.

6) 『조선 중기의 낙중학, 한강 정구의 삶과 사상』(홍원식 외. 2017. 계명대학교 출판부)과 『조선 중기의 낙중학, 여헌 장현광의 삶과 사상』(홍원식 외. 2017. 계명대학교 출판부) 참조.

2. 생애와 학문 활동

이진상(1818~1886)은 자가 여뢰汝雷이고 호가 한주寒洲이며, 경북 성주에서 이원호李源祜(호 寒皐)의 맏아들로 태어나 69세를 일기로 일생을 마쳤다. 공조판서를 지낸 응와凝窩 이원조李源祚(1792~1871)가 그의 숙부이다.

이진상은 '조운헌도'를 표방하며 주자학과 이황의 퇴계학에 목표를 두고서 학문과 저술에 전념할 뿐 벼슬길에는 그다지 관심을 두지 않았다. 그는 27세 때 안의安義에서 치른 증광문과增廣文科 초시에서 장원을 한 뒤 31세 때 경상감영에서 치른 공도회公都會 복시覆試에서 역시 장원을 하고, 이어 32세 때 증광생원시增廣生員試에 합격하였다. 다음 해인 33세 때 그는 증광문과 복시에 응시하기 위해 한양으로 갔으나 마침 경주부윤慶州府尹으로 재직 중이던 숙부 이원조가 이조吏曹에 소환되는 사건이 일어나자 시험을 포기하고 곧장 고향으로 돌아와 버렸다. 이후 그는 포의로 살다가 세상을 뜨기 얼마 전인 67세 때 민태호閔台鎬의 천거로 의금부도사義禁府都事를 제수 받았으나 끝내 나아가지 않았다.

이렇게 이진상은 처사로 일생을 마쳤지만 눈앞의 현실을 외면하지 않았다. 그가 살았던 당시는 국내외적으로 어려운 상황이었다. 국내에서는 진주(1862) 등 삼남지방에서 민란이 일어나 그가 살던 곳까지 화가 미쳤으며, 탄압을 받고 있던 천주교는 그 세력이 영남지방에까지 뻗쳐왔고, 동학은 경주에서 일어나 전국으로 퍼져 나갔다. 한편 외세의 압력이 날로 가중되는 가운데 집정자인 홍선대원군은 척사위정斥邪衛正의 기치를 높이 드는 한편 세도정치의 폐해를 막고 중앙집권을 강화하기 위해 재야 유림들의 세력 근거지였던 서원에 대한 철폐령을 내렸다. 이어

대원군으로부터 권력을 넘겨받은 민씨 척족세력들이 중심이 된 조정에서는 마침내 일본과 개항(1876)을 하게 되고, 얼마 뒤 일본에 파견한 김홍집金弘集 등 수신사修信使(1880) 일행이 청의 주일 참찬관 황준헌黃遵憲이 쓴 「조선책략朝鮮策略」을 들고 들어오면서 온 나라가 들끓게 되었으며, 개화파가 주도하는 조정에서는 변복령變服令(1884)과 같은 개화정책이 속속 추진되었다.

이진상은 이러한 급박한 현실 앞에서 "사도斯道(유교)를 높이고 이단을 물리치는 일이 아니면 포의의 선비가 어떤 말이든 해서는 안 된다"는 생각에 정구鄭逑의 문묘배향을 청할 때와 서원 훼철을 반대할 때, 그리고 양이洋夷 배척을 주장하는 '영남만인소嶺南萬人疏' 사건 때 세 차례만 상소를 올렸다. 그렇지만 그는 1857년(40세) 청의 함풍제咸豊帝가 영·불 연합군의 북경北京 침공을 피해 승덕承德으로 피난을 갔다는 소식을 접하고서 이 기회에 청에 대한 사대를 철폐하자는 내용의 상소문을 지었으며, 삼남지방의 민란 뒤 국왕이 삼정의 폐단을 구제할 방도를 묻는 윤음을 내리자 「응지대삼정책應旨對三政策」을 지었다. 이후 그는 이 대책문對策文을 바탕으로 자신의 종합적 정치개혁안을 담은 『묘충록畝忠錄』을 저술했다. 그리고 그는 1876년(59세) 운양호사건의 소식을 접하고서는 성주 일대의 사우들을 모아 의병을 도모했다가 조약을 맺었다는 소식을 듣고 그만 두었으며, 이어 변복령變服令이 내려지자 그 부당함을 지적하는 「의제론衣制論」을 짓기도 했다. 또 그는 1880년(63세)에 김해·부산 일대를 유람하다가 직접 일본관日本館을 찾아가 상호교린相互交隣의 신의를 저버린 것에 대해 엄중히 꾸짖고 직접 일본의 화륜선火輪船에 올라보기도 했다. 그의 이러한 행적들은 '위정衛正'하는 것이야말로 '척사斥邪'하는 길이란 생각 아래 이뤄진 것이다.

이진상은 일찍이 17세 때 수부 이원조의 권려에 따라 성리학 공부에 매진한 이후 18세 때 이미 「성명도설性命圖說」을 지었으며, 스스로 '문자벽文字癖'이 있다고 말했다시피 일생토록 총 89책에 이르는 방대한 저술을 남겼다.[7] 그 구체적인 목록은 『한주집寒洲集』(22책), 『리학종요理學綜要』(10책), 『사례집요四禮輯要』(9책), 『묘충록畝忠錄』(2책), 『춘추집전春秋集傳』(10책), 『춘추익전春秋翼傳』(3책), 『천고심형千古心衡』(2책), 『직자심결直字心訣』(1책), 『역학관규易學管窺』(4책), 『구지록求志錄』(22책), 『변지록辨志錄』(4책)이다.

이진상의 저술 중에서 중심적인 것은 성리설에 관한 것이다. 그는 먼저 주자학 관련 여러 선현들의 저술을 섭렵하면서 도圖와 도설圖說,[8] 그리고 '차의箚義'[9] 류의 저술을 하는 한편 율곡栗谷 이이李珥를 위시한 기호 제현들의 학설을 비판하는 '변辨' 류의 글을 저술했다.[10] 이어 그는 『주자어류朱子語類』를 『주자대전朱子大全』, 『성리대전性理大全』 및 여러 주

7) 여러 문헌에서는 이진상의 저술이 총 85책으로 되어 있는데 이형성의 견해를 따랐다. 이형성. 2006. 「한주의 성리학1-주재성 중시와 그 의의」. 『한주 이진상 연구』, 경북대학교 퇴계연구소 편, 도서출판 역락.20쪽 주2 참조.

8) 이진상이 圖와 圖說을 저술한 대상은 '性命', '性學', '仁', '一原萬殊', '性情心', '主宰', '心經' 등과 같은 것이다. 이 중 '심경'은 明나라 유학자 程敏政이 지은 『心經附註』를 도설한 것이지만, 나머지는 대부분 성리학의 주요 개념들, 특히 心性論의 영역에 속하는 것들이다.

9) 이진상은 35세 때 『大學』과 『中庸』, 『太極圖(說)』의 箚義를 저술하기 시작한 이후 『通書』, 『近思錄』, 『論語』, 『朱子大全』, 『退溪集』, 『易學啟蒙』, 『孟子』 등을 거쳐 마침내 50세와 51세 때 『朱子語類』와 『詩傳集傳』·『書傳集傳』에 대한 차의를 저술함으로써 그 막을 내렸다. 그 대상은 바로 四書와 중국 주자학 및 퇴계학과 관련된 서적임을 알 수 있다. 이중에서도 그가 가장 심혈을 기울였던 것은 『朱子語類箚義』이다.

10) 이진상은 35세 때 「四七辨」을 저술한 이후 바로 그 해에 『朱子言論同異攷』(韓元震)와 『南塘集』(韓元震), 『困知記』(羅欽順)에 대한 辨을 저술하게 되며, 뒤이어 「志動氣動辨」과 「巍巖集辨」, 「任鹿門集攷辨」과 같은 저술을 하였다. 이중 맨 먼저 저술한 「사칠변」은 바로 李珥의 四端七情說을 비판한 것이며, 이어 비판한 『주자언론동이고』와 『남당집』, 『외암집』(李柬), 『녹문집』(任聖周)은 모두 그 저자가 畿湖 율곡학파의 후예들이다. 여기에 중국 나흠순(호 整庵)이 지은 『곤지기』가 포함된 것은 하나도 이상할 것이 없다. 이황과 그의 후예들은 늘 그들을 한데 묶어 '主氣論'이라 비판해왔기 때문이다. 결국 변류의 저술은 그가 퇴계학파의 '主理論' 입장에 서서 율곡학파를 포함한 '주기론'을 전체적으로 비판한 것이라고 볼 수 있다.

자 관련서와 비교하는 가운데 10여 년에 걸친 힘든 작업 끝에 『주자어류차의朱子語類箚義』11)를 저술하여 주자의 학설이 초년初年과 만년晩年의 구분이 있음을 확정한 후 주자의 만년설을 바탕으로 44세 때 「심즉리설心卽理說」을 내놓음으로써 일약 영남 유학계에 주목을 받게 되었다. 이후 그는 주자학 연구에 더욱 힘을 쏟아 마침내 61세 때 『리학종요』를 저술하여 자신의 성리설을 총결하였다. 그의 대표적 성리설은 '심즉리설'과 더불어 '리발일도설理發一途說'과 '사칠리발설四七理發說' 등이다.

한편 그는 학문적 관심을 넓혀 『역학관규』(47세)와 『사례집요』(48세), 『묘충록』(49세), 『춘추집전』(58세)과 『춘추익전』(60세) 등을 저술하였다. 여기에서 그의 학문적 관심과 영역이 성리학에만 국한되지 않고 역학易學과 예학禮學,12) 경세학經世學, 역사학 등의 방면으로 확대되었음을 알 수 있다. 또한 그는 스스로 '문자벽'과 더불어 '산수벽山水癖'이 있음을 토로하면서, 산수벽은 집안의 내력이라 말하기도 했다. 실제로 그는 젊었을 때 숙부인 이원조의 임지를 배행하며 강릉과 평안도 성천 등을 유람했으며, 60세 이후 만년에 접어들어 금강산과 지리산, 김해·부산 등지를 둘러보면서 많은 시편들을 남겨 유록遊錄으로 묶었다.

이진상이 44세 때 '심즉리설'을 주창한 이후 그의 명성이 주위에 알려지자 문하에는 제자들이 모여들기 시작했으며, 강학과 학계學契, 향음주례鄕飮酒禮 등의 행사를 참석하거나 주관하는 일이 잦아졌다. 그의 나이 53세 때인 1870년 봄에 허유許愈(호 后山)에 이어 그 해 겨울에 곽종석郭

11) 이진상의 아들인 李承熙는 "府君께서 일찍이 말씀하시기를 '나의 일생의 정력은 『朱子語類』에 있다'고 하였다. …… 무려 11년이 지나서야 저술을 완성하였고, 또 12년에 걸쳐 거듭 교감하였다"고 적고 있다. 李震相, 『寒洲文集』, 附錄 卷2, 「行錄」 참조.

12) 이진상은 『理學宗要』를 저술한 뒤 저술작업을 멈추었다가, 67세 때인 1884년에 『儀禮』와 『周禮』·『禮記』에 대한 箚義와 「衣制論」을 지었다. 이것은 그 해에 조정에서 變服令을 내리자 그 부당함을 밝히기 위해 「의제론」을 짓는 과정에서 앞의 三禮書를 검토하게 된 것이다.

鍾錫(호 俛宇)이, 1872년에 이정모李正模(호 紫東)가, 1874년에 이두훈李斗勳(호 弘窩)이, 1876년에 윤주하尹冑夏(호 膠宇)가, 1878년에 장석영張錫英(호 晦堂)과 김진호金鎭祜(호 勿川)가 그의 문하에 들어옴으로써 영남의 강우江右 지역 최대 학파로 커나갔다. 위의 제자들은 그의 대표적인 제자들로 아들인 이승희李承熙와 더불어 흔히 '주문팔현洲門八賢'으로 일컬어지게 되었다. 그의 문인록門人錄에는 총 137명의 이름이 올라 있다.

이진상은 40세 때 유치명을 두 번째로 방문하는 길에 유치명의 고제高弟인 김흥락金興洛(호 西山, 1827~1899) 등을 만나 낙동강 상류 안동지역 퇴계학맥과 교유를 넓혀 나갔으며, 김해부사로 와 있던 허전許傳(호 性齋, 1797~1886)과도 여러 차례 서신왕래를 하면서 성리설과 예설 등에 대해 질정하고 토론하면서 낙동강 하류 지역의 유학자들과 교유를 맺었다.[13] 또한 그는 성주 인근인 칠곡의 장복추張福樞(호 四未軒, 1815~ 1900)와 젊은 날부터 함께 공부하면서 평생토록 도우道友 관계로 지냈다. 장복추는 조선 중기 낙중 지역의 대표적 유현儒賢인 장현광張顯光의 후예로 그의 학맥을 잇는 데 혼신의 노력을 다한 인물이다.

3. 학맥 연원과 낙중학맥의 계승

이진상은 특정인의 문하에 나아간 적이 없기 때문에 뚜렷한 사승師承 연원이 없다고 볼 수도 있다. 그러나 그의 학맥 연원은 좀 더 자세히 살펴볼 필요가 있다. 이것은 조선 후기 영남 유학의 지형도와 깊은 관

13) 뒷날 許傳과 李震相의 양 문하 사이에는 내왕이 많았으며, 허전의 대표적 제자 가운데 한 사람인 許薰과 이진상은 사돈이 되었고, 또한 허전은 이진상의 숙부인 이원조의 神道碑銘을 짓기도 하였다.

련이 있다. 양난兩難 이후 조선 후기에 이르면 영남 유학은 범퇴계학파로 모아지게 된다. 따라서 조선 후기 영남 유학은 자연스레 퇴계학의 본거지인 안동 등 낙동강 상류 지역이 그 중심적 위치에 서게 된다. 낙동강 하류 지역의 남명학은 일찍이 인조반정仁祖反正(1623)으로 북인北人 계열이 정치적으로 몰락하면서 학맥 전승이 희미해졌으며, 낙동강 중류 지역은 정구와 장현광 이후 뚜렷한 유현이 등장하지 못한 가운데 서서히 낙상의 퇴계학 영향권으로 편입되어 들어갔다.

이런 가운데 조선말에 이르러 낙중 지역에서 돌출하듯 이진상이 등장한 것이다. 앞에서 말했듯이 그가 20세 때 도산서원을 찾아 이황을 배알하고, 30세 때 서재에다 '조운헌도재'라는 편액을 걸어 '주자를 조술하고 이황을 헌장하겠다'는 뜻을 세운 것도 당시 이러한 영남 유학계의 상황을 잘 말해주고 있으며, 또한 그의 이러한 행적은 바로 이황의 사숙私淑 제자로 볼 수 있게 해준다. 그러나 양자 간에는 시간적으로 300여 년의 시간적 간극이 있고, 학설로도 사뭇 다른 점이 있어 묵수墨守나 단순한 계승이 아닌 '발전적' 혹은 '적극적' 계승이란 말로 표현하는 것이 더 적절하겠다.

이진상의 학맥 연원을 말할 때 종종 정재定齋 유치명柳致明(1777~1861)을 통한 퇴계학맥의 계승을 말하는 경우가 있다.[14] 그가 35세와 40세, 41세 때 3차례에 걸쳐 당시 퇴계학통 종장宗匠의 자리에 있던 유치명을 방문하여 성리설에 대해 질정을 구한 것은 사실이다. 그런데 다음의 내용을 보면 그의 방문이 곧 유치명의 문하에 든 것으로 보기 어렵게 만든다.

---

14) 대표적인 것으로 「退溪學脈圖」(한국국학진흥원)를 들 수 있다.

(이진상) "심은 일신을 주재하는 것인데, '주재'라는 두 글자는 理 하나만을 가리키는 것입니까? 氣를 겸하여 가리키는 것입니까?"

(유치명) "리와 기를 겸하였다고 말하는 것이 무방할 것이다."

(이진상) "리는 '그렇게 되는 바의 까닭(所以)'으로서 주재主宰의 알맹이(實)이고, 기는 '재료가 되는 것(所資)'으로서 주재의 도구(具)이니, 심이 진실로 리와 기를 겸하고 있기는 하지만, 일신을 주재하는 것을 가리켜서 말한다면 다만 리인 것 같습니다."[15]

위의 문답은 이진상이 40세 때 두 번째 유치명을 방문하여 나눈 내용이다. 형식은 질정을 구한 것이지만, 그는 이미 심을 주재의 측면에서 바라보며 자신의 '심즉리'를 피력하고 있다. 이에 대해 유치명은 퇴계학통의 정통적 관점에 서서 '심합리기心合理氣'를 말하였다. 이진상이 「심즉리설」을 저술한 것은 이로부터 4년 뒤의 일이다. 그는 심즉리설과 더불어 이 무렵 자신의 '리발일도설理發一途說'도 확정하였다.[16] 위에서 볼 수 있다시피 이진상은 이미 자신의 정견定見을 가지고 토론한 것이며, 더욱이 이견의 내용인 심즉리설이 바로 훗날 그의 문집이 반송되고 불타는 직접적 원인이 된 것으로 볼 때, 이것은 퇴계학파 분화와 한주학파 출현의 한 장면으로 보는 것이 더 옳을 것이다.

퇴계학맥에서 볼 때, 이진상의 학맥 연원은 유치명보다 오히려 그의 숙부인 이원조를 주목할 만하다. 이원조는 조카인 이진상이 어릴 적 성리학 공부에 힘쓸 것을 권려하였으며, 관직생활 틈틈이 낙향해 있으면서 회연서원檜淵書院 등에서 강학모임을 가질 때에는 반드시 그를 대동

15) 李震相. 『寒洲全書』1. 附錄. 卷1. 「年譜」.

16) 이진상은 24세 때 「跋丁愚潭四七辨證」을 지은 뒤 13년이 지나 수정과 함께 李珥의 四七論을 종합적으로 비판하여 「四七辨」을 짓고 이어 「朱子言論同異攷辨」을, 다음 해인 38세 때 「理氣動靜說」을 지어 자신의 '理發一途說'을 확정하였다.

하였고, 그의 학문적 질정에 답하기도 하였으며, 만년에 가야산 산록에다 포천구곡布川九曲을 경영하며 만귀정晩歸亭에 머물 때에도 그를 늘 곁에 두었다. 이진상도 이원조를 단순히 숙부가 아닌 스승으로 생각했다.[17]

이원조는 일찍이 18세에 소년등과한 후 아버지의 권유에 따라 상주에 있던 입재立齋 정종로鄭宗魯(1738~1816)의 문하에 나아갔다. 그의 생부生父와 양부養父도 이미 정종로의 문하에 나아간 터였다. 정종로는 당시 '소퇴계小退溪'로 불리던 대산大山 이상정李象靖(1711~1781)의 문하에 나아가 '호문삼종湖門三宗'[18]으로 일컬어졌는데, 그는 서애西厓 류성룡柳成龍의 고제 우복愚伏 정경세鄭經世의 후손이기도 하다. 이렇게 볼 때, 이황에서 이진상에 이르는 학맥연원을 학봉鶴峯 김성일金誠一과 이상정을 거쳐 정종로, 이원조로 이어져 내려온 것과 서애 류성룡과 정경세를 거쳐 정종로, 이원조로 이어져 내려온 것 둘 다 말할 수 있겠다. 이 가운데 학설상으로 보아서는 서애학맥의 연원이 더 분명하며, 그 핵심적인 학설은 바로 '칠정리발설七情理發說'이다.[19] 그는 "사단과 칠정을 막론하고 리발理發이라 말할 수도 있고 기발氣發이라 말할 수도 있다"[20]고 말하면서, 이것은 이황의 『성학십도聖學十圖』 중 「심통성정도心統性情圖」의 중도中圖와 하도下圖에 나타나 있으며, 『입재집立齋集』의 「심성리기설心性理氣說」에서도 이에 대해 자세히 설명해놓았다고 밝히고 있다.

---

17) 李源祖. 『凝窩全集』1. 「附錄晩祭文」; 李震相. 『寒洲文集』. 卷35. 「仲父凝窩先生行狀」 등 참조.

18) 李象靖 문하의 대표적 세 제자를 일컫는 말로, 鄭宗魯와 金宗德, 李宗洙를 가리킨다.

19) 七情理發論은 정경세와 이상정, 정종로, 이원조를 거쳐 그에게 전해진 것으로 학통 연원을 밝히는 데 중요한 근거가 된다. 하지만 그와 이원조 간에는 균열의 모습도 보인다. 자세한 내용은 이상하. 2006. 「한국 성리학 칠정리발설의 계보 상에서의 응와 이원조」(『응와 이원조의 삶과 학문』. 경북대 퇴계연구소) 참조.

20) 李源祚. 『凝窩全集』1. 卷12. 「批震姪所著諸說 · 四七理氣辨後」.

이진상은 이 칠정리발설이 정종로가 이상정의 문하에 나아가서 전해 받은 것으로, "백세가 지나 성현이 다시 출현해도 의혹을 제기하지 않을 것이며, 우리 학파가 서로 전해온 종지가 본래 이와 같은 것이다"[21]고 단언하면서 확신에 찬 모습으로 자신의 칠정리발설을 전개해나갔다. 그런데 그의 칠정리발설은 이원조의 그것과 사뭇 다른 점이 있다. 이원조가 칠정 가운데 선일변만을 가리켜 칠정리발을 말하였다면, 그는 정情의 본연本然이 바로 리발이라고 보았다.

또한 이원조는 태극의 동정動靜에 대해서도 다음과 같이 말하였다.

> 동정함은 비록 태극이 동정하는 것이지만 태극이 (곧장) 동정한다고 말할 수 없기 때문에 주자는 잚어서 태극은 體이고 동정하는 것은 用이라고 하였으며, 뒷날 이것을 수정하여 "태극의 본연한 묘용妙用이 바로 동정함이 타는 바의 기틀"이라고 말하였다. … 태극이 타는 바의 기틀이란 곧 리가 기를 낳는 묘용인 것이다. [22]

이원조는 여기에서 주자와 이황의 '리유체용설理有體用說'을 바탕으로 동정함을 음양이 아닌 태극의 묘용으로 설명하고 있다. 이진상은 이를 적극적으로 이어받아 "동함도 없고 정함도 없으면서 동정의 묘妙를 함축하고 있는 것이 리의 체體이고, 동할 수도 있고 정할 수도 있는 조짐이 리의 용用이다. 기는 동하면 정할 수 없고 정하면 동할 수 없으니, 결코 스스로 동하거나 정할 수 있는 것이 아니다"고 말하였다. 곧 그는 리의 '자동자정自動自靜'하는 질적 차별성을 들어 자신의 '리발일도설'을 강화시켰던 것이다.

한편 이진상은 성구鄭逑의 한강학맥寒岡學脈과의 연원을 간과할 수 없

---

21) 李震相, 『寒洲全書』1, 卷9, 「答李謹休」 참조.
22) 李源祚, 『凝窩全書』1, 卷10, 「批震姪與崔幼天答心經疑義」.

다. 정구는 무엇보다 이진상과 동향인 성주를 대표하는 선현이기 때문이다. 그리고 그의 8대조인 이정현李廷賢이 정구의 문하에 출입한 것도 가문의 입장에서 볼 때 중요한 사실이다. 이러한 연원으로 말미암아 숙부 이원조에 이어 그 역시 수시로 정구를 제향한 회연서원檜淵書院에서 강학모임이나 향음주례 등을 행하였으며, 정구의 문묘배향상소를 올리는 데 적극적으로 참여하기도 했던 것이다.

그가 동향 선현인 정구를 학문상 학맥 연원으로 삼는 모습은 그의 『심경관계心經窾啓』에서 잘 찾아볼 수 있다. 그는 『심경관계』에서 퇴계학파 내 『심경(부주)』 관련 저술 가운데 독특한 위상을 차지하고 있는 정구의 『심경발휘心經發揮』를 높이면서, 그가 『심경발휘』를 지어 체제를 바꾸고 맥락을 드러냄에 심법心法을 천명한 공적은 『심경부주』보다 나은 점이 있다고 말하였으며, 실제로 그의 견해를 많이 수용하였다.[23] 이러한 이진상의 정구와 지역적·가학적家學的 학문 연원관계는 낙중학의 전개를 말하는 데에 있어서 중요한 근거가 된다.

4. 한주학과 낙중학의 계승

이진상의 학문과 저술 활동은 크게 성리학과 사학 등 기타 분야 둘로 나눠볼 수 있다. 여기에서 단연 돋보이는 것은 전자의 성리학 관련 연구와 저술이다. 그는 영남 지역 전역이 범퇴계학권으로 변모한 상황 아래 낙중 지역에서 태어나 이황의 성리설을 근간으로 두되 체계적인 성

---

23) 홍원식. 2009. 「퇴계학파의 『심경부주』 연구와 이진상의 『심경관계』」(한국동양철학회. 『동양철학』 제32집) 참조.

리학 연구를 통해 독특한 학설을 제기하며 방대한 저술을 남겨 낙중학을 부흥함과 동시에 낙중을 영남 유학의 중심지로 만들었으며, 그 자신은 조선 말 한국 유학을 대표하는 인물로 급부상했다. 따라서 그의 성리학을 낙중학이나 영남 유학의 틀 속에서만 이해하는 것은 한계가 있다. 또한 그는 여느 영남 유학자들과 달리 성리학 관련 저술 이외에도 많은 저술을 남겼는데, 이점도 낙중학의 계승이라는 관점에서 주목할 필요가 있다.

이진상은 독창적인 성리설을 제기한 것만큼이나 독창적인 관점이나 간법看法을 적극적으로 활용한 것으로도 유명하다. 그는 선현들의 학설을 자신이 마련한 관점과 간법에 따라 분류, 정리한 뒤 자신의 성리설을 분명하게 제시하였다. 먼저 그는 통간通看과 활간活看을 중시하였다. 이것은 어느 한 부분의 이해에만 빠져 전체적인 맥락을 놓친다거나 문자에만 빠져 저자의 진정한 의도를 잃어버리는 것을 경계한 것이라고 볼 수 있다. 그리고 그는 수간竪看·횡간橫看·도간倒看의 간법과 순추順推·역추逆推의 관점을 제시했다. 그는 삼간법三看法이 자신이 고안한 것임을 말하면서,[24] 물의 비유를 통해 수간·횡간·도간을 다음과 같이 설명했다.

> 여기 하나의 물이 있는데, 상류로부터 수간하면 샘으로부터 바다에 이르기까지 물줄기가 수없이 많으나 똑같이 샘물에서 흘러간 것이다. 가운데로부터 횡간하면 물이 샘에 있는 것은 말할 수 없으나 샘물이 흐르기 시작하면 나눠지기 시작하므로 장강長江이 흐르자(發) 타수沱水가 따르며(隨), 황하黃河가 흐르자 제수濟水가 탄다(乘)고 해도 또한 옳지 않음이 없다. 그 하류로부터 도간하면 물의 원천이 멀어서 볼 수 없고

24) 李震相, 『寒洲全書』1, 卷16, 「答李舜若」.

물줄기가 많아서 헤아릴 수는 없지만, 그 물이 같다(同)는 사실은 알 수 있다. 그럼에도 억지로 한 가지(一)로 여기려 든다면, 제수를 황하로 알고, 위수渭水를 가리켜 경수涇水라고 하는 것과 같으니, 마침내 물을 알지 못하는 사람이 되고 말 것이다.[25]

여기에서 그는, 수간은 물을 원천에서 바라보는 것으로 자신의 리발일도설理發一途說이 여기에 해당하고, 횡간은 강물의 원천이 어디인지는 모르지만 타수가 장강에 따라 흐르고 황하가 흐르는 데 제수가 합류하는 것과 같은 것으로 이황의 리기호발설理氣互發說이 여기에 해당하며, 도간은 강물의 원천이 어디인지 모르고 도대체 어느 강줄기인지도 모르지만 모두가 물이라는 사실은 알 수 있는 것과 같은 것으로 이이의 기발일도설氣發一途說이 여기에 해당한다고 보았다. 여기에 볼 수 있다시피 그는 수간 · 횡간 · 도간의 방법에 따라 선유와 자신의 설을 분류하고 설명하는 데 그치는 것이 아니라 자신의 설이 가장 옳은 것임을 말하기도 하였다. 아울러 그는 이러한 삼간법三看法이 전래의 합간合看 · 이간離看의 관점을 계승한 것임을 말하기도 하였다. 곧 그는 리와 기가 '서로 떨어지지 않은 곳(不相離處)'에서 함께 보면 그것이 횡간의 관점이며, '서로 섞이지 않은 곳(不相雜處)'에서 리만 보면 그것이 바로 수간의 관점이라는 것이다.[26]

이진상의 성리설 가운데 가장 독특한 것은 심즉리설心卽理說이다. 그만큼 많은 논란을 불러오기도 했다. 심에 대한 논의는 이미 주자학에서 다양하게 이뤄졌다. 조선 유학에 와서는 심에 대한 리기론적 논의가 크게 일어났다. 기본적으로 人과 天의 관계, 좀 더 구체적으로 말한다면

25) 李震相, 『寒洲全書』4, 『求志錄』, 卷11, 「太極圖箚義 · 後說」.
26) 李震相, 『寒洲全書』1, 卷5, 「上崔海俺(癸丑)別紙」 참조.

도덕 주체로서 인간과 그 근원이 되는 천리天理의 관계에 대한 논의라고 볼 수 있다. 주희朱熹의 심에 관한 논의를 보면 리와 기 양쪽으로 읽힐 수 있는 여지가 많았다. 이에 이황은 포괄적으로 심을 '리와 기를 아우르는 것(理氣之合)'으로 보았다. 이미 '심통성정론心統性情論'도 있고 해서 큰 무리가 없을 법한 견해였다. 그런데 한편에서는 심을 기로 보아야 한다는 주장(心是氣)이 대두되었다. 그들은 특히 주희가 "심은 기의 가장 알맹이 부분이다(心之精爽)"고 한 말을 들고 나와 심이 비록 기의 알맹이이긴 하지만 기인 것만은 분명하다는 주장을 폈다. 이이와 그의 후예들이 이 입장을 고수하면서 이황의 심합리기설과 줄곧 대립해 왔다. 그들이 이런 입장을 가지게 된 것은 주희가 한 말도 있지만, 심을 리의 측면에서 바라보게 되면 성의 위치가 불분명해진다고 생각했기 때문이다. 특히 주자학의 대명제라 할 수 있는 '성즉리性卽理'의 명제에 따르면 성만이 지고지선한 리일 수 있는 것이다. 어찌 보면 그들에게서 심은 성에게 굳건한 자리를 마련해 주기 위해 어쩔 수 없이 기의 위치로 떠밀려 난 꼴이라고 볼 수도 있다. 그런데 주자학에서는 '성즉리'와 더불어 '심통성정'의 명제 또한 바꿀 수 없는 진리로 받아들여져 이미 두 명제 속에 모순과 갈등의 싹을 품고 있었다.

이진상은 「심즉리설」의 첫머리에서 "심을 논할 때 심즉리心卽理보다 더 좋은 것이 없고, 심즉기心卽氣보다 더 나쁜 것이 없다. 저 심즉기의 설은 사실 근세 유현들로부터 나왔는데 세상에서 우리 유학을 공부하는 자들 가운데 많은 이들이 그 학설을 따랐다"고 말하여 '심시기心是氣'를 주장하는 율곡학파를 비판한 뒤 "'심즉리' 세 글자는 진실로 천성千聖이 서로 전해온 적결的訣"[27]이라고 말했다. 이것은 곧 그가 주장하는 심즉

27) 李震相, 『寒洲全書』2, 『理學綜要』 卷8, 「心」.

리설이 자신의 창견이 아니라 먼 성현들로부터 전해 내려온 진리 중의 진리라는 것이다. 그는 이렇게 심즉리가 도통상전道統相傳의 내용이며, 자기가 바로 그 도통을 이어받고 있음을 말하고 있다. 그는 그 근거를 주희를 위시한 선현들의 "심이 태극이 된다(心爲太極)"고 말한 것과 "심이 정을 통섭·통수한다(心統性情)"고 말한 것, 그리고 "심·성·정은 하나의 리(心性情一理)"이며, "심의 대본大本은 리"라고 말한 것 등을 들었다.

이진상은 특히 주자학의 '심통성정론'과 연결시켜 심즉리를 주장했다. 여기에서 그는 '통'의 의미가 겸포兼包와 관섭管攝 등 여러 의미가 있지만,[28] 심의 주재성에 주목하여 통의 의미를 풀었다.

> 심은 일신을 주재하는 것인데 주재하는 것을 기에다 속하게 하면, 천리天理가 형기形氣의 명령을 듣게 되고 많은 추악한 것이 영대靈臺(心)에 의거하게 된다. 심은 체가 없어 성을 체로 삼는데 지금 그것을 기라고 한다면, 성을 기로 여기는 고자告子의 견해와 같아지니 사람이 자연히 금수와 다름이 없게 된다. 심은 성과 정을 아우른 이름인데, 심을 기로 여긴다면 대본달도大本達道가 모두 기에 귀속되어 리는 죽은 사물이 되고 공적空寂에 빠지게 된다.[29]

'심통성정'에서 볼 때 주재성을 가진 심이 기가 된다면 리인 성을 통수·주재할 수 없으며, 리는 끝내 죽은 사물의 꼴이 되고 만다는 것이다. 심이 리일 때 그 주재성을 제대로 발휘할 수 있다는 말이다. 그런데 그는 자기가 말하는 심즉리의 심은 모든 심을 가리키는 것이 아니라 그 진체眞體를 가리키는 것이며, 그것은 미발未發의 심이기도 하다면서 다음

28) 李震相. 『寒洲全書』2. 『理學綜要』 卷8. 「心」.
29) 李震相. 『寒洲全書』1. 卷32. 「心卽理說」.

과 같이 말하고 있다.

> 진실로 심의 진체를 분명하게 말하지 못하고 막연히 심즉리로 삼는다면, 심이 미발일 때에는 혼매잡요昏昧雜擾하고 이발일 때에는 방벽사치放辟奢侈하니 어찌 리이겠는가? 퇴계는 리와 기를 겸하여 심을 말하였으나 한편으로 심의 미발일 때 기가 용사用事하지 않는다면 오직 리일 뿐이라고 하였으니, 심의 대본大本은 오로지 리에 있지 않겠는가?[30]

이진상은 이렇듯 심즉리설이 이황의 설에 근거한 것이며, 거슬러 올라가 바로 주희의 만년설晩年說에 근거한 것임을 말하였다. 그는 주희가 "심은 이발已發이고 기이며, 성은 미발未發이고 리"라고 말한 것과 "성은 태극과 같고 심은 음양과 같다"고 말한 것을 초년설로, 계축癸丑 연간에 "기의 영묘함을 심"이라고 말한 것을 중년설로 보아 그것은 각각 기호학파의 호론湖論과 낙론洛論에 해당한다고 보았다.[31] 반면 만년설로 주희가 여자약呂子約에게 답하는 편지에서 "미발은 태극의 정이고, 이발은 태극의 동이다"고 말한 것과 오회숙吳晦淑에게 답하는 편지에서 "태극은 성·정의 묘妙이며, 한번 동하고 한번 정하는 것은 이발과 미발의 리이다"고 말한 것,[32] 그리고 임기손林夔孫이 정사년丁巳年에 "심은 주재하는 것이고, 주재하는 것은 리이다. 이 심 밖에 달리 리가 없고 리 밖에 달리 심이 없다"고 말한 것 등을 들었다.[33]

그는 이상의 논의를 바탕으로 옥과 돌을 구분해볼 줄 아는 변화卞和와 그렇지 못한 옥공玉工의 비유를 통해 자신의 심즉리설과 이황의 심합리

---

30) 李震相. 『寒洲全書』1. 卷18. 「答李聖養」.
31) 李震相. 『寒洲全書』1. 卷27. 「答李肅明別紙」.
32) 李震相. 『寒洲全書』1. 卷23. 「答張肅舜華別紙」.
33) 李震相. 『寒洲全書』1. 卷23. 「答張肅舜華別紙」.

기설, 이이의 심시기설을 설명하였다.[34] 여기에서 그는, 심즉리설은 돌 속에 옥이 있다는 사실을 안 변화에 비유하고, 심시기설은 돌 속에 옥이 있다는 사실을 모른 옥공에 비유하고 있다. 이것은 곧 심시기설이 심의 알맹이는 보지 못한 채 겉껍데기만 보고 한 말이라는 비판이다. 그리고 옥과 돌을 조금 구별할 줄 알지만 역시 돌이라고 한다는 것은 이황의 심합리기설을 곧이곧대로만 받아들인 그의 후예들을 가리킨다. 이진상은 이 비유를 통해 자신이야말로 이황이 말한 심합리기설의 참뜻을 알아 심즉리설을 통해 그의 심설을 진정하게 이어받았다는 생각을 담고 있다. 곧 이황의 심설을 활간했다는 것이다. 한편 양명학의 심즉리설은 엉뚱하게도 돌을 보고 옥이라 하듯 기를 보고 리라고 하는 잘못을 범하고 있다고 비판하였다. 곧 자신의 입장에서 보면 양명학의 심즉리설은 곧 심즉기설이라는 것이다.[35]

이진상의 성리설 가운데 또 하나 독특한 것은 '리발일도설理發一途說'이다. 리발과 리의 동정動靜 여부의 문제는 이황이 리기호발설理氣互發說과 리의 직접적 동정을 주장하면서 한국 주자학의 중요한 논란거리가 되었다. 이황은 자신의 주장을 정당화하기 위해 주돈이周敦頤가 『태극도설太極圖說』에서 "태극이 동하여 양을 낳고 동함이 극에 이르면 정하게 되는데, 정하여 음을 낳는다"[36]고 한 말과 주희가 "리에 동정이 있는 까닭에 기에 동정이 있다. 만약 리에 동정이 없다면 기가 어떻게 스스로 동정함이 있겠는가"[37]라고 한 말 등을 끌어오기도 하고, '리유체용설理有體用說'을 제기하며 리의 동정을 리와 용에다 연결시키는가 하면, 만약 리가

34) 李震相. 『寒洲全書』1. 卷32. 「心卽理說」.
35) 李震相. 『寒洲全書』1. 卷32. 「心卽理說」 참조.
36) 周敦頤. 『太極圖說』. "太極動而生陽, 動極而靜, 靜而生陰."
37) 朱熹. 『朱子全書』. 卷56. 「答鄭子上」. "理有動靜, 故氣動靜. 若理無動靜, 氣何自而有動靜."

동정하지 않는다면 '죽은 사물(死物)'이 되고 말 것이라 하여 당위론적으로 정당화하기도 하였다. 이황의 후예들은 스승의 설을 굳건히 지켜 나갔다. 하지만 일찍이 주희는 "태극은 리이고, 동정(하는 것)은 기"라고 말하였으며, 또한 "동정하는 것이 태극이 아니라 동정하게 하는 것(所以動靜者)이 곧 태극"이라고 말하였다. 이이와 그의 후예들은 주희의 이 말을 바꿀 수 없는 정안이라고 생각하여 이황 및 그의 후예들의 주장을 끝내 받아들이지 않았다.

이진상은 퇴계학파의 후예로서 리유동정설理有動靜說을 적극적으로 계승하였다. 그는 태극의 동정을 다음과 같이 말하였다.

> 이 기가 아직 있기 전에 먼저 이 리가 있었다. 이 리가 있어야 비로소 동정이 있을 수 있다. 그러니 동도 태극의 동이고 정도 태극의 정이다. 동하면 곧 양을 낳고 정하면 곧 음을 낳는다. 동정으로 말미암아 기라는 이름이 있게 되는데, 항상 리가 主가 되고 기는 資가 된다. 동도 없고 정도 없으면서 동정의 妙를 함축하고 있는 것이 리의 體이고, 동할 수 있고 정할 수 있는 조짐이 리의 用이다. 기는 동하면 정할 수 없고, 정하면 동할 수 없으니, 결코 스스로 동하거나 정할 수 있는 것이 아니다.[38]

그는 태극(리)과 음양(기)이 모두 동정하지만 기는 리처럼 자동자정自動自靜하지 못하고 리로 말미암아 동정하기 때문에 둘의 동정은 내용과 질적으로 같을 수 없으며, 사실상 기의 동정은 인정할 수가 없다고 보았다. 그리고 그는 이황과 퇴계학맥 선유들이 말한 리유체용설理有體用說을 이어받아 직접적으로 동정하는 것은 리의 용이고, 직접 동정하지 않으면서 동정의 묘를 가지고 있는 것은 리의 체라고 말했다. 리의 동정

38) 李震相, 『寒洲全書』1, 卷9, 「與李肯俺書」.

에 대한 이러한 관점은 자연스레 그의 리발일도설로 이어졌다. 그는 리발·기발과 리의 동정 문제에 대해서도 심즉리설에서와 마찬가지로 자신의 삼간법을 들고 나왔다.

> 수간하면 리가 기에 앞서 있으며 리가 기의 主가 되니, 靜은 리의 체이고 動은 리의 용이다. 횡간하면 리와 기는 번갈아 앞뒤가 되고 손님과 주인이 되니, 혹 리가 동하여 기가 끼이고 혹 기가 동하여 리가 따른다. 도간하면 리와 기는 한 사물이어서 나눌 수 없으니, 발출할 때 기가 앞에 있고 리는 뒤에 있으며, 기가 주인이 되고 리는 손님이 되며, 동하는 것 역시 기이고 정하는 것 역시 기여서, 리는 빌려 타는 죽은 사물이 되고 만다.[39]

그는 여기에서 수간만이 올바르며 바로 자신의 리발일도설이 여기에 입각하였음을 말하는 반면 리기호발설은 횡간한 것이고 기발일도설은 도간한 것이라고 비판했다.

또한 그는 심즉리설에서와 마찬가지로 주희의 초년설과 만년설의 구분을 들고 나왔다. 늘 그들에 대한 비판적 논거가 되었던 주희가 "동정하는 것이 태극이 아니라 동정하게 하는 것(所以動靜者)이 곧 태극"이라고 말한 것을 그의 초년설로 규정하면서 태극을 체로 보고 동정을 용으로 보는 견해에서 나온 것이라고 하였다.[40] 그리고 그는 주희가 다음과 같이 자신의 설을 수정한 것을 찾아내었다. 곧 주희가 "지난번에 태극을 체, 동정을 용이라고 한 것은 잘못된 것이다. 이후에 고쳐서 말하면 태극은 본연의 묘이고 동정은 타는 바의 기틀이다. 태극이 동정을 품고 있다고 할 수도 있고 태극에 동정이 있다고 할 수도 있다"고 한

39) 李震相. 『寒洲全書』4. 『求志錄』. 卷11. 「太極圖箚義·後說」.
40) 李震相. 『寒洲全書』1. 卷9. 「與李謹休(癸丑)·附動靜說條辨」.

말이다.[41] 이진상은 앞의 것이 주희 초년의 구설舊說에 해당하는 것이고, 뒤의 것이 만년설로 그의 정론이라고 규정하며, 자신의 리유동정과 리발일도의 설은 주희의 정론인 만년설에 따르는 것이라고 했다.

5. 맺음말

한주 이진상은 조선 후기 영남 지역 전역이 범퇴계학권으로 변모한 상황 아래 그 변방이라고 할 수 있는 낙동강 중류 지역 성주에서 태어나 '심즉리설心卽理說'과 '리발일도설理發一途說' 등 독창적 학설을 제기함으로써 조선 말 영남뿐만 아니라 전국적으로 당시 유학을 대표하는 인물이 되었다. 이에 따라 낙동강 중류 지역의 유학인 '낙중학洛中學'도 부흥하는 계기를 맞았다. 그러면 아래에서는 조선 말 낙중학의 부흥자로서 이진상과 그의 한주학이라는 관점에서 정리해보기로 한다.

먼저 이진상의 학맥 연원에 대한 의식을 살펴보면, 그는 특정인의 문하에 나아간 적이 없기 때문에 뚜렷한 사승師承 연원은 없지만 이황李滉의 퇴계학맥 계승자란 의식과 더불어 낙중학맥, 특히 조선 중기 동향의 선현인 한강寒岡 정구鄭逑의 학맥을 잇는다는 의식을 가지고 있었다. 그는 일찍이 20세 때 도산서원을 찾아 이황을 배알하고, 30세 때 자신의 서재에 '조운헌도재祖雲憲陶齋'라 편액하여 '주자를 조술하고 이황을 헌장'하는 것을 자신의 평생 사업으로 삼음으로써 이황을 사숙私淑하고 퇴계학맥의 계승자로서 모습을 뚜렷하게 내보였다. 그러나 그의 대표적 성리설인 '심즉리설'과 '리발일도설'은 사후 이황의 '심합리기설心合理氣

41) 李震相. 『寒洲全書』2. 『理學綜要』. 卷1. 「大道・明理之頭腦」.

說'·'리기호발설理氣互發說'과 다르다는 이유로 안동을 중심으로 한 낙상洛上 퇴계학파로부터 심하게 배척을 받았다. 이것은 곧 영남 퇴계학파의 분화와 낙중 지역 한주학의 등장을 의미하게 되었다. 그 결과 그는 퇴계학의 '발전적'이고 '적극적'인 계승자이자 낙중학의 부흥자란 위치에 서게 되었다.

이진상의 퇴계학맥과 보다 직접적인 학맥 연원은 흔히 그가 당시 퇴계학파의 종장宗匠 자리에 있던 안동의 정재定齋 유치명柳致明을 세 차례 방문한 것을 든다. 그러나 이진상이 유치명을 방문했을 당시 이미 심즉리설 등 자신의 정견을 놓고서 함께 토론했다는 점에서 그의 문하에 든 것으로 보기 어려우며, 따라서 이것을 가지고 퇴계학맥과의 연원을 말하는 것은 적절하지 않다고 본다. 오히려 주목해볼 것은 그의 숙부인 응와凝窩 이원조李源祚와 조부·백조부가 모두 상주의 입재立齋 정종로鄭宗魯의 문하에 출입한 사실이다. 정종로가 '소퇴계小退溪'로 불린 대산大山 이상정李象靖의 '호문삼종湖門三宗' 중에 한 사람이란 점에서 이진상의 학맥 연원을 이황에서 학봉鶴峯 김성일金誠一, 갈암葛庵 이현일李玄逸, 대산 이상정으로 내려온 '호파虎派'로 볼 수 있겠지만, 정종로의 가학 연원이 우복愚伏 정경세鄭經世에 있고, 다시 그 학맥 연원이 서애西厓 유성룡柳成龍을 거쳐 이황에게 닿는다는 점에서 이진상의 학맥 연원을 이황에서 유성룡, 정경세, 정종로로 내려온 '병파屛派'로 볼 수도 있다. 이 때문인지 이원조와 이진상 숙질은 당시 퇴계학맥의 적통嫡統 자리를 놓고 매우 격렬하게 대립했던 '병호시비屛虎是非'에 끼어들지 않았다. 그러나 '칠정리발설七情理發說' 등의 학문 수수관계로 볼 때, 이진상의 학맥 연원은 병파 계열의 퇴계학맥에 더 가깝다고 볼 수 있겠다.

이진상의 지역적·가학적家學的 학맥 연원도 간과할 수 없다. 조부와 백조부, 숙부 3부자가 모두 정종로의 문하에 나아감에 따라 그의 학맥

이 퇴계학파와 닿지만, 한편으로 이들은 조선 중기 성주 지역의 대표적 유현이었던 한강寒岡 정구鄭逑를 주요한 학맥 연원으로 생각했다. 이진상의 8대조인 이정현李廷賢이 정구의 제자였다는 점도 연원의식을 더 강화시켰다. 이러한 까닭으로 이원조와 이진상은 수시로 정구를 배향한 회연서원檜淵書院을 강학 장소로 삼았으며, 그의 문묘배향 상소에도 적극적으로 참여하였다. 이러한 정구와 학맥 연원 또한 퇴계학맥과 닿는 것이기도 하지만, 낙중학의 계승이라는 관점에서 중요한 의미를 갖는다.

다음으로 이진상의 학문적 계승 관계에 대해 살펴보면, 앞에서 말했듯이 그의 대표적 성리설인 '심즉리설'과 '리발일도설'을 이황의 '심합리기설'·'리기호발설'에 대한 발전적·적극적 계승이란 관점에서 이해할 수 있겠다. 곧 이황 이후 조선말에 이르기까지 이현일, 권상일權相一, 이상정, 유치명 등 낙상 지역의 퇴계학파는 이황의 설을 옹호하며 기호율곡학파의 비판으로부터 지켜내는 데 전심전력한 반면 낙중 출신인 이진상은 이황의 설을 발전적·적극적으로 해석하여 자신의 독창적 학설을 제기하고 나아가 이이와 기호 율곡학파의 학설을 비판했다. 여기에서 퇴계학의 진원지인 안동과 지리적으로 거리가 있는 낙중 지역의 학풍이 낙상의 학풍과 차이가 있음을 알 수 있다. 이러한 낙중 지역의 다소 자유로운 학풍은 이미 조선 중기 낙중학의 대표적 인물인 정구와 장현광에게서도 볼 수 있었다.

이진상의 보다 적극적인 낙중학 계승의 모습은 『심경관계心經叅啓』의 저술에서 잘 나타난다. 이 『심경관계』는 이황 이후 퇴계학통에서 유난히 중시해온 『심경』과 관련된 저술 가운데 하나이다. 그는 이 책을 저술하면서 시역석·가학적 연원이 있는 정구의 『심경발휘心經發揮』 내용을 비판 없이 적극적으로 수용하였다. 정구의 『심경발휘』는 퇴계학통에서도 파격적인 『심경』 관련 저술로, 이황의 뜻과는 달리 정민정程敏政

의 『심경부주心經附註』 속 체제와 내용을 전면 개편한 것으로 유명하다.[42] 이와 더불어 이진상이 『사례집요』 등 예학 관련 저술과 『춘추집전』·『춘추익전』 등 역사학 관련 저술, 그리고 『묘충록』과 같은 경세학 관련 저술 등을 한 것 또한 의미 있게 볼 필요가 있다. 그의 이러한 다방면의 관심과 저술은 낙상 퇴계학통에서는 보기 힘든 낙중학파의 특색이 잘 드러나 있다. 일찍이 조선 중기 낙중학의 선현인 정구가 '명체明體'의 학으로서 도학과 성리학에 침잠하면서, 한편으로 '적용適用'의 학으로서 예학과 문학, 경세학, 지리학, 의학 등 다방면에 걸쳐 풍부한 저술을 남긴 것을 우리는 기억할 필요가 있다.[43] 이러한 정구의 '적용'의 학은 근기近畿 퇴계학통의 실학實學으로만 흘러간 것이 아니라 동향의 후예인 이진상에게로도 이어졌다고 볼 수 있다.

42) 홍원식 외. 2008. 『심경부주와 조선유학』. 예문서원. 116~118쪽.
43) 홍원식 외. 2017. 『조선 중기의 낙중학, 한강 정구의 삶과 사상』. 계명대학교 출판부. 20~24쪽.

한주 이진상의 리기설
– '리발일도설'을 중심으로 –

김 기 주

한주 이진상의 리기설

– '리발일도설'을 중심으로 –

김 기 주

1. 한주학과 리발일도설

한주寒洲 이진상李震相(1818~1886)은 조선성리학 전개사의 끝자락을 장식한 주요 성리학자 가운데 한 사람이다. 특히 영남학파나 낙중학의 전개사에서 그의 발자취는 더욱 뚜렷하게 부각된다. 그런 까닭에 그동안 그에 대한 연구는 다양한 측면에서 시도되었다. 이것은 조선성리학의 전개사에서 그의 그늘이 결코 좁지 않다는 사실과 함께, 그에 대한 이해 없이, 좁게는 영남성리학사, 넓게는 조선성리학에 관한 온전한 이해가 쉽지 않음을 반영해 보여준다.

하지만 그럼에도 불구하고 그의 성리학에 대한 연구는 일정부분 제한적으로 진행되어 온 것 역시 사실이다. 그의 성리학적 특징은 흔히 '리발일도설理發一途說'과 '심즉리설心卽理說'의 두 가지 방향으로 요약되지만, 그 동안 진행된 대부분의 연구에서 주요 관심은 '심즉리설'에 편중되어 있었다. 일반적으로 그의 성리학적 차별성이 '심즉리설'을 통해 더욱 뚜렷하게 확인된다고 판단되었고, 그런 까닭에 대부분의 연구는 그것에 초점을 맞춰 진행되었던 것이다.

하지만 우리는 '심즉리설'과 함께 '리발일도설' 역시 조선성리학의 전개사에서 이진상의 성리학적 좌표를 이해하는 훌륭한 틀이 되어줄 것이라고 생각한다. 그것은 조선성리학에 대한 이해에서 '리발일도설'이 몇 가지 중요한 의미를 함축하고 있기 때문이다. 퇴계退溪 이황李滉(1501~1570)의 '리기호발설理氣互發說'이나 율곡栗谷 이이李珥(1536~1584)의 '기발리승일도설氣發理乘一途說'과의 비교를 통해서, 사단칠정에 관한 시각뿐만 아니라, 리기론理氣論과 심성론心性論에서 드러나게 되는 이진상의 차별적 견해를 우리는 그의 '리발일도설'이라는 명칭에서 이미 직관적으로 짐작하게 된다. '리발일도설'은 이렇듯 이진상 리기설의 철학적 전환을 풍부하게 함축하고 있는 것이다. 그리고 바로 이러한 의미에서 그의 성리학적 규모나 특징은 '심즉리설'만이 아닌, '리발일도설'을 통해서도 충분히 읽어낼 수 있을 것이라 기대하게 된다. 여기에 더해서 지금까지 그의 '리발일도설'이 주로 간접적인 방식, 혹은 부분적으로 언급되고 있을 뿐이라는 사실은, 보다 온전하게 이진상을 이해하기 위해서라도 '리발일도설'이라는 길을 통해 이진상으로 접근하는 우리의 시도가 나름의 가치를 가진다는 점을 확인시켜준다.[1)]

아래에서 우리는 먼저 이진상의 '리발일도설'이 어떤 내용이고, 그 근거는 무엇인지 확인한 후, 이황의 '리기호발설'로부터 이진상의 '리발일

1) 이진상의 리기설에 관한 단편연구는 강대걸. 1987.「한주 이진상의 이기설 소고」(『北岳論叢』 제5집, 국민대학교 대학원)와 송찬식. 1983.「한주 이진상의 이기론 연구」(『韓國史學』 제5집. 한국정신문화연구원)가 있고, 저술의 경우 이형성. 2006.『한주 이진상의 철학사상』(심산출판사)에서 비교적 상세하게 다루어지고 있다.

도설'에 이르는 과정과 함께, 그것이 어떤 문제의식을 가지고 등장하게 되었는지를 살펴볼 것이다. '리발일도설' 자체에 대한 이해가 내적인 이해라면, 그것의 등장 과정에 대한 이해는 외적인 측면에 대한 이해에 해당한다. 그리고 최종적으로 '리발일도설'을 통해 이해되는 이진상의 리기설이 어떤 의미를 가지는지를 분석해 볼 것이다. 전체적으로 보자면 '리발일도설'을 통해 본 이진상의 성리학, 그리고 조선 말기 낙중학이 무엇을 지향하였고, 또 어떤 방향으로 전개되었는지를 확인해 보는 것, 그것이 이 글의 주요 내용이 된다.

2. 한주의 '리발일도설'과 그 지향

주자학에서 리기론은 두 개의 개념, 곧 리와 기를 통해 우주와 그 우주 속에 존재하고 있는 인간을 포함한 모든 사물·사건의 생성과 변화, 그리고 궁극적으로는 도덕실천의 보편적이고 객관적인 근거나 토대를 정초하고 설명하는 하나의 이론 틀이다. 이것은 성리학적 세계관의 기초이자, 인간관의 토대가 되는 동시에, 도덕의 객관성과 보편성을 담보하는 것이기도 하다. 그리고 이와 같은 리기론적 구도 속에서 리와 기 양자의 결합과 그것을 통한 리의 실현으로 설명되는 세계는 '완성의 과정(becoming process)'으로 이해된다.[2] 리기론이란 결국 이 완성의 과정에서 리와 기가 각각 어떤 역할을 담당하고 수행하는지에 대한 설명이다. 따라서 리와 기의 관계설정과 역할 등이 리기론의 주요 논의 주

2) 그 완성을 사물에서 본다면, 바로 正物(各得其正)이고, 사람에서 본다면 성인(成聖)으로, 그 과정은 반드시 현상세계와 인간의 신체라는 氣적인 매개물을 통해서 진행된다.

제가 될 수밖에 없다. 리기불리부잡理氣不離不雜과 리기의 동정, 그리고 리기의 선후와 리일분수理一分殊 등의 주제가 리기론에서 주요한 논의 대상이 되는 것도 바로 이런 까닭이다.

그런데 리와 기의 관계에 대해 회암晦庵 주희朱熹(1130~1200)는 '리에서 볼 때[在理上看]' 양자의 차별성과 함께 리선기후理先氣後의 종적인 관계를, '사물에서 볼 때[在物上看]'에는 양자의 상호의존성과 불가분리성을 강조하는 이중적인 태도를 보여준다.[3] 이것은 이론상 혹은 개념적으로 리와 기는 구별할 수 있지만, 현실에 존재하는 사물에서 이 양자는 분리되지 않는다는 뜻이기도 하다. 여기에 더해서 리와 기의 수직적이고 종속적인 의미와 함께 수평적이고 평등한 의미를 이중적으로 제시한다고 이해할 수도 있을 것이다. 그리고 눈높이에 따라 리와 기의 관계 역시 다르게 설정될 수 있다는 의미 역시 함축되어 있다.[4]

이처럼 '리에서 보는 시각'과 '사물에서 보는 시각'이라는 두 가지 측면이 함께 하나의 이론체계를 구성하고 있는 것은 주자학의 가장 핵심적인 특징 중 하나다. 이것은 형이상과 형이하를 선명하게 구분한 가운

---

3) 陳俊民校訂. 2000. 『朱子文集』(臺北: 財團法人德富文教基金會) 第5册 卷46. 「答劉淑文一」. "所謂理與氣, 此決是二物, 但在物上看, 則二物渾淪不可分開, 各在一處. 然不害二物之各爲一物也. 若在理上看, 則未有物而已有物之理, 然亦但有其理而已, 未嘗實有是物也." 「答劉淑文二」, "須知未有此氣, 已有此性. 氣有不存, 性卻常在. 雖其方在氣中, 然氣自氣, 性自性, 亦自不相夾雜."

4) 그런데 주자학의 이러한 이중적 구도는 본체론과 우주론이라는 두 가지 측면을 동시에 함축하고 있다는 사실에서도 확인된다. 흔히 주자학의 리기론은 본체론과 우주론이라는 두 측면을 모두 함축하고 있는 것으로 이해되는데, 본체론이 천도와 천리의 실체적 의미를 설명하는 정적인 틀이라면, 우주론은 본체로부터 현상까지의 생성 역정을 설명하는 동적인 틀이다. 이러한 주자학의 이중적 구도에서 만약 우주론의 측면이 강조된다면 리와 기의 상호의존성과 불가분리성에 주목하게 되고, 반면에 본체론의 측면이 강조된다면 리와 기의 차별성과 함께 리를 중시하는 리 중심의 사유가 등장하게 된다. 그런데 모종삼의 경우에는 본체론과 우주론을 결합하여 본체의 자기실현, 즉 자기에게 갖추어진 역동성에 의하여 천지만물이 현현됨을 설명한다. 다시 말해서 모종삼에게 '본체우주론'은 한편으로는 본체의 역동성을 표현한 것이고, 다른 한편으로는 본체와 현상의 不離를 표현하는 말이다.

데, 사실의 세계를 설명하는 구도(리기론)와 당위의 세계를 설명하는 구도(심성론)를 이중적으로 겹쳐 하나로 연결해야 하는 주자학의 불가피한 선택이겠지만, 동시에 주자학을 향해 의문의 눈빛을 보내기 시작하는 것도, 여러 복잡한 문제가 발생하는 것도 바로 이 지점이다. 그리고 그 다양하게 발생하는 문제 가운데 하나가 바로 이와 같은 주자학의 이중성으로 인해 주자학에 대한 상이한 이해 가능성의 문이 넓게 열리게 되었다는 점이다.

주희의 후계자들은 그들 스승의 본래 의도와는 무관하게, 주자학이 보여주고 있는 이러한 이중적인 측면 가운데 어느 하나의 길을 통해, 혹은 어느 하나의 측면에 무게중심을 두면서 주자학을 해석하고 이해하였다. 경우에 따라서는 이진상처럼 주자학의 구도를 끌어와 창조적으로 재구성한 이도 있었다. 이진상은 주희의 시각에 다시 퇴계退溪 이황李滉(1501~1570)의 관점 하나를 덧붙여 리와 기의 관계를 다음과 같이 세 가지 시각 혹은 세 가지 눈높이에서 제시한다.[5] 이진상은 다음과 같이 말한다.

> 여기 한 줄기 물이 있는데, 위로부터 수간竪看하면 샘으로부터 바다에 이르기까지 물줄기가 수없이 많으나 똑같이 샘물이 흘러간 것이다. 가운데로부터 횡간橫看하면 물이 샘에 있는 것은 말할 수 없으나 샘물이 흐르기 시작하면 나뉘지기 시작하므로, 장강이 흘러 타수沱水가 따

5) 물론 이진상 본인의 생각은 달랐다. 『寒洲先生文集』 卷7. 「答沈穉文 別紙」에서 이진상은 "退陶主竪而兼橫.....栗谷主倒而兼竪.....農巖主橫而兼倒....大山主橫而兼竪....宗退者刻於攻栗而其說偏於橫, 宗栗者工於攻退而其說偏於倒, 偏於橫則理氣分歧而大本不一, 偏於倒則理氣易主而大本都爽."라고 말한다. 주희는 竪看 · 橫看 · 倒看을 모두 활용하였고, 이황은 수간을 주로 하여 횡간을 겸하였으며, 이이는 도간을 주로하고 수간을 겸하였고, 김창협은 횡간을 주로 하여 도간을 겸하였으며, 이상정은 횡간을 주로하고 수간을 겸한 반면, 후대로 오면서 퇴계학파는 횡간에 치우쳤고, 율곡학파는 도간에 치우쳐 주희의 종지를 잘못 이해하였다고 비판하고 있는 것이다.

르며, 황하가 흘러 제수濟水가 탄다고 해도 또한 옳지 않음이 없다. 그 아래로부터 도간倒看하면 물의 원천이 멀어서 볼 수 없고, 물줄기가 많아서 헤아릴 수는 없지만, 그 물이 같다는 사실은 알 수 있다. 그럼에도 억지로 한가지로 여기려 든다면, 제수濟水를 황하로 알고, 위수渭水를 가리켜 경수涇水라고 하는 것과 같으니, 마침내 물을 알지 못하는 사람이 되고 말 것이다.[6)]

여기에서 이진상은 '수간竪看'과 '횡간橫看' 그리고 '도간倒看'이라는 세 가시 눈높이를 제시한다. '수간'이 물이 솟아 나오는 샘으로부터 출발하여 바다까지 이어져 흘러가는 것을 보는 것이라면, '횡간'은 샘물이 흘러가는 중간에 다른 줄기의 물이 따르거나 뒤섞이는 것을 보는 것이고, 마지막으로 '도간'은 물이 샘에서 출발하는 것도, 그리고 중간에 다른 물줄기와 뒤섞이는 것도 모른 채 바다에 도착한 물은 오직 하나의 한 줄기 물이라는 사실밖에 알지 못하는 것을 가리킨다.

샘에서 솟아나온 물이 바다까지 흘러가는 것을 보는 '수간'이 곧 주희가 말한 '리에서 보는 것'과 같은 의미라고 단정하기는 어렵다. '리발'에 대한 긍정여부에 따라 상이한 해석이 가능하기 때문이다. 하지만 리기의 차별성과 함께 리선기후의 종적인 관계를 전제하고 있다는 점에서 양자는 유사한 의미를 가진다고 판단된다. 그리고 샘물이 흘러가는 중간에 다른 줄기의 물이 뒤섞여 함께 흘러가는 것에 주목하는 '횡간'은 곧 이황의 '리기호발설'을 가리킨다. 하류에서는 샘에서 출발한 것이나, 다른 물줄기와 뒤섞인 것에 주목한 것이 아니라, 오직 한 줄기의 물이 바다로 흘러오는 사실에 주목한다. 이러한 '도간'의 눈높이는 다시 주희

6) 李震相. 『寒洲全書』 4. 『求志錄』 卷11. 「太極圖箚義後說」. "今有一水焉, 從上而竪看, 則自泉放海, 派别雖多, 而一是泉之放也. 從中而橫看, 則水之在泉者不須言, 而旣達之後, 便自分流, 江發而沱水, 河發而濟乘, 亦無不可. 其自下而倒看者, 源遠而不可見, 派衆而不可數, 只知其水之同, 而强欲一之, 則認濟爲河, 指渭爲涇, 終非知水之人也."

가 말한 '사물에서 보는 것'을 가리키면서, 동시에 이이가 주장한 '기발리승일도설'을 뜻한다.

이와 같은 내용에서 보자면 샘에서 흘러나온 물이 바다로 흘러가는 과정에서 어느 지점에 주목하느냐에 따라 '리에서 보는 것'과 이황의 '리기호발설' 그리고 '사물에서 보는 기발리승일도설'로 나누어지고, 그 각각의 관점은 모두 일정한 설득력을 가지고 성립한다는 뜻으로 이해할 수 있다. 그래서 마치 주자학이 이중적인 모습을 보여주는 것처럼, 이진상의 리기설도 삼중 혹은 다중적인 모습이라고 이해될 수도 있을 것이다. 하지만 그럼에도 불구하고 이진상에게 이 세 가지 눈높이, 혹은 시각이 모두 동일한 가치를 가지고 있는 것은 아니라고 판단된다. 비록 여기에서는 이 세 가지 눈높이 가운데 어느 것이 더욱 적절한 것인지에 대한 평가는 충분하게 드러나지 않지만, 다음과 같은 구절에서는 보다 선명하게 그의 시각이 확인되기 때문이다.

> 사물에서 보는 것은 역추이고, 그 근본으로 미루어 나아가는 것은 순추이다. 역추라는 것은 사람들이 보는 출발점이고, 순추라는 것은 천리의 근원이다. 사물에서 역추하면 그 겉모습에 매달리게 되고, 리를 따라 순추하면 참모습을 얻을 수 있다.[7)]

여기에서 이진상은 '사물에서 보는 것'을 역추로 규정하고, 그것은 사물의 겉모습에 매달린 결과라고 평가한다. 반면 근본에서 미루어 나아가는 것은, '리를 따라 순추하는 것'이고, 천리의 근원으로 이어지므로, 사물의 참모습을 얻을 수 있다고 말한다. 겉모습과 참모습의 대비에서

7) 李震相. 『寒洲全書』. 『理學綜要』 卷1. 「天道 第一上」. "觀乎物者逆推也, 推其本者順推也. 逆推者人見之始, 順推者天理之原, 物上逆推則靠實, 理下順推則得眞."

는 우리가 어떤 시각이나 태도를 따르거나 가져야 하는지가 분명하게 드러난다. 이러한 평가에서 보자면 '사물에서 보는 것'이 아니라, '리를 따라 순추하는 것'이야말로 근원적인 시각이자, 세상을 제대로 볼 수 있는 틀인 셈이다. 그리고 바로 여기에서 이진상의 리기론 역시 바로 이와 같은 시각에 기초해 있음을 확인하게 된다.

한주의 리기설은 '수간'에 무게 중심을 두고 있지만, 앞에서 말했듯 그것이 주희가 구분한 '리에서 보는 것[在理上看]'과 동일한 의미를 가지는 것은 아니라고 생각된다. 그것은 이진상의 '수간'이 '물의 흐름' 곧 '리의 발'을 전제하거나 수용하고 있는 반면, 주희의 '리에서 보는 것'은 반드시 '리의 발'을 전제하지 않아도 성립하기 때문이다. 이렇듯 샘에서 솟아난 물이 바다까지 이르는 '물의 흐름', 곧 '리발'을 인정하는 '수간'을 근원적인 시각으로 상정하는 이진상에게 '리발일도설'은 필연적으로 도출되는 자연스러운 결과였다.

그것은 반대로도 적용된다. 곧 이진상의 리기설이 '리발일도설'을 핵심으로 하는 것이라면, 그것은 필연적으로 '수간'의 시각을 가장 근원적인 시각으로 설정하게 된다는 것이다. '순추'와 '수간'의 태도와 눈높이에는 이미 '샘물'이 끊어지지 않고 하나로 이어져 흘러가듯, 모든 것을 리의 드러남으로 이해하는 '리발일도설'이 자연스럽게 함축되어 있는 것이다. 이러한 시각에서 본다면 샘(리)으로부터 바다(사물)까지의 물줄기가 이어져 하나로 연결되듯, 결국 리발 하나만이 있을 뿐이다. 결국 '수간'과 '리발일도설'은 동의어인 셈이다. 그래서 이진상은 다음과 같이 말한다.

> 성은 아직 발하지 않은 리이고, 정은 이미 발한 리이며, 성이 발하여 정이 되니 다만 똑같은 리일 따름이다. 이것은 마치 주인이 집을 나서면 손님이 되지만, 동일한 사람인 것과 같다. 진실로 성과 정의 실제

모습을 궁구하여 보면, 리가 발한 것만 있지, 기가 발한 것은 없다.[8]

여기에서 이진상의 리기설을 구성하는 핵심 내용, 곧 '리발일도설'이 구체적으로 등장한다. 그는 '리가 발한 것만 있고, 기가 발한 것은 없다'고 말한다. 단언적인 어조로 오직 '리발'만이 있을 뿐, 기발은 없다며, '리발일도'를 주장하고 있는 것이다. 그에게 성과 정은 '아직 발하지 않은 것(未發)'과 '이미 발한 것(已發)'의 차이가 있을 뿐, 모두 리의 다른 상태나 모습을 가리키고 있다는 점에서 동일하다. 그래서 마치 한 사람이 때에 따라 주인이 되기도 하고, 손님이 되기도 하는 것처럼, 성과 정은 하나의 대상에 붙여진 상이한 이름일 뿐이라고 말한다. 그래서 이진상은 "정은 본래 이미 발한 것을 말한 것이므로, 그 작용에는 만 가지 다른 모습이 있지만, 성이 발하여 정이 된 것이니, 그 또한 단지 하나의 길일뿐이다."[9]라고 말한다. 그의 성리학이 리기관계를 어떻게 설정하고 있는지를 분명하게 확인할 수 있는 부분이다. 이처럼 '리발일도설'의 성립근거는 무엇보다 먼저 '리발'의 긍정에서 찾을 수 있다.

그리고 이 '리발'은 기에 대한 리의 주재성을 담보하는 것이기도 하다. 기에 대한 리의 주재성은 다른 곳이 아니라, 바로 리의 자발성에서 확보된다는 뜻이다. 그리고 이 리의 자발성은 우선 리의 동정을 긍정하는 것에서 시작된다. 이진상은 다음과 같이 말한다.

리는 무형이고 기는 형적이 있기 때문에 그 볼 수 있는 것으로 말한다면, 동은 양, 정은 음처럼 보인다. 그러나 대원상에서 순추하면 동정

8) 李震相. 『寒洲先生文集』 卷32. 「四七原委說」. "性是未發之理, 情是已發之理, 性發爲情, 只是一理. 比如主出爲客, 只是一人, 苟求性情之實相, 則有理發而無氣發."
9) 李震相. 『寒洲先生文集』 卷19. 「答郭鳴遠疑問 贅疑錄 庚午」. "情本以已發者言之, 故其用有萬殊, 然性發爲情, 亦只是一路而已."

이 모두 태극의 유행이다. 만약 진정으로 동정이 없으면 음양이기가 스스로 생겨날 수 없다.[10]

현상계에서 보자(도간)면 동정은 음양, 곧 기로 보이지만, 본원에서 본다(수간)면 동정은 모두 태극, 곧 리의 유행이라는 뜻이다. 그리고 만약 이 리의 동정 곧 유행이 없다면 기의 유행 역시 있을 수 없다고 이진상은 말한다. 성리학적 지향과 관련시켜 이해한다면, 만약 리의 동정 혹은 유행을 긍정하지 않는다면, 기의 유행, 곧 기적 세계 속에서 리의 실현 역시 우연적인 것이 되어 버린다는 사실을 이진상은 분명하게 이해하고 있었던 것이다. 그리고 이진상은 이와 같은 리의 동정에 대한 긍정으로부터 리의 자발성을 자연스럽게 이끌어낸다. 동시에 이러한 구도 속에서 기는 비자발적인 것으로 그 성격이 규정되어진다. 이러한 그의 생각은 다음과 같은 구절에서 더욱 구체적으로 확인된다.

기가 있기 전에 먼저 리가 있었으니, 이 리가 있자 비로소 동정할 수 있게 되었다. 그러므로 동 또한 태극의 동이며, 정 또한 태극의 정이다. 동하면 곧 양을 낳고, 정하면 곧 음을 낳아 이러한 동정함으로 말미암아 기라는 이름이 있게 되었으며, 이때 리는 항상 주가 되고 기는 항상 자가 된다. 동하지도 않고, 정하지도 않으나 동정의 신묘함을 갖추고 있는 것은 리의 본체이며, 동하기도 하고 정하기도 하면서 동정의 기미를 가지고 있는 것은 리의 신묘한 용이다. 기는 동하면 정하지 않고 정하면 동하지 않으니, 결코 스스로 동하고 스스로 정하는 사물이 아니다.[11]

10) 李震相. 『寒洲全書』. 『理學綜要』 卷1. 「天道 第一上」. "理本無形, 而氣爲有迹, 則自其可見者言之, 動者是陽, 靜者是陰. 然直從大原上順推, 則動者靜者, 固是太極之流行, 而苟無動靜, 則陰陽二氣, 無自以生也."

11) 李震相. 『寒洲先生文集 附錄』 卷三. 「行狀 門人郭鍾錫」. "未有此氣, 先有此理, 纔有此理, 便會動靜. 動亦太極之動, 靜亦太極之靜. 動便生陽, 靜便生陰, 由動靜有氣之名, 而理常爲主, 氣常爲資. 無動無靜而涵動靜之妙者, 理之體也, 能動能靜而有動靜之幾者, 理之用也. 氣則動

여기에서 이진상은 동정을 태극, 곧 리의 동정으로 이해한다. 동시에 기에 대해서는 스스로 동하고 스스로 정하는 것이 아니라고 분명한 선을 긋는다. 기가 발하지 않는 것이 아니라, 스스로 발할 수 없기 때문에, 그 발은 진정한 발이 아니라는 뜻이다. 그리고 바로 여기, 즉 기란 스스로 발할 수 없다는 생각은 스스로 발할 수 있는 것에는 오직 리가 있을 뿐이라는 생각에 뿌리를 둔다.

이처럼 '리발일도설'은 그 명칭에서 드러나듯, 무엇보다 '리발'에 대한 강한 긍정과 함께, 기란 스스로 발할 수 있는 것이 아니라는 사실에 근거해 있다. 기가 발할 수 없다는 것은 기란 수동적이고, 명령을 내리는 쪽이 아니라, 명령을 받는 쪽이라는 것을 뜻한다. 이것을 이진상은 기에는 주재성이 없다고 말로 표현한다. 이런 의미에서 '기가 발한 것은 없다'는 말은 곧 '기 스스로 발한 것은 없다'는 뜻이고, '기는 리의 명령을 받아 발한다'는 뜻이기도 하다. 모든 것을 주재하는 힘은 기에게 있는 것이 아니라 리에게 있는 것이고, 바로 이러한 의미에서 모든 것은 '리발'의 결과라고 말할 수 있다.

앞의 논의를 정리하면서, 아울러 '리발일도설'이 함축하고 있는 지향을 이해해 보면, 이진상은 주희가 제시한 '리에서 보는 시각'과 '사물에서 보는 시각'을 구분하는 이중적 시각을 계승하면서도, 여기에 이황의 시각을 더해 '수간', '횡간', '도간'이라는 세 가지 눈높이로 확장하고, 그 가운데 '수간'을 가장 근원적인 시각으로 설정한다. 한주의 '리발일도설'은 수간과 순추의 방법을 통해 최종적으로 얻어지는 결론이자, 리발을 통한 리의 주재성을 긍정함과 동시에 기의 자발성을 부정함으로써 성립되었다고 이해된다. 그 지향점에서 보자면, '리발일도설'은 기에 대한 리

而無靜, 靜而無動, 而決非自動自靜之物也."

의 주재성을 문제 삼고, 그것을 확보하기 위한 노력이었다고 이해된다. 결국 리의 주재성이 성리학의 근원적 지향이기도 한 도덕실천이나 성인됨의 필연성과 밀접하게 관련되어 있는 까닭이다.

3. 리기호발설에서 리발일도설로

앞에서 우리는 이진상이 주장한 '리발일도설'을 주자학의 리기론적 구도와의 관련성 속에서 살펴보았다. 이것은 '리발일도설'을 이론적이고, 내적인 측면에서 이해하기 위한 노력이었다. 그런데 이러한 측면만으로 '리발일도설'을 충분히 이해할 수 있다고 생각되지는 않는다. 여기서 한 걸음 더 나아가 조선 후기 이진상에 이르러 왜 이러한 시각이 등장하고 강조되었는지를 살펴보는 것 역시 '리발일도설'에 대한 이해에서 결코 간과할 수 없는 부분이라 생각된다.

다시 말해서, 이진상은 왜 주자학이 함축하고 있는 두 가지 측면, 곧 '리에서 보는 것'과 '사물에서 보는 것' 가운데 '리에서 보는 것'을 더 근원적인 것으로 보고 무게 중심을 두게 되었을까? 왜 리를 중시하고 리의 주재성과 리의 발에 대한 긍정이 필요했던 것일까? 왜 이황의 '리기호발설'이나 율곡栗谷 이이李珥(1536~1584)의 '기발리승일도설'에 만족하지 못하고 다시 '리발일도설'로 방향을 바꾸게 되었을까? 등과 같은 물음과 그 대답을 통해 '리발일도설'에 대한 더 깊은 이해로 접근해 갈 수 있을 것이다.

그런데 이러한 물음과 그 대답은 무엇보다 이황의 '리기호발설'에서 시작해 이이의 '기발리승일도설'을 거쳐 이진상의 '리발일도설'로 이어지는 흐름과 깊이 관련되어 있다고 판단된다. 어떤 형태로든 이진상의 '리발일도설'은 '리기호발설'과 '기발리승일도설'에 대한 극복으로 이해될 수 있기 때문이다. 따라서 이황의 '리기호발설'에서 이진상의 '리발일도설'로 전개되는 과정에 대한 이해는 '리발일도설'이 무엇을 지향하였는지를 이해하는 주요한 통로가 되어 줄 것이라 생각된다.

그렇다면 이제 우리의 이야기가 어디에서 시작되어야 하는지 그 대강의 방향은 정해진 것 같다. 먼저 이황이 '리기호발설'을 제시한 것에 대해 고봉高峯 기대승奇大升(1527~1572)이 비판적인 시각을 보여주었고, 기대승의 시각은 다시 이이에 의해 '기발리승일도설'로 정리되었다는 선후관계에서 본다면, 우리의 이야기는 마땅히 이황의 '리기호발설'에서 시작되어야 한다고 생각된다.

잘 알려져 있듯, '리기호발설'이 처음 제시되는 사단칠정논쟁은 추만秋巒 정지운鄭之雲(1509~1561)의 「천명도설天命圖說」을 이황이 수정하면서 시작되었다. 「천명도설」에서 정지운이 "사단은 리에서 발한 것이고, 칠정은 기에서 발한 것이다"라고 표현한 것을, 이황은 "사단은 리가 발한 것이고, 칠정은 기가 발한 것이다"라고 고치도록 하였다. 리발과 기발을 모두 긍정하는 이황의 시각이 그대로 드러나고 있고, 이것이 바로 '리기호발설'의 주요 내용이기도 하다. 그런데 이것이 발단이 되어 진행된 기대승과의 논쟁 과정에서 이황은 다시 자신의 주장을 "사단의 발은 순리이기 때문에 선하지 않음이 없고, 칠정의 발은 기를 겸하였으므로 선악이 있다"는 말로 수정하였지만, 전체 논쟁 과정과 내용에서 보자면 '리발'에 대한 이황의 시각은 근원적으로 변하지 않았다.

물론 이황 스스로는 이러한 자신의 관점이 주자학에 굳건하게 뿌리를 두고 있다고 믿고 있었다. 하지만 주자학의 이론적 구도에서 그가 전제한 '리발'은 사실상 긍정되기 어려운 측면이 있다. 그것은 주자학의 리기론적 구도를 통해서 쉽게 확인된다. 리기론은 리와 기라는 두 개의 개념을 이용해 우주의 생성 변화로부터 넓게는 인간의 행위까지도 설명하는 하나의 틀이다. 앞에서 언급했듯 이러한 체계에서 리와 기가 관계 맺는 방식이나 양자의 역할은 당연히 핵심적인 내용이 될 수밖에 없다. 그런데 주자학에서 리와 기의 관계는 앞에서 본 것처럼, '리에서 보는 것'과 '사물에서 보는 것', 곧 서로 뒤섞일 수도 없지만 서로 분리될 수도 없는 것으로 이해되는 이중적 모습이다. 주희의 표현을 빌리자면, 리기는 불상리不相離하면서도 불상잡不相雜하는 관계에 놓여 있는 것이다. 그런데 이것이 전부는 아니다. 리와 기의 관계에 대한 주희의 이해는 여기에 그치지 않고, 한 걸음 더 들어가, 형이상形而上과 형이하形而下의 구분을 리와 기에 적용하여 이해한다. 그리고 바로 이러한 시각 속에서 불상리와 불상잡, 리에서 보는 것과 사물에서 보는 것 가운데 주희의 강조점 혹은 무게 중심이 어디에 위치해 있는지가 분명하게 드러나게 된다.

무엇보다 형이상形而上과 형이하形而下의 구분을 리와 기에 적용할 때, 운동과 변화, 작용뿐만 아니라, 생성되고 소멸하는 모든 것은 기적 영역에서 설명된다. 이러한 구도에서 리의 직접적인 작용을 뜻하는 '리발'이라는 명제는 이율배반이자 모순적인 명제가 될 수밖에 없다. 운동은 변화를 함축하고 있고, 변화는 생성과 소멸을 함축하고 있어서, 형이상의 리가 운동하는 것이라면, 그 리는 영원하지도, 보편적이지도 않은 리가 되어버리는 것이다. 이러한 의미에서 보자면, 주자학적 구도에서 형이상자로서의 '리'를 긍정하는 한, 직접적인 '리발'은 수용될 수 없게 된다.[12] 주자학의 구도에서 '리의 움직임'이란 단지 '기'의 동정에 의탁해

12) 물론 '리발'이 진정 리의 직접적인 작용을 의미하지 않는 것으로 이해하는 방식도 있지만, 그 정도의 의미만으로 진정한 도덕주체, 혹은 기에 대한 리의 필연적인 주재성을 확보하기는 어려워 보인다. 아무튼 최소한 기대승에게 이황이 제시한 '리발'은 그러한 소극적인 의미만

서 현현하는 것을 지칭할 수 있을 뿐이다. 즉 기의 움직임에 따라서 움직임의 형상을 드러내지만, 리 자신은 단지 그를 움직이게 하는 소이연의 리일 뿐이다.[13)]

이러한 주자학의 구도와 리발을 긍정하는 이황의 '리기호발설'은 서로 일치하지 않는 것으로 이해될 수 있었고, 이점을 기대승은 이미 간파하고 있었다. 그의 주요 반론 역시 바로 이 지점에서 제기되었다. 기대승은 형이상과 형이하로 리와 기를 구분하는 주희의 틀을 그대로 수용하면서, 리발은 인정할 수 없고 기발만을 인정하는 태도를 취하였다. 그리고 이와 같은 그의 시각은 훗날 이이에 의해 '기발리승일도설'로 정리되었다.

그런데 이황과 이이 이후, 이들을 계승하는 이들은 서로 다른 문제를 떠안고 상반된 고민을 시작할 수밖에 없었다. 퇴계학파의 경우는 리발을 통해 기에 대한 리의 주재성을 논리적으로 확보할 수 있었고, 또 그것을 통해 도덕실천과 성인됨의 논리적 필연성 역시 보장받을 수 있었다. 하지만 이러한 시각이 함축하고 있는 주자학과의 차별성은 이들이 해결해야 할 또 다른 문제로 부각될 수밖에 없었다. 율곡학파의 비판 역시 이점에 집중되었다. 그래서 이황의 후예들은 선택의 길 위에 서게 되는데, 이황의 문제의식을 계승하면서도, 이황의 시각을 어떻게든 주자학적 구도 속에서 정당화하는, 곧 그의 시각이 주자학과 차별적이지 않다는 사실을 증명하기 위한 노력을 전개해야만 했다.

그런데 그 주자학과 차별적이지 않다는 사실을 증명하는 방식은 크게 두 가지 노선으로 나타났다. 하나는 이황의 '리발'에 대한 새로운 이해나

을 가진 것은 아니었던 것은 분명하다.

13) 황갑연. 2012. 『심체와 성체5 주희철학』. 소명출판사. 326쪽.

해석을 통해 결국 이황의 리발 역시 주자학적 체계 속에서 용인될 수 있음을 보여주는 방식이고, 다른 하나는 이황이 아니라 주자학 자체에 주목해 그 속에서 리발이 수용될 수 있는 단서와 증거를 제시하는 방식이었다. 결과적으로 본다면, 이황이 보여준 주자학과의 차별성에 대해, 전자는 그것을 어떤 형태로든 좁히는, 후자는 넓히고 확대하는 결과를 초래하였다.

반면 율곡학파의 경우, 사칠논쟁에서 기대승에 의해 제기되고 이이에 의해 계승되어 체계화된 '기발리승일도설'은 이들이 리와 기를 각각 형이상과 형이하로 분속하는 주자학적 구도를 충실하게 계승하고 있다는 사실을 잘 드러내 보여준다. 아울러 주자학의 리기론이 함축하고 있는 이중적 구도 가운데 '사물에서 보는 시각'이 적극적으로 계승되었다. 그런데 이러한 '기발리승일도설'에서는 기氣가 리理를 현실화하는 역할 일체를 담당할 뿐만 아니라, 현상세계의 모든 능동성 혹은 활동성을 모두 기에 귀속시킨다. 형이상자인 리는 초경험적인 것이므로 당연히 형적形迹이 있을 수 없고, 기는 경험적인 것이므로 형적이 나타나며, 응취凝聚하여 사물을 구성할 수 있다는 것이다.

그런데 이러한 이론구조에서도 피할 수 없는 문제는 발생한다. 즉 리는 현상세계와 그것을 구성하는 사물과 사건을 생성 변화시키는 소이연所以然 또는 근거로 설정되지만, 스스로를 현실화 할 수 있는 능동성을 갖지 못한 수동적인 것에 불과하게 된다. 이것은 리(곧 性)의 실현여부가 오직 그것을 현실화할 수 있는 능동성을 갖춘 기(심)의 순수성 여부에 의해 결정된다는 것을 의미한다. 그리고 리의 실현이 기의 순수성 여부에 의해 결정된다는 것은 리의 실현이 리 스스로에 의해 결정될 수 없음을 뜻한다. 적극적으로는 리의 실현이, 소극적으로는 기에 대한 리의 통제력 혹은 주재력이 논리적으로도 충분히 보장받지 못하게 되었던 것이다.

눈앞에 펼쳐진 현상과 사물에 대한 설명은 설득력 있게 제시하고, 또 도덕의 객관성과 보편성의 문제도 나름 해결할 수 있었지만, 주자학의 최종 목표라고 할 수 있는 도덕실천과 성인됨의 문제와 관련해서는 일정한 한계를 드러내 보여준 셈이다. 리의 실현이 리 스스로에 의해 결정되는 것이 아니라, 기의 순수성 여부에 의해 결정된다는 것은 결국 도덕실천 역시 리 스스로가 아니라 기에 의해 좌우됨으로써, 그 실천의 필연성을 논리적으로도 확보하지 못하게 되었음을 의미하기 때문이다. 그리고 이러한 문제를 점차 인식하기 시작하면서 율곡학파 내부에서는 '기발리승일도설'에 내재해 있는 문제를 해결하기 위한 다각적인 반성과 노력이 등장하게 되었다. 그리고 이 문제에 대한 대응에서 율곡학파는 송시열 이후 내부적으로 인물성동이논쟁 등을 겪으며 주희와 이이로 이어지는 정통적 시각을 고수하려는 입장과 어떤 형태로든 리의 주재성을 확보하기 위해 이론적 수정을 시도하는 계열로 분화되었다.

이처럼 이진상이 등장할 즈음, 조선성리학의 주요한 흐름을 형성하고 있었던 퇴계학파와 율곡학파는 그 내부에 각기 상이한 지향을 가진 최소한 2가지 이상의 분파를 형성하며 전개되고 있었다. 퇴계학파에서는 퇴계학, 특히 '리기호발설'이 보여준 주자학과의 차별성을 어떻게 처리할 것인가에 따라, 그리고 기호학파에서는 '기발리승일도설'이 안고 있는 근원적 문제, 곧 기에 대한 리의 주재성이 충분히 보장되지 않는다는 문제의식에서 각각 나타나는 두 갈래의 흐름이 바로 그것이다. 여기에 더해서 학파 간의 학문적 경쟁은 상대 학파의 입론을 무력화하기 위한 다양한 형태의 노력을 낳았고, 그것은 당시 학자들의 주요한 학문적 배경이 되었다. 그리고 이것은 곧 이진상의 철학적 문제의식이기도 하였다. 이진상의 성리학이 이러한 조선 후기 성리학의 흐름과 그것이 보여주고 있는 세 가지 측면의 지향과 밀접하게 관련되어 있다는 점은, 그의 리기설이 보여주고 있는 특징이나 저술의 내용에서 단적으로 확인된다.

조선후기 성리학의 흐름 속에서 이진상은 기본적으로 퇴계학파의 전통 속에 위치해 있었다. 따라서 그의 철학적 문제의식은 곧 ①이황의 문제의식을 계승하여 리의 주재성을 확정함으로써 도덕의 필연성을 논리적으로 확보하는 것, 그리고 ②그렇게 하는 것이 주자학과 차별적인 것이 아니라, 주자학의 본래 내용이나 지향이라는 점을 증명하는 것, 그리고 그것이 자연스럽게 ③율곡학파를 중심으로 하는 주기적 성리학에 대한 비판으로 이어지는 것으로 요약된다. 이것이 이진상의 철학적 문제의식이자 그 사유의 중심 골간이 되었던 것이다. 그리고 이진상의 리기론은 바로 이들 문제의식에 대해 그가 찾았던 대답이었다. 이 세 가지 물음이 요구하는 세 가지 조건을 충족하는 것, 그것이 바로 이진상에게는 '리발일도설'이었던 것이다. 이처럼 이황 이래 조선성리학의 흐름과 겹쳐 그의 리기설을 이해할 때, 이진상의 '리발일도설'을 주 내용으로 하는 리기설은 최소한 다음과 같은 세 가지 목적을 가지고 전개되어 나온 것으로 이해된다.

먼저 그것은 사칠논쟁에서 드러나고 있는 이황의 문제의식을 계승하고 그것을 더욱 강화하기 위한 목적을 가졌다. 즉 진정한 도덕주체의 확립과 함께, 기에 대한 리의 주재성을 강화하고 리의 순수성을 확보하는 방향으로의 이론적 전개가 그것이다. 그 결과가 바로 '리기호발론'을 넘어 '리발일도설'로 자리 잡게 되었던 것이다. 그리고 이 '리발일도설'은 무엇보다 도덕의 필연성, 곧 도덕실천의 필연성을 논리적으로 확보하기 위한 노력의 결과였다고 이해된다. '리발일도'가 인정될 때, 기에 대한 리의 주재성에 의해, 기氣적 세계 속에서도 왜곡되지 않은 리의 실현을 더욱 확고하게 보장받을 수 있었던 것이다.

둘째로 이진상의 '리발일도설'은 진정한 주희의 뜻을 확정하고 또 그것을 계승하기 위한 목적을 가진다고 이해된다. 여기에서 '리발일도설'이 주희의 뜻이거나 만년정론이라는 그의 시각이 어느 정도의 설득력을 가지고 있는지는 그다지 중요하지 않다. 중요한 것은 이진상 본인이 그렇게 믿고 있었다는 사실이고, 그렇게 믿고 싶어 했다는 점이다. 특히 이진상은 자신의 '리발일도설'이 주희가 최종적으로 확정한 관점이라는 사실을 증명하기 위해 노력했다. 그의 주요 저서 가운데 하나인 『리학종요』가 주희의 초년설과 만년설의 변천과정을 구분해 보여주기 위한 목적으로 저술되었다는 사실은 이미 잘 알려져 있다.[14] 주희가 최종적으로 확정한 관점에 대한 분석을 통해 '리기호발설'에서 한 걸음 더 내딛고 있는 '리발일도설'을 비롯한 그의 리기론이 주자학과 차별적이지 않을 뿐만 아니라, 오히려 주희의 본래 의도와 일치한다는 사실을 보여주고자 했던 것이다.

마지막으로 이진상의 '리발일도설'은 그에게 '기발일도설'로 이해되는 율곡학파의 '기발리승일도설'에 대한 강력한 비판을 목적으로 한다고 이해된다. 리발을 부정하는 이이의 '기발리승일도설'에 대해 그는 다음과 같이 비판한다.

> 리가 과연 통하는 것이고, 기가 과연 국한된 것이라면, 국한된 것은 발하지 못하고 통하는 것은 반드시 발하는 것이 천하의 바른 이치이다. 율곡은 리발을 배척하고 기발을 펴니 스스로 국리통기를 면하지 못할 것이다.[15]

14) 이상하. 2005. 「한주 이진상과 주자정설」. 『한문학연구』 제19집. 188쪽 참조.

15) 李震相. 『寒洲先生文集』 卷30. 「書愚潭丁先生四七辨證後 辛丑」. "理果通矣, 氣果局矣, 局者不發而通者必發, 下之正理也, 谷斥理發而伸氣發, 不免局理通氣."

여기에서 이진상은 리발을 부정하면서 '리통기국'을 주장하는 이이에 대해 결국 '국리통기'의 결과를 얻을 뿐이라는 말로 비판한다. 리발을 부정하면 안 되는 것은 리가 죽은 물건이 되어서는 안 된다는 문제의식에서 확인된다.

> 이제 만약 태극을 체로 하고 동정을 용이라 하면 태극은 동정이 없게 되고, 동정은 오로지 기에만 속하게 되어 체용이 양단되어 리는 죽은 것이 되고 만다.[16)]

그리고 이것은 단순히 율곡학파에 대한 비판을 넘어서 주기적인 학문 전체, 곧 성리학의 주기설뿐만 아니라, 도교와 불교, 양명학을 거쳐 마침내는 서양의 학문까지도 모두 기를 중심으로 하는 학문으로 규정하고 이것을 극복하는 것을 목표로 했음을 의미한다. 기를 중심으로 보는 것이 아니라, 리를 중심으로 봐야 한다는 요청이기도 하고, 리가 실현되어야 한다는 당위에서 보자면, 보다 강화된 리 중심의 성리학이 다시 이진상에 의해 사명으로 받아들여졌다고 이해할 수 있을 것이다.

전체적으로 보자면 이진상의 '리발일도설'은 이이가 제시한 '기발리승일도설'과 대비될 뿐만 아니라, 이황의 '리기호발설'과도 차별성을 보여준다. 내용에서 볼 때 그의 '리발일도설'은 '리기호발설'의 수정인 동시에 리중시적 경향의 강화이고, '기발리승일도설'에 대한 정면 비판이라고 생각된다. 하지만 그것이 등장하게 되는 문제의식에서 보자면 그의 '리발일도설' 역시 이황과 이이 그리고 이들의 후계자들이 고민하고 해결하려던 문제와 온전히 함께하고 있다는 점이 확인된다.

---

16) 李震相. 『寒洲全書』 4. 『求志錄』 卷11. 「太極圖箚義」. "今若以太極爲體, 以動靜爲用, 則太極無動無靜, 而動靜專屬乎氣, 體用兩裁, 而理爲死物矣."

4. 리발일도설로 본 한주 리기설의 의의

앞에서 우리는 리발일도설을 중심에 두고 이진상의 리기설을, 이론의 내적 구조와 그 구조가 함축하고 있는 지향, 그리고 이것과 함께 그것이 외적으로 어떤 역사적 전개과정 속에서 어떤 문제의식을 통해 등장하게 되었는지를 되돌아보았다. 이 두 가지 방향의 고찰을 통해서 우리는 '리발일도설'이 결국은 도덕과 성인을 향한 실천적 토대와 그 필연적 근거의 마련을 위한 노력의 결과였음을 이해할 수 있었다. 그리고 바로 이점에서 '리발일도설'이 함축하고 있는 지향과 그것이 등장하는 역사적 전개과정 속에서 구체화된 문제의식은 완전히 일치하고 있다는 사실 역시 확인하였다. 그렇다면 이제 마지막으로 앞에서 살펴본 '리발일도설'을 중심으로 하는 그의 리기설이 조선성리학 혹은 낙중학의 전개사에서 어떤 의미를 가지는지를 살펴보자.

무엇보다 먼저 그의 리기설이 가진 의미로 꼽을 수 있는 것은, 이진상의 '리발일도설'에 조선 후기 300년 조선성리학의 지향이 충실하게 녹아져 있다는 사실이다. 한마디로 조선성리학이 무엇을 지향했는지를 그의 리기설이 보여주고 있다는 말이다. 그런데 한 걸음 더 접근해서 본다면, 단순히 조선 후기 300년의 지향만이 담겨져 있는 것도 아니다. 우리는 더욱 거슬러 올라가 마침내 주희를 만나게 될 수도 있다.

잘 알려져 있듯, 내부의 여러 분리된 계파와 상관없이 성리학의 공통점은 후천적인 공부나 수양을 통해 성인이 될 수 있음을 전제하고 있다는 사실에서 확인된다. 그런데 성인됨의 가능성은 곧 도덕실천의 가능성이기도 하고, 또 기에 대한 리의 주재성에 대한 긍정이기도 하다. 성인됨과 도덕실천의 가능성, 그리고 기에 대한 리의 주재성에 대한 긍정을 최소한 이론적 혹은 논리적으로 설명하고 확보하기 위한 노력, 그것이 바로 성리학이라는 학적 체계로 구성되어졌다. 이점에서 보자면, 주자학도 예외가 될 수는 없다.

하지만 주희에 의해 최종적으로 완성된 주자학적 이론체계는 그 자체가 본래 추구했던 궁극목표를 충실하게 성취해 내지는 못하였다. 실상 그 문제의 핵심은 '리발'의 긍정여부에 있었다. 조선성리학의 중심 논쟁이 되었던 '사단칠정논쟁'과 관련해서 보자면, 주자학적 이론체계에서는 리 자체가 활동성을 갖추고 있어서, 그것으로부터 도덕적 정감인 사단이 전개되어 나올 수가 없었다. 사단과 같은 도덕적 정감이 직접 전개되어 나오지 않는, 활동하지 않는 리는 다만 도덕적 정감의 존재론적 근거가 될 수 있을 뿐이었다. '리발'이 긍정되지 않는 경우, 사단이라는 도덕적인 정감은 리라는 객관적인 근거를 가질 수는 있지만, 리 자체의 직접적인 활동으로부터 전개되어 나오는 것이 아니기 때문에, 리와의 관계는 필연적일 수 없었다. 이 문제의 핵심이 '리발'의 긍정여부에 있었다면, 이진상의 '리발일도설'이 결국 무엇을 지향하고 있는지는 굳이 말로 표현하지 않아도 분명하게 드러난다.

이와 같은 주자학의 한계 혹은 내적 문제에 대한 다양한 대응이 이미 주희 당시의 상산학에서 시작하여 양명학 등으로 제시되었다면, 이진상의 '리발일도설'은 주자학 내부에서 진행된 이론 수정과 보완의 길 끝자락에 위치해 있다. 그의 '리발일도설'은 바로 조선성리학이 제시한 도덕실천과 성인됨의 필연성, 곧 기에 대한 리의 주재성을 확보하는 가장 직접적인 방식이었다. 그리고 그 문제의 핵심은 주자학적 체계 속에서 도덕실천과 성인됨의 필연성을 확보하는 것이었고, 이진상의 '리발일도설'은 바로 이 문제에 대한 그의 충실한 대답이기도 하였다. 주자학적 구도를 흔들며, 리발을 인정하고 사단과 칠정을 구분하여 도덕적 정감을 긍정했던 이황의 시각이 결국 이진상에 이르러 보다 더 순수하고 강하게 추구되었던 것이다.

이렇듯 이진상의 '리발일도설'을 통해서 본 조선성리학의 지향은 다름 아닌 도덕의 실천적 동력을 어떻게 확보할 것인가에 집중되어 있었다. 그 문제의 뿌리는 주희에 닿아 있었고, 이황과 기대승 간에 전개되었던 '사단칠정논쟁'은 의식하지 않은 사이에 주자학이 남겨둔 문제와 조우하며, 조선 후기 300년 성리학의 전개 방향을 결정하였다. 그리고 이진상의 '리발일도설'은 도덕실천의 필연성을 확보하기 위한 조선 후기 300년 이론적 노력의 결론이기도 하였다.

둘째, 이진상의 '리발일도설'은 더 이상 우주의 생성과 변화를 설명하는 리기론적 토대위에서 제시된 것이 아니라, 인간의 도덕행위를 설명하기 위한 심성론적 토대위에서 제시되었다는 점에서 '심학화된 리기설'이라는 특징을 보여준다. 이진상 본인의 확신과 무관하게, '리발일도설'을 중심으로 하는 그의 리기설은 주자학의 리기론과는 그 성격이나 내용에서 이미 차별적인, 또는 일정한 변화를 함축하고 있음을 확인하게 된다.

물론 그는 여전히 주자학자이고, 그의 학문 역시 주자학이다. 그것은 리기론 혹 리기설이 철저한 주자학의 산물이라는 사실에서 확인된다. 주자학 이전에는 리기론적 사유가 자리잡지 못하였고, 주자학 이후, 곧 명대 양명학이나 청대 고증학의 경우 사실상 리기론에 대한 관심이 사라졌다. 어떤 형태로든 리기론적 잔재를 간직하고 있다면, 그 이론체계는 주자학적 구도를 남겨두고 있는 셈이다. 이러한 의미에서 보자면 이진상은 여전히 주자학적 특징을 풍부하게 가진다고 말할 수 있을 것이다.

그럼에도 불구하고 우리는 '리발일도설'로 요약되는 그의 리기론이 순수한 주자학적 리기론의 틀을 그대로 간직하고 있는 것이라 긍정하는

데 주저하게 된다. 그는 자신의 '리발일도설'이 주희의 만년정론이라는 점을 여러 고증을 통해 증명하려 노력하였고, 또 스스로는 믿어 의심하지 않았다. 특히 이황이 '리기호발설'의 결정적인 근거로 제시했지만, 율곡학파에서 오록이라고 주장해온 "사단은 리가 발한 것이고, 칠정은 기가 발한 것이다"라는 기록이 주희의 감정을 거쳤음을 밝힘으로써 그는 이황의 '리기호발설' 뿐만 아니라, 자신의 '리발일도설'이 주희의 정론에 합치한다는 것이 증명되었다고 생각했을 것이다. 하지만 그 기록이 주희의 감정을 거쳤더라도, 그 구절이 반드시 이황이나 이진상 본인이 생각하는 리발의 의미를 가진다고 단정하기는 어렵다. 다양한 이해 혹은 해석 가능성이 여전히 남아 있는 것이다.

주자학이 제시하고 있는 리기관계 가운데 '리에서 보는 시각'이 반드시 이진상이 제시한 '수간'과 일치하지 않듯, '리발일도설'을 중심으로 하는 이진상의 리기설은 분명 주자학의 리기론과 일치하지 않는 부분이 있다. 이진상의 리기설은 어떤 측면에서 이미 리기론 중심의 주자학적 틀에서 벗어나, 심성론을 중심으로 리기 관계가 새롭게 규정되었다고 말할 수도 있을 것이다. 리를 존재법칙과 도덕법칙이 통합된 것으로 보는 것이 주자학적 시각이라면, 이진상에게 리는 존재법칙으로서의 소이연 보다는 도덕법칙으로서의 소당연의 비중이 그만큼 강화되고 있다. 그런 의미에서 이진상은 주자학을 구성하는 중심 구도를 리기론으로부터 심성론으로 이동시키면서, 그 전체 틀을 허물고 있는 것으로 볼 수 있는 것이다.

특히 주자학의 출발점이나 중심이 리기론에 있었다면, 이진상의 리기설은 그 자체가 중심이 되는 것이 아니라, 심성론을 위한 토대를 마련해주고 있는 것처럼 보인다. 그것은 한주의 '리발일도설'이 인간의 행위, 곧 도덕행위를 설명하고 이해하기 위한 하나의 틀이라는 사실에서 확인된다. 그의 리기설은 더 이상 우주의 생성과 변화를 설명하기 위한 틀이 아니었다. 이렇듯 주희가 리기론을 통해 성취하고자 했던 목적이나 의도를 그의 리기설은 상당부분 외면하고 있지만, 동시에 도덕과 성인의 가능성을 정초하고자 했던 주희의 본래 의도나 목적에 더욱 부합하는 측면 역시 보여준다. 그리고 더 이상 우주론적 해명을 목표로 하지 않는 리기설이라는 측면에서 보자면, 그의 리기설은 심성론을 위한, '심학화된 리기설'이라 부를 수도 있을 것이다.

마지막으로 이진상의 '리발일도설'에서는 한편으로 이황의 문제의식을 계승하고 있는 모습을 분명히 확인할 수 있지만, 그럼에도 불구하고 이황 혹은 퇴계학의 권위로부터 일정부분 자유로운 모습 또한 드러나고 있다. '리발일도설'은 이황의 '리기호발설'을 넘어 더욱 적극적으로 도덕의 필연성을 확보하기 위한 노력이다. 도덕의 필연성은 곧 성인됨의 필연성이다. 그런데 그 과정에서 그의 발걸음은 그 자신이 생각했던 것보다 더 멀리 내딛어졌다.

특히 『한주문집』이 발간된 후, 영남지역의 반응은 시사하는 바가 크다. 1895년 3월에 이진상의 아들인 한계韓溪 이승희李承熙(1847~1916)가 동학을 피해 거창에 머물면서 『한주문집』을 인쇄하고, 그 이듬해인 1896년 겨울에 책을 출간하자, 영남의 이곳저곳에서 반응이 나타나기 시작하였다. 그 중에서 이황의 후손인 용산龍山 이만인李晩寅(1834~1897)은 이진상의 성리학이 이황과 다르다고 비판하였고, 1897년 도산서원에서는 마침내 이진상의 성리학을 위학僞學으로 규정하고 『한주문집』을 환송하였다. 여기에 더해서 1902년 11월에는 상주향교에서 『한주문집』을 불태우는 사태까지 벌어지게 되었다.

물론 이러한 사건이 발생하는 배경에는 양명학의 핵심명제인 '심즉리'를 이진상이 수정없이 사용하고 있다는 측면이 강하게 작용한 것이 사실일 것이다. 하지만 또 다른 하나의 사실도 주목할 필요가 있다. 그것은 이진상의 '리발일도설'이 이중적 의미를 함축하고 있어서 한편으로 율곡학파의 '기발리승일도설'에 대해 강하게 비판하고 있지만, 또 다른 한편에서 보자면 '리기호발설'을 주장한 이황마저도 충분하게 주희를 계승하지 못한 것으로 이해할 수 있는 여지를 남기고 있다는 점이다. 안동을 중심으로 하는 낙동강 상류지역이 퇴계학을 묵수하며 이황의 '리기호발'을 지키는 데 힘썼다면, 이러한 전통 속에서 이진상의 '리발일도설'은 충분히 이황의 권위를 부정하는 위험한 학문으로 규정될 수 있었을 것이다.

그리고 이렇듯 위험한 발걸음을 내딛으며 새로운 사유를 진행할 수 있었다는 것 자체에서 이미 이황의 그림자가 희미해져가는 모습을 발견하게 된다. 새로운 사유를 할 수 있다는 것은 이진상이 경계에 서 있었음을 뜻한다. 기에 대한 리의 주재성, 기적 세계에서 왜곡되지 않는 리의 실현이라는 이황의 문제의식을 계승하면서도, 그것을 더욱 강화할 때 이진상의 '리발일도설'은 자연스런 결론이 될 수밖에 없었다. 이처럼 이진상의 리기설은 본인의 의도와는 무관하게 주자학뿐만 아니라, 퇴계학의 틀조차 무너뜨리거나 비트는 과정을 통해 체계화되었다고 이해된다. 그리고 그것은 어떤 형태로든 주자학이나 퇴계학의 강한 영향력으로부터 비켜서 있었던 까닭에 가능했다고 판단된다.

5. 한주학, 경계에 서다

이제 앞의 논의를 정리하는 것으로 우리의 이야기를 마무리해 보자. 앞에서 우리는 이진상의 '리발일도설'이 어떤 내용이고, 그 근거는 무엇인지, 그리고 그것이 무엇을 지향한 이론체계인지를 먼저 확인하였고, 이어서 이황의 '리기호발설'로부터 이이의 '기발리승일도설'을 거쳐 이진상의 '리발일도설'에 이르는 과정에 대한 이해를 통해 그의 '리발일도설'이 어떤 문제의식으로부터 등장하게 되었는지를 정리해 보았다. 그리고 마지막으로 이진상의 '리발일도설'이 가진 의의를 세 가지 측면에서 살펴보았다.

무엇보다 이진상의 '리발일도설'은 '수간', '횡간', '도간'이라는 세 가지 눈높이 가운데 '수간'의 시각 속에 이미 함축되어 있으며, 여기에 리발에 대한 긍정과 기발의 부정을 통해 기에 대한 리의 주재성을 확보하고 있다. 그의 이러한 시각은 리가 죽은 것일 수 없다는, 그리고 리가 기를 주재하지 못해서는 안 된다는 생각의 표현이자 요청이다.

그런데 그의 이러한 생각은 사단칠정논쟁 이래 조선 후기 300년을 이어 내려온 학문적 배경과 깊이 관련되어 있다. 리의 주재성을 확정함으로써 도덕의 필연성을 확보하려는 이황의 문제의식을 계승하면서 그것을 더욱 강화하는 태도, 그리고 그것이 진정한 주희의 뜻이라는 점을 확인하기 위한 노력, 그리고 이러한 태도와 노력을 통해 형성된, 율곡학파의 '기발리승일도설'로 대표되는 주기적인 학문에 대한 비판적 의식이 결국 이진상의 '리발일도설'을 성립시키게 되는 역사적/학문적 토대이자 계기였다고 이해된다.

그리고 이렇게 내/외적인 이론적 토대와 문제의식을 통해서 확인되는 '리발일도설'의 의의는 크게 세 방향에서 정리할 수 있었다. 이황의 '리기호발설'에서 시작하여 이이의 '기발리승일도설'을 거쳐 도달한 '리기호발설'에는 조선 후기 300년 성리학의 전개사가 보여준 일관된 하나의 지향이 녹아있는 것으로 이해된다. 그리고 이러한 지향은 마침내 '심학화된 리기설'로 구체화되어 드러났다. 하지만 그럼에도 불구하고 이진상은 전통에 묶여있는 모습이 아니라, 진정한 계승이라는 이름 아래 주희와 함께 이황까지도 넘어서는 경계에 서 있는 모습을 보여주었다.

이황의 '리기호발설'과 이이의 '기발리승일도설'은 사단칠정논쟁 이래 조선성리학에서 리기관계를 이해하는 대표적인 시각으로 자리 잡았다. 이러한 상황 속에서 제시된 이진상의 '리발일도설'은 그 내용 이전에 이미 그 용어만으로도 충분히 사람들의 주목을 끌면서, 동시에 그의 성리학이 어디에 위치해 있는지, 그 좌표를 보여준다고 판단된다.

한주 이진상의 리학적 '심즉리설' 고찰

이 형 성

한주 이진상의 리학적 '심즉리설' 고찰

이 형 성

1. 머리말

조선의 성리학은 16세기 인간의 감정을 리기론적으로 치밀하게 논쟁한 '사단칠정론四端七情論'에서 심화·발전되었다. 이 논쟁으로 인해 조선 학계는 퇴계退溪 이황李滉(1501~1570)을 중심으로 한 퇴계학파(영남학파)와 율곡栗谷 이이李珥(1536~1584)를 중심으로 한 율곡학파(기호학파)가 형성되기에 이르렀다. 18세기에 이르면 인간과 동물 본성의 같고 다름을 리기론적으로 또다시 논쟁하였으니 그 이론이 '인물성동이론人物性同異論'이다. 기호학파 내에서 시작된 이 논쟁은 학계에 두루 퍼졌다. 이 두 논쟁은 근현대까지 이어져 학자들마다 깊은 철학적 성찰을 가지며 철학적 담론을 하기에 이르렀다.

19세기 학자들은 이전 철학적 논쟁을 심도 있게 고찰하면서 인간의 감정인 정情 그리고 본성인 성性과 가장 밀접한 심心을 탐구하면서 기氣보다는 리理에 상응시키고 있다. 그 대표적 학자는 화서華西 이항로李恒老(1792~1868), 노사蘆沙 기정진奇正鎭(1798~1879), 한주寒洲 이진상李震相(1818~1886) 등이다. 이들은 근대 전환기에 활동하면서 리를 중시하면서 성리학의 여러 문제점을 검토·분석하여 리와 심의 상응성을 추구하였다. 이들의 심성론 전개는 성즉리性卽理의 논지가 저변에 깔려 있지만 심을 격상시켜 리와 일치시키는 독특한 성리사상을 전개하였다. 이러한 철학적 양상 때문에 당시 학계를 대표할 만한 3대 학자로[1] 칭송되지 않았나 생각된다. 더욱이 기정진과 이진상은 주자학에 대한 자신의 독자적 체계를 이룩하여 조선 성리학자 가운데 6대가로도 평가받고 있다.[2]

이 글은 한주 이진상의 심성론 가운데 심즉리설을 중심으로 전개되고 있다. 이진상은 내우외환內憂外患의 격동기에 영남 성주에서 오로지 학문만을 탐구하여 심성론에서 성리학적 심즉리설心卽理說을 주장하였다. 하지만 이 용어는 양명학에서 말하는 핵심 용어와 같고 성리학에서 성즉리를 지향하는 것과 다르기에 당시 학계로부터 적지 않은 비판을 받았다.

이진상과 그 학파에 대한 연구는 최근 급속하게 진행되면서 그에 따른 현황을 살펴보고 새로운 모색이 이루어진 바도 있다.[3] 그런데 심즉리설에 대한 여러 논문[4]은 이진상의 심즉리설을 언급하고 있지만, 이

---

1) 玄相允. 2010. 『현상윤의 조선유학사』. 이형성 교주. 심산. 547쪽 참조..

2) 위의 책. 99쪽 참조.

3) 이형성. 2013. 「寒洲 李震相과 그 學派 硏究의 現況과 展望」. 『유교사상연구』 제39집. 한국유교학회 참조.

4) 김동혁. 1990. 「"心卽理"의 陽明說과 寒洲說 比較 硏究」. 『慧田專門大論文集』 제8집. 혜전대학; 山內弘一. 1990. 「李震相의 心卽理說과 嶺南學派」. 『碧史李佑成停年紀念 民族史의 展開와 그 文化』. 창작과 비평사; 이형성. 2002. 「寒洲 李震相의 心卽理說 含意」. 『양명학』 제8호. 한국양명학회; 금장태. 2002. 「제2장 退溪의 心合理氣說과 寒洲의 心卽理說」. 『한국유학의 心說』. 서울대학교 출판부; 이종우. 2003. 「이진상 심즉리설의 연원적 고찰」. 『동양철학연구』 제34집. 동양철학연구회; 박상리. 2004. 「寒洲 李震相의 心卽理說에 관한 연구」. 『유교사

글은 이진상이 「심즉리설」에서 여덟 가지로 피력한 심즉리의 양상을 살펴보고[5] 그것을 두 양상으로 분류하여 고찰하였다.[6] 이 글의 전개는 먼저 이진상의 학문경향과 심의 고중적 개념을 살펴본 다음, 심즉리설을 중심으로 그 리학적理學的 함의를 다룰 것이다.[7]

2. 寒洲의 學問傾向과 '心'의 槪念

1) 理學的 學問傾向

영남 성주에서 활약한 이진상은 당론이 남인南人에 속하였지만 크게 당론에 구애되지 않았다. 숙부 응와凝窩 이원조李源祚(1792~1872)를 위시로 한 그의 가문은 당시 영남에서 병호시비屛虎是非가 있었고 향내鄕內에 청회시비晴檜是非가 있었지만, 어느 한쪽에 가담하는 편론偏論에 현혹되지 아니하였다.[8] 이진상은 일찍이 가학을 계승하여 15세 전후로 유가의 서적을 비롯하여 제자백가서를 두루 섭렵하였다.

그는 17세 때 숙부 이원조의 성리학 탐구 권유로 『성리대전』을 치밀하게 검토하고 분석하면서도 성性과 인仁에 대한 글을 지어 자신의 논지

상연구』 제21집. 한국유교학회; 김기주. 2005. 「이진상의 심즉리설의 심학적 좌표-왕수인에 대한 비판을 중심으로-」. 『오늘의 동양사상』 제12호. 예문동양사상연구원; 윤사순. 2011. 「寒洲 李震相의 性理學的 '心卽理說'」. 『공자학』 제20호. 한국공자학회.

5) 이형성의 논문은 박사학위논문에 의거하여 여섯 가지로 분류하고 그 의미를 밝힌 바 있다.

6) 윤사순의 논문은 이진상의 심즉리설을 유학사적 측면에서 시대적 함의를 꼼꼼하게 진단하고 있다.

7) 이 글은 계명대학교 한국학연구원에서 주최한 학술대회에서 '심즉리설'을 중심으로 발표한 글이다. 때문에 이진상의 '심즉리설'에 대한 타학파의 비판이나 한주학파의 반론 등은 다루지 않았다. 이 분야에 대한 논문은 이종우의 박사학위 논문이 참조가 된다(이종우. 2004. 「寒洲學派와 艮齋學派의 心性論爭 硏究」. 성균관대학교 박사학위논문).

8) 宋贊植. 1980. 「『寒洲全書』 解題」. 『寒洲全書』 壹. 아세아문화사. 7쪽.

를 피력하였다. 그후 23세 때 송나라 진덕수眞德秀(1178~1235)가 편집한 『심경心經』을 연구하여 도설圖說과 차의箚義를 지어 심에 대한 이해와 수양의 원칙을 세웠고, 또 기氣를 위주로 한다는 노장학老莊學 · 불학佛學 · 신불해申不害 · 한비자韓非子 · 고자告子 · 순자荀子 · 양웅揚雄 등을 철저하게 비판하였다.[9] 이러한 학문은 리와 기의 위상을 전도시키는 이단사설로 여긴 것이다. 그렇다면 그의 성리사상은 일찍부터 리를 중시하는 경향이었다.

이진상은 리를 중시하는 경향에서 우담愚潭 정시한丁時翰(1625~1707)의 사단칠정설을 분석하고 리일분수理一分殊라 할 수 있는 「일원만수도一原萬殊圖」를 지어 자신의 리기관을 밝혔다. 더욱이 심에 대한 수양의 근본원칙을 확립하기 위하여 유교 경전과 북송오자의 글을 모아 34세 때 『직자심결直字心訣』를 저술하여 현실에서 심의 직直이 발현되어 도덕적 삶을 지향하도록 하였다.[10]

이진상은 『직자심결』을 지은 다음 사단칠정론에 대한 검토, 남당南塘 한원진韓元震(1682~1751)의 저술과 명나라 나흠순羅欽順(1465~1547)의 『곤지기困知記』를 변파, 그리고 『대학』·『중용』·「태극도」 연구를 통해 자신의 성리학적 학문을 굳건히 하였다. 특히 주돈이周敦頤(1017~1073)의 「태극도설太極圖說」과 주희朱熹(1130~1200)의 「태극도설해太極圖說解」를 연구하여 35세 때 『태극도설차의』를 지었다. 이러한 연구와 저술 과정

9) 『寒洲全書』(壹) 附錄 卷1 「年譜」 〈庚子(二十三歲)〉 812쪽: 異端之說, 百塗千岐, 而其始皆由於認氣, 其終皆歸於主氣. 彼徒有見於彼氣之活動流轉, 而不達乎是理之根柢樞紐; 見氣之或局, 則欲掃去根塵; 見氣之無窮, 則謂之變化天地; 見氣之有時盡, 則欲吝精閉神; 見氣之不可抑, 則便憪蕩自恣. 老之修養, 佛之因果, 莊列詭誕, 申韓刻覈, 紛然雜出, 煽亂名教, 最其名爲吾儒, 而誤認心性, 顚倒理氣, 尤爲心腹之疾, 如告子認生爲性, 荀卿以性爲僞, 楊雄混善惡, 誤人罔聖, 皆主氣爲祟. 참조.

10) 이형성. 2015. 「寒洲 李震相의 『直字心訣』에 보인 直思想의 理學的 특색 연구」. 『동양문화연구』 제21집(영산대학교 동양문화연구원).

에서 주희의 초년설初年說과 만년설晩年說을 철저하게 고증하면서 만년설을 지향하였다. 이는 주희의 사상 체계가 정합적이지 않다는 사실을 확인하고 자각적이고 철학적 재반성을 통해 검토하고 탐구한 것이라 하겠다. 그 이후로 이진상은 리기동정理氣動靜과 주재설主宰說에 대한 비판적 성찰태도로 주자학에 대한 자신의 독자적 체계를 이룩하였다. 학문에 대한 독자적 체계를 지닌 이진상은 40세 때 안동의 서산西山 김흥락金興洛(1827~1899)과 그의 스승 정재定齋 유치명柳致明(1777~1861)을 방문하여 성리학에 대한 담론을 하면서 학문적 인가를 얻기에 이르렀다.[11)]

이진상은 줄곧 심과 리에 대한 성리학적 상응성 연구를 통해, 마침내 44세 때에는 「심즉리설心卽理說」을 지어 심성론의 논지를 체계화하였다. 이는 리를 중시하는 '주리主理' 편향이 강하게 작용한 것이었다.[12)] 그리하여 그는 "성현이 성현이 되고 이단이 이단이 되는 까닭은 주리主理와 주기主氣의 사이에 존재할 뿐"이라고 하였다.[13)] 그렇지만, 그는 기를 벗어나서 리를 구한다면 리는 공적空寂으로 빠지고, 기와 섞어 리를 구한다면 리는 그 주재성을 잃어버린다는 논리를 제시하였다.[14)] 이를 보면, 리와 기의 서로 분리되지 않음(不相離)과 서로 섞이지 않음(不相雜)을 동시에 고려하면서도,[15)] 리를 중심으로 하는 학문적 성격을 지니고 있

---

11) 당시 담론하였던 글은 『한주전서』에 수록되지 않고, 『한주집』 초간본(규장각 소장)에는 수록되었다. 그 글의 명칭은 『花峽法語』이다.

12) 『寒洲全書』(壹) 『寒洲文集』 卷16 「答李器汝」 367쪽: 主理二字, 自是千聖相傳之心法. 참조. 【참고】 『寒洲文集』이 수록된 『寒洲全書』(壹)는 이후 생략한다.

13) 『寒洲文集』 卷16 「答李器汝」 368쪽: 從古聖賢之所以爲聖賢, 異端之所以爲異端, 特在乎主理主氣之間而已.

14) 『寒洲文集』 卷19 「答郭鳴遠疑問(贅疑錄 ◑庚午)」 422쪽: 離氣而求理, 則理淪於空寂; 雜氣而求理, 則理失其主宰.

15) 이진상은 理氣關係를 설명할 때 不離不雜은 가장 중요한 요령이자 근간이라고 역설하였다. 『寒洲文集』 卷11 「答金聖汝」 256쪽: 不離不雜四字, 是理氣之要領; 『寒洲全書』(四) 『求志錄』 卷11 「太極圖箚義」 389쪽: 不離不雜四箇字, 乃是理氣說之第一義諦. 【참고】 『求志錄』이 수록된 『寒洲全書』(四)는 이후 생략한다.

음을 알 수 있다. 특히 그는 선현들의 저서와 편서를 경전과 절충하여 그 본원을 찾으면서도 선유들의 문집을 고증하고 통간通看하며 오직 옳은 것만 구하려 했다.[16] 이러한 학문적 탐구방법을 가진 이진상은 성리학을 꾸준히 탐구하여 61세 때『리학종요理學綜要』를 완성하여 리 중시적 사고 분명하게 드러냈다. 그후 비판을 받던 심즉리설에 대해 특별한 의견을 개진하지 않고 과거 지었던 많은 저술들을 교감하면서 삶을 마감하였다.

이진상 사후, 그의 아들이자 제자인 이승희李承熙(1847~1916)가 1895년『한주문집』을 간행하여 1897년 도산서원으로 헌정하였다. 도산서원에서는 심즉리설이 이황의 심론에 어긋난다고 하여 비난하고 문집을 돌려보냈다. 하지만 훗날(1916년) 안동을 중심으로 한 퇴계학파 역시 그의 심즉리의 지향점이 이황의 심설과 크게 어긋나지 않는다는 논지를 내놓기에 이르렀다.[17]

2) '心'의 攷證的 概念

심은 본래 신체 일부분에 속하는 '심장心臟'을 의미하였다. 뒤에 '사유思惟와 지각知覺의 주체'라는 의미로 변하고[18] 나아가 철학적 범주로 쓰기에 이르렀다. 심이 성·정과의 유기적 연관을 맺으며 사상적으로 전개된 것은 성리학에 이르러서였다.

성리학 심성론에서 심은 매우 중요한 역할을 담당하고 있으나, 그것

16) 이진상 48세 때『四禮輯要』를 지을 때 인용 서목들을 살펴보면, 그의 치밀한 고증에 의한 求是的 학문태도를 엿볼 수 있다.

17) 山内弘一. 1990.「李震相의 心卽理說과 嶺南學派」.『碧史李佑成教授停年論叢』. 창작과 비평사. 참조.

18) 심이 윤리적이고 철학적으로 발전하는 계기는 바로 전국시대 이후일 것이다.

이 리理와 기氣로 논의될 때 주희는 성은 태극이고 심은 음양이라고 하여,[19] 심을 태극으로서의 리보다는 음양으로서의 기로 간주하기에 이르렀다. 하지만 그는 "심의 리는 태극이고 심의 동정은 음양이다"[20]라고 하여 심을 태극에 견주기도 하였다. 더욱이 심은 주체이기 때문에 객체가 되지 않고 다른 것에 명령받지도 않는다고 하여 심의 절대성을 피력하기도 하였다.[21] 특히 "심은 상대가 없다"[22]는 측면에서 보면 더욱 그 절대성을 지향하였다고 볼 수 있을 것이다.

주희의 문인들은 심의 허령지각虛靈知覺을 설명할 때 일반적으로 리와 기의 합일적 존재로 여겼다.[23] 성리학자(주자학자)라면 대부분 이러한 논지를 계승하며 자신의 학문을 전개한다. 성리학을 수용한 조선의 학자들 역시 마찬가지였다. 그런데 16세기 인간의 감정인 사단칠정에 대해 논쟁할 때 이황은 "심은 리와 기의 합일이다"[24], 이이는 "심은 기이다"[25]라고 개념적 정의를 피력한 이후, 그들의 학문을 계승한 학자들은 줄곧 이황과 이이의 논지를 견지하며 학문을 전개하였다.

---

19) 『朱子語類』(上) 卷5 「性理2 · 性情心意等名義」 〈祇錄〉 182쪽: 性猶太極也, 心猶陰陽也.

20) 『朱子語類』(上) 卷5 「性理2 · 性情心意等名義」 〈振錄〉 180쪽: 心之理是太極, 心之動靜是陰陽.

21) 『朱子大全』(中) 卷67. 「觀心說」, 605쪽: 心者, 人之所以主乎身者也, 一而不二者也, 爲主而不爲客者也, 命物而不命於物者也.

22) 『朱子語類』(上) 卷5 「性理(2) · 性情心意等名義」 〈方子錄〉 181쪽: 惟心無對.

23) 『北溪字義』 卷上 「心」 10쪽: 大抵人得天地之理爲性, 得天地之氣爲體. 理與氣合, 方成箇心有箇虛靈知覺. 『北溪字義』는 臺灣商務印書館 發行 영인본(中華民國 75) 『文淵閣四庫全書』(709, 子部15, 「儒家類」)에 수록된 것을 저본으로 하였다.

24) 『退溪全書』(一) 卷16 「答奇明彦(論四端七情第一書)」 406쪽: 孟子旣謂之心, 則心固理氣之合也.
『退溪全書』(一) 卷18 「答奇明論改心統性情圖」 406쪽: 夫人之生也, 同得天地之氣以爲體, 同得天地之理以爲性, 理氣之合則爲心. 참조.

25) 『栗谷全書』(一) 卷 10 「答成浩原」 210쪽: 且朱子曰: "心之虛靈知覺, 一而已矣. 或原於性命之正, 或生於形氣之私." 先一心字在前, 則心是氣也. 或原或生而無非心之發, 則豈非氣發耶? 心中所有之理, 乃性也. 참조.

19세기 활약한 이진상은 『성리대전』을 꼼꼼하게 읽으며 성리학을 탐구하면서 심에 대해 "혈육의 심(血肉之心)은 '질(質)'로, 인의의 심(仁義之心)은 '리'로, 정상의 심(精爽之心)은 '기'로부터 말한 것이며, 지각의 심(知覺之心)은 '리와 기'를 겸하여 말하는 것이다. 이는 각각 주장하는 것이 있고 또 서로 기다려서 이루어지는 것이다"[26]라고 하였다. 이에 의거하면, 심은 하나이나 '질'·'기'·'리'·'리와 기의 합치'에 따라 네 측면으로 구분할 수 있다는 것이다. 첫 번째는 오장 가운데 하나인 심장을 '질'로 보고, 두 번째 인·의의 심은 리로서의 순수한 본성을 말하며, 세 번째 정상의 심은 기의 영명성靈明性을 말하는 것이고, 네 번째 지각의 심은 리와 기를 합쳐져 외부 사물을 인식하는 것을 가리킨다. 이 같은 심의 분석은 논리적으로 명료하다고 말할 수 있다.

이진상은 심성 수양서인 『심경』을 탐구하여 23세 때 『심도도설心經圖說』과 『심경차의心經箚義』를 지어 수양의 근본을 세우고, 11년이 지난 34세 때에는 『직자심결』까지 저술하여 심의 곧음을 지향하였다. 35세 때 한원진의 저술들을 꼼꼼하게 살펴본 이후 『대학차의大學箚義』·『중용차의中庸箚義』·『태극도차의太極圖箚義』를 지으면서 한원진이 중시한 기보다는 리를 더 중시하는 성리체계를 갖추었다. 36세 때 비로소 「심자고증후설心字攷證後說」을 지었는데[27] 심에 대하여 다음과 같이 말하였다.

> 사람의 심은 갖춘 것이 매우 넓으니, 본체本體·형체形體·묘용妙用·객용客用이 있다. 인의예지의 순수하고 지선한 것은 심의 '본체'이고, 외부가 둥글고 중심에 구멍이 뚫려 허명虛明하고 바르게 통하는 것은 심

---

26) 『寒洲集』 卷39 「隨錄」 21-33쪽: 血肉之心, 以質言; 仁義之心, 以理言; 精爽之心, 從氣言; 知覺之心, 兼理氣言. 各有攸主, 相須乃成. 【참고】 『寒洲集』은 규장각 소장본이다.

27) 이 글은 『寒洲文集』 卷33에 수록되었지만, 훗날 『理學綜要』를 편찬할 때에도 수록하였다(『寒洲全書』(貳) 『理學綜要』 卷8 「心(理之主宰)第四卜」 127~12쪽.

> 의 '형체'이고, 사단四端과 칠정七情으로 만물을 느끼고 서로 응하는 것은 심의 '묘용'이고, 사려思慮를 막고 잡박스러워 인욕人欲을 따라 방탕한 것은 심의 '객용'이다. 이 '본체'가 없으면 심은 하나의 덩어리라서 귀할 수 없고, '형체'가 없으면 심은 풍영風影과 동일하여 머무를 곳이 없다. 오직 그 '묘용'이 있기 때문에 사공事功이 일어나 인도人道가 닦여지고, '객용'이 없을 수 없기 때문에 성인과 광인이 구분되어 사람과 짐승이 판별된다. '묘용'은 '본체'에 근원하여 성性과 정情의 명칭이 확립되고 '객용'이 형체에서 야기되어 기질의 폐단이 생긴다.[28]

여기서 '본체'는 인간의 순수한 본성 자체로서 리이다.[29] '형체'는 인간의 오장五臟 가운데 하나인 심장心臟으로 형질을 말하는 것이다. 그렇다면 '묘용'과 '객용'은 무엇을 말하는가? 이것은 외부 대상세계에 감응하여 드러나는 심의 작용상태를 의미한다. 그런데 '심의 묘용'은 '기의 작용'이 아니고[30] 바로 리인 '본체'에서 발현한 '묘용'으로 리를 주로하는 것이다.[31] '객용'은 의식세계에서 사악한 생각(사유)이 육체의 감각적 욕구에 따르는 '객기客氣의 작용'이다. 이를 보면, 이진상은 심을 네 개의 영역으로 구분하고 '본체'와 '형체'은 불리적 관계를 설명하였고, 심의 의식이 드러난 '묘용'과 '객용'에 의거해 현상 세계의 차이를 언급했다. 특히 '본체'와 '묘용'에 의거하여 성과 정의 구분이 생기지만 이는 리의 두 측면으로 간주하였다. 이진상은 "'형체'의 심은 군자가 심이라

---

28) 『寒洲文集』 卷33 「心字攷證後說」 711쪽: 人之一心, 所該甚廣, 有本體焉, 有形體焉, 有妙用焉, 有客用焉. 仁義禮智, 純粹而至善者, 心之本體也; 圓外竅中, 虛明而正通者, 心之形體也; 四端七情, 感物而迭應者, 心之妙用也; 閑思雜慮, 循人欲而熾蕩者, 心之客用也. 無這本體, 則心是那一塊而不足貴也; 無這形體, 則心同於風影而靡所泊也. 惟其有妙用, 故事功興而人道修焉; 不能無客用, 故聖狂分而人獸判焉. 妙用原於本體, 而性情之名立, 客用起於形體而氣質之弊生.

29) 『寒洲全書』(貳) 『理學綜要』 卷6 「心(理之主宰)卷四上」 89쪽: 明心之本體, 只是理. 【참고】 『理學綜要』가 수록된 『寒洲全書』(貳)는 이후 생략한다.

30) 『理學綜要』. 卷2 「天道(理之大原)卷之二」 30쪽: 按: 此是心之妙用, 非氣之作用.

31) 『理學綜要』. 卷6 「心(理之主宰)卷四上」 97쪽: 明心之妙用, 亦主乎理.

하지 않는데, 그 '객용'은 반드시 막아 끊어버린 이후 그만둔다. 무릇 그 본체는 성인데 성은 천리의 총뇌總腦이다. 객용은 정인데 정은 천리의 직수直遂이다. 리가 고요할 적에 기의 음을 타고 리가 움직일 적에 기의 양을 탄다면 기란 심의 기틀이고 심은 기의 주재이다. 수졸帥卒의 구분이 있고, 본말의 구별이 있다면 심은 기를 주로 하여 말할 수 없음이 분명할 것이다.[32] '본체'와 '묘용'의 측면에서 리와 기의 관계를 보면, 분명 심은 기가 아님을 천명한 것이다. 때문에 소옹邵雍(1011~1077)의 "심은 태극이 된다"[33]는 것과 연관시키면서, "심은 사람의 태극이다"[34], "심은 태극이 사람에게 존재하는 것이다"[35], "심은 여러 이치가 모여진 곳이면서 사람의 태극이다"[36], "심의 본체는 태극이 사람에게 내재한 것이다"[37]라고 하였다. 이는 주희가 성을 태극으로 심을 음양으로 하는 것과는 분명 다르게 언명하였다. 이진상에 의하면, '심은 태극이 된다'는 것을 대전제로 하면서 심을 '혼연한 전체'라고 보았다.[38] 혼연한 전체로서의 심을 언명한 것은 바로 심이 '아직 발현하지 않음(未發)'과 '이미 발현함(已發)' 즉 '체體'와 '용用'을 아우르기 때문일 것이다. 다시 말하면 심을 '체'와 '용'으로 구분한다 하더라도, 심은 어디까지나 하나이기 때문에 '혼연한 전체'인 것이다. '혼연한 전체'로서의 태극은 바로 리이기 때문에 심은 리라고 말하지 않을 수 없다. 더욱이 이러한 논지는 한 몸

---

32) 『寒洲文集』 卷33 「心字攷證後說」 712: 形體之心, 君子不謂之心, 而其客用則必遏絶而後止. 夫其本體性也, 性爲天理之總腦; 妙用情也, 情爲天理之直遂. 理之靜而乘氣之陰, 理之動而乘氣之陽, 則氣者心之機, 心者氣之宰也. 有帥卒之分焉, 有本末之別焉, 則心不可主氣言明矣.
33) 『性理大全』 卷11 『皇極經世書(5)』 「觀物外篇(上)」 220쪽: 心爲太極.
34) 『理學綜要』 卷6 「心(理之主宰)第四上」 86쪽: 心者, 人之太極也.
35) 『寒洲文集』 卷34 「心易動靜圖(幷敍 ○庚午)」 720쪽: 心者, 太極之在人者也.
36) 『理學綜要』 卷6 「心(理之主宰)第四上」 84쪽: 心是衆理之總會, 而人之太極也.
37) 『理學綜要』 卷6 「心(理之主宰)第四上」 88쪽: 心之本體, 卽太極之在人者也.
38) 『理學綜要』 卷6 「心(理之主宰)第四上」 94쪽: 心是渾然全體也.

의 주재가 리이지 기가 아니라는 것을 강조하기 위한 것이었다. 그는 다음과 같이 말하였다.

> '심이 곧 기'라는 주장의 나쁜 점은 무엇인가? 심은 한 몸의 주재인데, 주재를 기에 속하게 하면, 천리天理가 형기形氣에게서 명령을 듣게 되고, 많은 추악한 것이 영대靈臺(심)에서 근거하게 될 것이다. 심은 체가 없어 성으로 체를 삼는데, 이제 〈 심을 〉 기라고 말하면 성을 기로 여기는 것이니, 이는 고자告子의 견해로서 사람이 금수와 다름이 없게 된다.[39)]

이를 보면 이진상은 기의 주재성을 인정하지 않고 오로지 리의 주재성을 강조하는 것이다. 때문에 기호학파에서 심이 기라고 여기는 것은 전혀 수용할 여지가 없는 것이다. 특히 그에 의하면, 심이 기라고 한다면 기가 한 몸의 주재가 되어 성색취미聲色臭味의 욕망이 도리어 진심眞心이 되고, 부자군신父子君臣의 윤리는 군더더기가 될 것이라고 말하여[40)] 심과 기의 일치를 강력히 부정하였다. 또한 심의 본체는 성인데, 심을 기라고 여기면 고자의 성론과 같게 되어 인간이 짐승으로 전락하게 된다는 것이다. 이러한 논지를 볼 때 이진상은 심을 기로 여기지 않고 오로지 태극 전체로서의 리로 여기는 것이 분명하다. 때문에 그는 「심즉리설」 첫머리에서 다음과 같이 말하였다.

---

39) 『寒洲文集』 卷32 「心卽理說」 678쪽: 夫謂心卽氣者之所以爲不善, 何也? 心爲一身之主宰, 而以主宰屬之氣, 則天理聽命於形氣, 而許多麤惡, 盤據於靈臺矣. 心無體, 以性爲體, 而今謂之氣, 則認性爲氣, 告子之見也, 而人無以自異於禽獸矣.

40) 『寒洲文集』 卷15 「答李琢源(根洙)」 353쪽: 今若以心爲氣, 則氣爲一身之主宰, 聲色臭味, 反爲眞心, 而父子君臣, 適爲剩物. 참조.

> 심을 논할 때 심즉리보다 더 좋은 것은 없고, 심즉기보다 더 나쁜 것이 없다. 심즉기 학설은 진실로 근세 유현儒賢으로부터 나왔는데, 세상에서 이 학문을 종사하는 자들이 많이 추종하였다. 이른바 심즉리 같은 것은 왕수인 따위가 미쳐 날뛰었던 주장이니, 우리 학문을 위하는 사람들이 그것이 도를 어지럽히는 것이라고 배척하지 않음이 없었다. 그런데 지금 이에 일체 돌이켰으니 무엇 때문이겠는가?[41]

그가 주장하는 심즉리설은 양명학에서 추구하는 학술적 용어와 동일하고 성리학에서 말하는 성즉리 개념에서 벗어나기에 오해의 소지를 많이 지니게 되는 학설이다. 특히 조선의 학계는 양명학의 심즉리설은 도를 어지럽힌다고 상당히 비판하였음에도, 그는 굳이 '심은 곧 리이다'고 하는 심즉리설을 견지하였는가? 다음에서는 그 심즉리설에 대한 리학적 함의를 살펴볼 것이다.

3. 寒洲의 理學的 心卽理說 含意

1) 修養과 大本的 心卽理

조선의 성리학자들은 '성이 곧 리이다'는 성즉리를 철저하게 따른다. 이진상은 성리학을 치밀하게 검토하고 심의 수양 근간이라 할 수 있는 『심경』에 대한 탐구, 학계의 철학적 두 논쟁을 고찰하고, 또한 심에 대한 치밀한 고증을 통해 심즉리설을 지향하였다. 그는 왜 양명학의 상징

---

41) 『寒洲文集』 卷32 「心卽理說」 677쪽: 論心, 莫善於心卽理, 莫不善於心卽氣. 夫心卽氣之說, 實出於近世儒賢, 而世之從事此學者, 多從之. 若所謂心卽理, 乃陽明輩猖狂自恣者之說, 爲吾學者, 莫不斥之爲亂道, 今乃一切反之, 何也.

이었던 '심즉리' 용어를 자신의 학문 체계로 끌어들였을까? 그에 의하면, 심즉리설은 맹자와 정자 이래로 본래 있는 종지로 내가 창출한 것이 아니라고 한다.[42] 그렇다면, 왕수인의 심즉리설과 이진상의 심즉리설은 용어는 같으나 서로의 지향점이 다른 것이다. 이제 이진상이 수양과 대본의 측면에서 지향한 심즉리설을 살펴볼 것이다.

「심즉리설」에서 수양의 측면은 세 가지를 들 수 있다. 첫째는 인심도심에서의 수양이다. 『서경』「대우모大禹謨」에서 "인심은 오직 위태롭고 도심은 오직 음미하다. 정밀하게 하고 한결같이 하여야 진실로 그 중中을 잡을 것이다"[43]라고 하였다. 이진상은 심은 하나인데 심이 기를 따르는 것은 인심이고 리를 따르는 것은 도심이라 하면서 "인심은 드러나기 쉽고 도심은 분명하기가 어렵다. 정밀하게 살피고 전일하게 지킨다면 본심의 바름은 리에 있지 기에 있지 않음이 분명하다"라고 하였다.[44] 인심이나 도심은 심의 발현처에서 말하는 것이기 때문에 본체의 심이 아니다.[45] 발현처에서의 본체의 심 즉 본심을 정밀하게 살피고 전일하게 지키는 수양이 매우 필요한 것이다. 수양을 통해 발현된 본체의 심 즉 본심의 바름을 리로 여겨 심즉리설을 주장하는 것이다.

둘째는 '종심소욕불유구從心所欲不踰矩'에서의 수양이다. 이는 『논어』에서 "일흔 살에 심이 하고자 하는 것을 좇아도 법도에 넘지 않았다"[46]에

---

42) 『寒洲文集』 卷25 「答崔肅仲(正基)○乙亥」 539쪽: 心卽理云云, 實孟程以來, 固有之旨, 政非鄙人刱出.

43) 『書經』 卷2 「大禹謨」 71쪽: 人心惟危, 道心惟微. 惟精惟一, 允執厥中.

44) 『寒洲文集』 卷32 「心卽理說」 677쪽: 舜之戒禹曰: "人心惟危, 道心惟微. 惟精惟一, 允執厥中." 夫心一而已矣, 而謂之人心者, 心之從氣者也; 謂之道心者, 心之從理者也. 人心易見, 道心難明. 精以察之, 一以守之, 則本心之正, 在理而不在氣也明矣.

45) 『寒洲文集』 卷19 「答郭鳴遠疑問(贊疑錄 ◑庚午)」 421쪽: 心一也, 而其有人心道心之異名者, 以心之發處言之, 非本體之心也.

46) 『論語』 卷2 「爲政」 〈第4章〉: 七十而從心所欲不踰矩

서 온 말이다. 이진상에 의하면, '심이 하고자 하는 것'은 바로 발현처에서 하는 말이고 법도는 천리의 법칙이다.[47] 그래서 '종심소욕'의 심은 인심과 도심이 조화되어 하나가 된 것을 의미하는 것이다.[48] 주지하다시피, 성인도 사람인만큼 욕망의 마음이 있다. 그렇지만 성인은 의리에 따라 말과 행동을 하기에 사회적 법도나 예법에 전혀 어긋나지 않도록 하는 것이다. 이는 천리가 주체가 되어 혈기가 법도를 따르고 있어 인심은 완전히 도심이 된 경지를 말하는 것이다. 그래서 수양의 극치를 이룬 성인의 심이 법도를 넘지 않는다는 것은 바로 심즉리의 경지이다. 만약 심이 기라면 법도를 넘지 않을 수 있겠는가라고 반문하면서 '종심소욕불유구'의 심은 바로 리임을 천명하고,[49] 또한 『맹자』에서 언급되는 심은 기로 간주하지 않았음을 역설하였다.[50]

다음으로 심을 기른다는 '양심養心'에서의 수양과 대본 확립이다. '양심'이란 말은 맹자가 처음 언급한 말이다. 맹자는 "심을 기르는 것은 욕심을 적게하는 것보다 더 좋은 것이 없다"[51]라고 하였다. 욕망은 이목구비와 사지四肢의 욕망과 같은 것이다. 사람이라면 모두 이 욕망이 있으나 그것을 올바르게 절제하지 않으면 그 본심을 잃지 않을 자가 없을 것이다.[52] 심이 기라면 기를 어떻게 기를 것인가를 반문하지 않을 수 없다. 특히 기에는 존망存亡이 있는데 기가 망하지 않도록 기르는 것은

47) 『求志錄』 卷2 『論語箚義』 〈十五志學章〉 49쪽: 心所欲, 以發處言; 矩, 卽此心之天則也.
48) 『求志錄』 卷2 『論語箚義』 〈十五志學章〉 49쪽: 從心所欲之心, 卽人心道心之化而爲一者也.
49) 『寒洲文集』 卷32 「心卽理說」 677쪽: 孔子之從心所欲不踰矩, 心卽理也. 苟其氣也, 安能從之而不踰矩乎?
50) 『寒洲文集』 卷32 「心卽理說」 677쪽: 孟子七篇許多心字, 幷未有一言指作氣. 而憂氣之不能存心, 患氣之反動其心. 참조.
51) 『孟子』 卷14 「盡心(下)」 755쪽: 孟子曰: "養心莫善於寡欲. 其爲人也寡欲, 雖有不存焉者, 寡矣; 其爲人也多欲, 雖有存焉者, 寡矣."
52) 『孟子集註』 卷14 「盡心章句(下)」 755쪽: 欲, 如口鼻耳目四支之欲, 雖人之所不能無, 然多而不節, 未有不失其本心者, 學者所當深戒也.

더욱 잘못이 될 것다.[53] 이를 보면 인간에게 있어 수양은 양기養氣가 아니라, 심의 리를 보존하는 것이다. 만약 심이 기라면, 성인은 그것을 기르라고 말하지 않았을 것이다. 때문에 이진상은 수양에서 심의 형체적(기질적) 요소와 무관하게 심의 대본 확립을 역설하였다. 이진상은 다음과 같이 말하였다.

> 진실로 심의 진체眞體(참다운 본체)를 분명하게 말하지 못하고 막연히 심즉리로 삼는다면, 심의 미발일 때에는 혼매잡요昏昧雜擾하고, 이발일 때에는 방벽사치放辟邪侈하니, 어찌 리이겠는가? 이황은 리와 기를 겸하여 심을 말하였으나, 한편으로 심의 미발일 때 기가 용사用事하지 않는다면 오직 리일 뿐이다고 하였으니, 심의 대본은 오로지 리에 존재하지 않느냐?[54]

심의 미발과 이발일 때 기가 분리되지 않았다면 악惡도 성이라고 하지 않을 수 없고, 방벽사치도 심이라 하지 않을 수 없다. 그러나 이진상은 기의 요소를 배제시켜 순선한 대본을 확립하려면 심의 본체와 기가 섞이지 않았다는 것을 주목하지 않을 수 없다는 것이다. 특히 이황이 심의 시초를 논할 적에는 유선무악有善無惡의 측면을 언명하여 리라고 한 점을 강조하였다.[55] 이진상은 이런 차원에서 심을 본체로 여기고 이를 리라고 한 것이다. 그가 심을 옥석에 비유한 이유도 심을 리와 기의 합체로 여긴 것에서 연유할 것이다. 그렇지만 그는 리와 기의 합체인

53) 『寒洲文集』 卷32 「心卽理說」 677쪽: 又論: 養心以認之爲氣有存亡, 而欲其致養於氣爲非.

54) 『寒洲文集』 卷18 「答李聖養」 403쪽: 苟其不明說眞體, 而泛爲心卽理, 則心之未發而昏昧雜擾, 已發而放辟邪侈, 豈理也哉? 退陶固嘗以兼理氣言心, 旋謂心之未發, 氣不用事, 惟理而已, 則心之大本, 顧不在於理耶?

55) 『退溪全書』 卷13 「與洪應吉」 348쪽: 性卽理, 固有善無惡, 心合理氣, 似未免有惡. 然極其初而論之, 心亦有善無惡, 何者? 心之未發, 氣未用事, 唯理而已, 安有惡乎?

심의 영역과 그 범주를 개념적으로 면밀하게 구분하여 기의 형체나 객용, 나아가 조작과 운용을 심으로 여기지 않고 오직 기가 작용하지 않은 심의 미발 상태인 대본만을 가리켜 리로 여기고 심즉리설로 간주한 것이다.

2) 體用一理와 主宰的 心卽理

'체용'과 '주재'는 성리학에서 자주 언급되는 주요 개념이다. '체용'은 철학적 용어로 말하면 실체와 작용 또는 본질과 현상을 의미한다. '체'는 '용'으로 발현될 수 있는 모든 원리를 구비한 존재로서 실체 또는 본질이며, '용'은 '체'가 유행하여 현상계에 발현되는 현상이다.[56] 이를 보면 '체'와 '용'은 결코 분리될 수 없는 관계이다. '주재'는 어떤 일을 주관하고 다스리는 것을 말한다. 즉 어떤 일이든지 잘못되지 않도록 지휘하고 통제하는 것을 말한다. 체용과 주재가 리 · 기, 심 · 성 · 정 등의 범주와 유기적으로 얽혀 전개되고 있는데, 학자들마다 그 학문적 전개 양상에 따라 차이가 있다.

이진상은 리에만 '체'와 '용'이 있고 기에는 '체'와 '용'이 없다고 단언한다.[57] 이를 보면 체용은 리를 주로 말하는 것이다.[58] 그는 '리와 기는 이물二物'이나 '체'와 '용'은 일물一物'로 여긴다.[59] '체'와 '용'은 개념적으로 다르지만 그것은 하나의 리일 뿐이라고 이진상은 확언한다.[60] 더욱

56) 熊十力, 『新唯識論(中卷)』(臺北: 洪氏出版社, 1974), 85쪽. 이 부분은 崔英辰 교수의 논문 「退溪 理思想의 體用論的 構造」(『朝鮮朝 儒學思想의 探究』, 여강출판사, 1988, 97쪽)에서 熊十力의 인용문을 참소하였음을 밝힌다.

57) 『寒洲文集』 卷23 「答張舞華」 〈別紙(大學疑義〉 516쪽: 理自有體有用, 而氣未能自有體用, 明矣.

58) 『寒洲文集』 卷16 「答李濟汝(相奭 ○壬午)」 428쪽: 體用之說, 本主乎理.

59) 『寒洲文集』 卷19 「答郭鳴遠疑問」 428쪽: 理氣是二物, 而體用是一物.

이 그는 "심은 태극이 사람에게 있는 것이다. 고요할 적에는 '체'가 확립되니, 그 '체'는 성이고 움직일 적에는 '용'이 유행하니 그 '용'은 정이다"[61]라고 하였다. 즉 태극인 심에는 체와 용이 있다는 것이다. 이진상은 본체와 형체, 묘용과 객용을 언급한 바 있는데, 심의 '체'는 본체로 성을 가리키고 심의 '용'은 묘용으로 정을 가리키는 것이다. 그는 다음과 같이 말하였다.

> 무릇 심은 성과 정의 총명總名인데 그 체가 바로 성性이므로, 성 밖에 심이 없고 심 밖에 성이 없다. 만약 심이 성을 담는 것으로 말하면, 심은 집이 되니 의가醫家가 말하는 '심'은 내가 말하는 심이 아니다. 심이 성과 다른 것은 정을 겸하기 때문이지만, 정은 바로 이발已發의 성이다. 성과 정이 단지 하나의 리(一理)라면, 심이 리가 되는 것은 진실로 분명하다.[62]

심의 '체'가 성이기에 불리적不離的 측면에서 보면 성과 심은 하나이다. 때문에 정자의 "심이 바로 성이고 성이 곧 리이다"는 논지 역시 심의 '체'를 주로 하여 말한 것이다.[63] 하지만 심이 성과 다른 점은 바로 정을 겸하고 있어서이다. 이진상에 의하면, 성은 정을 겸하지 못하지만 리가 움직여 성으로 이미 발현되었다면 그것은 정인데, 그 정은 논리적 추론으로 보면 성이라고 간주하여 성과 정이 동일한 리로 여긴 것이다.

---

60) 『寒洲文集』 卷28 「答川谷書院儒生問目(心經疑義○丁巳)」 604쪽: 體用雖異, 而只是一理.

61) 『寒洲文集』 卷34 「心易動靜圖說(並序)○庚午」 720쪽: 心者, 太極之在人者也. 靜而體立, 其體則性, 動而用行, 其用則情.

62) 『寒洲文集』 卷32 「心卽理說」 677쪽: 夫心者性情之總名, 其體則性. 性外無心, 心外無性. 若心之以盛性言者, 心之舍也, 醫家之所謂心而非吾之所謂心也. 心之所異於性者, 以其兼情, 而情乃已發之性也. 性情只是一理, 則心之爲理者, 固自若也.

63) 『寒洲文集』 卷32 「心卽理說」 677쪽: 程叔子以心性同一理釋之, 而又曰心則性也性則理也. 是聖賢者, 非不知心之不離於氣性之微別於心, 而猶且云然, 蓋亦主心體而爲言耳. 참조.

이는 심이 성과 정의 총체라는 측면에서 하는 말이다. 이러한 논지에 의거하여 이진상은 심의 두 측면을 다름과 같이 말한다.

> 심이란 동動과 정靜을 관통하고 '체'와 '용'을 겸한다. 만일 여기에서 '체'와 '용'으로 구분하면, 아직 발현하지 않았을 때에는 지각이 어둡지 않으니 텅비고 신령한 '체'이고 혼연한 하나의 근원이며, 이미 발현하였을 때에는 지각이 어긋나지 않으니 텅비고 신령한 '용'이고 찬연한 하나의 길이다.[64]

이는 심이 혼연한 전체로서의 하나이나 그것을 '동정'과 '체용'의 관점에서 구분하는 것이다. 즉 한 존재의 두 가지 양태인 것이다. 심을 '동'과 '정', '체'와 '용'으로 구분해 볼 수 있지만, 심은 어디까지나 하나인 것이다. 심의 '정'인 미발상태와 '체'의 입장에서 보면 '혼연한 하나의 근원'이고, 심의 '동'인 이발상태와 '용'의 입장에서 보면 '찬연한 하나의 길'인 것이다. 이 둘의 관계는 '체'가 '용'의 근원이 되기도 하고 또는 '체'가 '용'의 원인이 되기도 하는 것임을 알 수 있다. 심의 리는 항상 기와 연관되지만 리만 말하면 그 리는 완전하지 못하기에 성이 리라는 것이다. 성이 기질과 함께 한 기질지성이 되는 차원에서 보면 심이 곧 리이지만 이 때 심은 기에 얽매이지 않은 심의 진체만을 가리키는 것이다. 이 심의 진체에서 보면 심이 태극이 된다는 것이다. 태극은 동정에 의한 미발상태와 이발상태의 이치가 있기에 심도 이와 같다는 논지에서 심이 리라는 심즉리을 주장하였다.[65] 이진상은 소옹의 '심이 태극이 된다'는

64) 『寒洲文集』 卷10 「答權可器(庚申)」 〈別紙〉 227쪽: 心之爲物, 貫動靜兼體用. 若於此分體用, 則未發而知覺不昧, 便是虛靈底體, 而渾然一原矣; 已發而知覺不差, 便是虛靈底用, 而燦然一路矣.

65) 인용부호 처리한 부분은 다음 문장을 참조하였다. 『寒洲文集』 卷32 「心卽理說」 677쪽: 但理未有無氣之理, 單言理則有所不備. 故性則理也, 而又言氣質之性, 心卽理也. 而又謂發於思慮,

것과 주희의 만년정설인 태극론을 지향하고 있는 것이다.[66]

심의 주재가 리라는 관점을 보자. 성리학에서 주재란 '주主'·'관섭管攝'·'통섭統攝'이라는 단어로 사용된다. 이러한 용어를 풀이하면 어떤 대상이 다른 대상을 주재·관섭·통섭하는 격이 된다. 이진상은 '주재'에 대하여 다음과 같이 말한다.

> '주재主宰'를 전언專言하면 '주主'가 곧 '재宰'이고 '재宰'가 곧 '주主'이다. '주재'를 분언分言하면 고요할 적에 체體가 서는 것을 '주'라고 하니 임금이 팔짱을 낀 채 작위가 없는 것이 이것이고, 움직일 적에 용用이 행하는 것을 '재宰'라고 하니 재상이 여러 일을 재단裁斷하는 것이 이것이다.[67]

이는 '주재'를 '전언'과 '분언'에 따라 말한 것이지만, '분언'의 경우, '주'는 고요할 때 본체가 확립됨을 말하고, '재'는 움직일 때 묘용이 행하는 것을 말한다. 이러한 주재는 바로 하늘이 정해준 것이지만,[68] 심의 형체라는 토대 위에서 주재가 있는 것이다. 주재는 바로 심의 형질적 요소와 이원화시킬 수 없다는 말이다. 그렇다면 주재는 리의 영역인가 기의 영역인가? 이진상은 리의 영역임을 천명하고 이를 입증하기 위해 아래의 『주자어류』 문장을 자주 인용한다.

則有不善. 苟其雜氣而言之, 惡亦不可邪不謂之性, 而放辟奢侈亦此心也. 然心之眞體, 終不囿於氣也. 故心爲太極之語, 揭之於啓蒙之首, 而以一動一靜未發已發之理當之.

66) 『寒洲文集』 卷5 「上崔海庵」 〈別紙〉 129쪽: 竊按: 渾然在中者, 固是太極之體, 而粲然流行者, 又是太極之用. 方其靜也, 體立於陰, 及其動也, 用行於陽, 元非先有此至靜之太極, 而後有此陽動陰靜之用也; 卷7 「與柳東林(己未)」 〈別紙〉 168쪽: 愚則曰: 天命之行, 動者靜者固太極, 而動之靜之者氣也. 人心之動, 發者理, 發之者氣也. 太極之妙, 以其能自會動靜, 靜而陰者, 太極之體, 所以立, 動而陽者, 太極之用, 所以行, 動之靜之, 果非陰陽之運用乎? 참조.

67) 『寒洲文集』 卷30 「書西厓柳先生主宰說後」 651쪽: 專言主宰, 則主便是宰, 宰便是主. 而分言主宰, 則體立於靜者, 謂之主, 如人主之垂拱無爲, 是也; 用行乎動者, 謂之宰, 如宰相之裁斷庶務, 是也.

68) 『寒洲集』 卷39 「主宰圖說」 〈附主宰說考〉 21-15쪽: 主宰者, 主張宰制出於天定者也.

> 심은 본래 주재하는 것인데, 주재라는 것은 곧 리이다. 이 심을 벗어나 별도로 리가 있거나 리를 벗어나 심이 있는 것이 아니다.[69]

이진상에 의하면, 심은 주재하는 것이고 주재하는 것은 리이니 리 밖에 별도로 심이 존재하는 것이 아니다.[70] 심의 주재성을 강조한 것은 오직 주희의 만년정설을 따른 것이다.[71] 그런데 성리학에서 리는 성이므로 '주재'는 성이 되는 것이 논리적으로 합당하다. 하지만 이진상은 주재를 성이 아닌 심으로 간주하고 그 심의 주재를 리로 여겼다. 이는 '전언專言'으로서의 주재이다. 이진상은 '전언'을 토대로 심과 성을 구별하여, "심의 주재는 본래 리이고, 심의 리는 성이나, 성은 주재로 말할 수 없다. 대개 성이란 오행 가운데 각각 하나의 리이고 주재는 태극 본체의 묘이다"[72]라고 하고, "심은 주재의 리이고, 성은 발출發出의 리이니, 리는 하나일 따름이다. 이 심은 혼연渾然한 것이고 저 성은 찬연燦然한 것이다"[73]라고 한다. '혼연'이 통체태극統體太極을 의미하는 것이라면 '찬연'은 각구태극各具太極을 의미하는 바이다. 즉 심이 전체적 측면에서

---

69) 『朱子語類』(上) 「理氣(上) · 太極天地(上)」 〈夔孫錄〉 148쪽: 心固是主宰底意, 然所謂主宰者, 卽是理也, 不是心外別有箇理, 理外別有箇心.
『寒洲全書』(壹) 『寒洲集』 卷32 「心卽理說」 677쪽: 又曰心固是主宰底, 而所謂主宰者, 卽此理也. 참조.

70) 『寒洲文集』 卷18 「答李聖養」 403쪽: 若吾儒之所謂心, 則便曰: 心固是主宰底, 而主宰底, 卽此理也, 不是理外別有箇心.
『寒洲文集』 卷32 「心卽理說」 677쪽: 又曰: 心固是主宰底, 而而所謂主宰者, 卽此理也.

71) 『寒洲文集』 卷33 「答張舜華(癸未)」 〈別紙〉 520쪽: 孟子仁人心章, 朱子說曰: 仁者, 理卽是心, 心卽是理. 答鄭子上書曰: 儒釋之異, 正爲吾以心與理爲一, 而彼以心與理爲二. 陳北溪已未錄曰: 心者, 天理在人之全體. 林夔孫丁巳以後錄曰: 心固是主宰底, 所謂主宰者, 卽此理也. 不是心外別有箇理, 理外別有心. 如是則最晩定論, 固主乎心卽理者, 明矣.

72) 『理學綜要』 卷6 「心(心之主宰)第四上」, 86쪽 하단20 9~11행, "心之主宰, 固是理, 心之理固是性, 而性不可以主宰言. 蓋性者五行各一之理, 而主宰者太極本體之妙也."

73) 『寒洲集』 卷39 「主宰圖說」 〈附主宰說考〉, 21－17쪽: 以心則爲主宰之理, 以性則爲發出之理, 理則一而已, 此以渾然者言也, 彼以粲然者言也.

태극이라면, 성은 구비적 측면에서의 태극임을 천명하는 것이다. 그래서 각구태극으로서의 성이 발현되어 정이 될 경우, 심의 '분언分言'으로서의 주재가 필요하다. 이진상은 '주'와 '재'의 분언을 통해 심과 성·정의 관계를 다음과 같이 설명한다.

> 이 성의 밖에 따로 주재의 리가 있는 것이 아니다. 지智의 덕이 하나의 심을 오로지하여 그 리가 혼연한 것은 심이 성을 주장하기 때문이고, 인·의·예·지로 그 구분이 찬연한 것은 성이 심과 구별되기 때문이다. 인의 단서가 하나의 심을 오로지하여 온갖 변화에 응수하니, 예禮로 품절하고 의義로 단제하고 지智로 수렴하는 것은 심이 정을 재제하기 때문이고, 희·노·애·락이 느낌에 따라 번갈아 나오는 것은 정이 심과 구별되기 때문이다.[74]

이를 보면, '주재의 묘함'은 심이 성정과 상대되면서 고요함과 움직임을 관통하는 곳에 있는 것이다.[75] 심의 분언적 측면에서 주재는 '동'과 '정'에 모두 해당되는 것이기에, 이는 한 존재의 두 양상에서 심과 성·정의 직분적 역할이 서로 다르게 언명된 것이다. 그리하여 이진상은 리일분수理一分殊의 측면에서 심의 주재를 '소이연所以然'·'소능연所能然'·'소당연所當然'으로 설명한다.

> 리일理一로 말하면[分殊가 그 가운데 존재한다], 심은 성과 정의 주재이어서, 인으로 사랑하고 예로 공순하고 지로 분별하는 것이다[所以然].

---

74) 『寒洲全書』(五) 『求志錄』 卷15 『語類箚義(一)』 「性理」 22쪽: 非此性之外, 別有主宰之理也. 智之德, 專一心, 而其理渾然者, 心之所以主乎性也. 仁義禮智, 其分粲然者, 性之所以別於心也. 仁之端, 專一心, 而酬酢萬變, 禮以品節之, 義以斷制之, 智以收斂之者, 心之所以宰乎情也. 喜怒哀樂, 隨感迭出者, 情之所以別於心也.

75) 『理學綜要』 卷7 「心(理之主宰)第四中」 101쪽: 更按: 將心對性情, 以一對二, 方見. 貫動靜, 皆主宰之妙. 旨乙.

> 분수分殊로 말하면[理一이 그 가운데 존재한다], 심의 체는 성인데, 성은 주장하고, 심의 용은 정인데, 정은 재제한다[所能然]. 분수된 곳에서 분수를 보면, 사덕四德이 서로 주장하고, 사단四端이 각각 재제하여, 중리衆理로써 만사를 처리한다[所當然]. 분수된 곳에서 리일을 보면, 지智의 덕이 하나의 심을 주장하여, 미발일 때에는 지각이 어둡지 아니하여 감응할 때에 지각이 분변하고, 이발일 때에는 지각이 묘하게 작용하여 감응할 때에 지각이 그것을 수렴하니, 이는 '일리一理로써 중리衆理를 묘하게 하는 것'이다.[76]

이것은 리의 다의성多義性을 리일분수의 형식에 서로 합치시켜 해명한 것이다.[77] 즉 심·성·정을 리일분수로 설명할 때, 네 가지 경향이 엿보인다. 첫째, 리일을 심으로 여기고 분수를 성정으로 여긴다. '리일' 차원의 주재는 분수를 내포하여 소이연을 말하는 것으로, 심이 성·정을 모두 주재하여 '인'으로 사랑하고 '예'로로 공경하는 것 등이 이에 해당된다. 둘째, '분수'차원의 주재는 소능연을 말하는 것으로, 이때의 주재는 '주장'과 '재제'로 설명되는데 '성'이 '주장'(임금이 신하를 명령하는 것과 같은 경우)으로, '정'이 '재제'(신하가 만사를 처리하는 것과 같은 경우)로 구분된다. 셋째, 분수된 곳에서 분수를 주재하는 것은 소당연에 해당되는데, 그것은 사덕(인·의·예·지)이 번갈아가면서 주장하고, 사단(측은·수오·사양·시비)이 번갈아가면서 재제하는 것이다. 즉 심이 내함한 여러 리가 만 가지 일을 마땅하게 처리하는 것이다. 마지막

76) 『寒洲文集』 卷34 「主宰圖說(丙辰)」 719쪽: 言其理之一(分殊者在其中), 則心爲性情之主宰, 而以仁愛, 以禮恭, 以義宜, 以智別者也(所以然). 言其分之殊(理一者在其中), 則心之體是性, 而性爲之主焉, 心之用是情, 而情爲之宰焉(所能然). 於分殊處見分殊, 則四德迭主, 而四端各宰, 以衆理而處萬事(所當然). 於分殊處見理一, 則智之德主一心, 未發而知覺不昧, 纔感而知覺辨之; 已發而知覺妙之, 旣應而知覺便收, 以一理而妙衆理者也.

77) 윤사순. 2011. 05. 「寒洲 李震相의 性理學的 '心卽理說'」. 『공자학』. 제20호. 한국공자학회. 24쪽.

으로, 분수된 곳에서 리일을 살펴보면 그것은 '자연'이고 '필연'으로서, 분수는 리일이 자연적이고 필연적으로 그렇게 드러난 것이라는 말이다. 이러한 이론의 초점은 심의 자기반성적 기능과 타물을 지각하는 기능이 리의 주재와 같다는 논지를 지향한 것이다.[78] 더욱이 이진상은 하늘이 정한 주재의 극치가 되면 천지의 심과 인간의 심이 합치가 되는 점을 언표하였다. 그는 「심즉리설」에서 다음과 같은 말을 인용되었다.

> 원元·형亨·이利·정貞은 천지가 만물을 낳는 심이니, 사람은 이것을 얻어 심으로 삼는다. 미발일 적에는 사덕이 구비되고 이발일 적에는 사단이 드러난다. [又曰元亨利貞, 天地生物之心, 人得之爲心. 未發而四德具, 已發而四端著.][79]

위의 문장은 주희가 말한 것을 축약한 것이다.[80] 원형이정은 『주역』 「건괘乾卦」 괘사이다. '원형이정은 천지가 만물을 낳는 심이다'는 것은 '원'은 만물이 시작되는 시기로 봄에 해당하고, '형'은 만물이 성장하는 시기로 여름에 해당하며, '이'는 만물이 이루어지는 시기로 가을에 해당하고, '정'은 만물이 완성되는 시기로 겨울에 해당하는 것이다. 사람이 천지지심을 얻어 심으로 삼는데, 미발일 적에는 '원'이 인仁으로, '형'이 예禮로, '이'가 의義로, '정'이 지智로 구비되는 것이고, 이발일 적에는 '인'이 측은惻隱으로, '예'가 사양辭讓으로, '의'가 수오羞惡로, '지'가 시비是非로

---

78) 윤사순. 위의 논문. 24쪽.

79) 『寒洲文集』 卷32 「心卽理說」 677쪽.

80) 『朱子語類』 卷71 「易(七)·復」 〈端蒙錄〉 859쪽: 伊川言 "一陽復於下, 乃天地生物之心" 一段, 蓋謂天地以生生爲德, 自 "元亨利貞" 乃生物之心也.
『朱子大全』(中) 卷77 「克齋記」 819쪽: 仁也者, 天地所以生物之心, 而人物之所得以爲心者也. 惟其得夫天地生物之心以爲心. 是以未發之前, 四德具焉, 曰仁·義·禮·智, 而仁無不統; 已發之際, 四端著焉, 曰惻隱·羞惡·辭讓·是非, 而惻隱之心無所不通. 此仁之體用所以涵育渾全, 周流貫徹, 專一心之妙, 而爲衆善之長也.

드러나는 것이다. 이와 같이 주희는 천지가 만물을 낳는 심과 인간의 심을 구조적으로 일치시켰다. 이진상 역시 주희의 심에 대한 구조적 체계를 그대로 수용하여 천인일리天人一理의 체계를 천명하고 이를 통해 심즉리의 극치를 피력한 것이다.

4. 맺음말

한주 이진상은 19세기 내우외환의 격동기에 영남 성주에서 활동하였다. 숙부 이원조의 영향으로 『성리대전』을 치밀하게 읽으며 성리학을 탐구하기 시작하였다. 『심경』을 연찬한 이후, 조선에서 제기된 성리학의 문제점을 근원적으로 탐구하였다. 35세 때 『태극도설차의』를 지으면서 주희의 만년정론에 따라 자신의 리 중시적 이론을 구축한다.

이진상은 리 중시적 측면에서 심을 고증하고 기의 배제를 통해 심을 리로 여기는 경향으로 나아갔다. 이는 이황과 이이가 논의한 "심은 리와 기의 합일이다" 또는 "심은 기이다"고 하는 심의 정의에서 벗어나는 것이었다. 이러한 학문적 경향은 바로 44세 때 지은 「심즉리설」로 이어졌다. 이는 "심은 리와 기의 합일이다"고 하는 퇴계학파의 논지를 극단화시켜[81] 심과 리의 일치성을 강력히 주장하였다. 양명학의 상징이었던 '심즉리' 용어를 자신의 학문 체계로 끌어들였기에 적지 않은 비판을 받았다. 하지만 그는, 심즉리설은 맹자와 정자 이래로 본래 있는 종지로 내가 창출한 것이 아니라고 하면서 왕양명의 심즉리설은 기를 리로 여겨 내본이 확립되지 못한다고 하였다.[82]

---

81) 이상익. 2011. 『영남성리학연구』. 심산. 503쪽.

이진상의 심즉리설은 여덟 가지를 중심으로 이루어졌는바, 첫째는 인심도심의 측면, 둘째는 종심소욕불유구從心所欲不踰矩, 셋째는 심성일리心性一理, 넷째는 심성정일리心性情一理, 다섯째는 심위태극心爲太極, 여섯째는 주재로서의 심과 리, 일곱째는 천지생물지심天地生物之心, 여덟째는 양심養心 등이다.

본 글은 앞의 여덟 가지를 크게 수양과 대본적 측면, 그리고 체용일리와 주재적 측면에서 고찰하였다. 수양과 대본적 심즉리의 경우는 본심의 바름이 리이므로, 현실에서 올바른 대본을 세워 수양하면 본심의 바름이 도심으로 드러나고, 수양의 극치가 되면 심은 법도에서 벗어나지 않는 것이다. 때문에 수양에서 '심을 기른다'는 것은 대본이 되는 심의 진체眞體(참다운 본체)를 기르는 것이다. 체용일리과 주재적 심즉리의 경우는 심의 동·정과 체·용의 일리一理라는 구조적 체계에서 성·정과 연결시켰고, 또한 심의 주재성을 통해 성이 구비되고 정이 드러나도록 하였다. 그가 심의 주재성을 힘주어 강조한 것은 인간의 현존적 욕망을 주재·극복하여 바람직한 인격형성, 그리고 불의不義에 대한 올바른 대처에 초점이 있는 것이다. 만일 심을 기로 여긴다면 인간의 현존적 욕망을 주재·극복할 수 없을 뿐만 아니라 불의를 올바르게 처단하지 못함을 이진상은 간파한 것이다. 때문에 주재의 극치점에서 심즉리를 보면, 천인일리天人一理를 지향하여 인간의 참다운 모습과 그 품격이 현실세계에서 드러나는 것이라 할 수 있다.

이진상은 기존의 분분했던 심에 대한 정의를 불식시키고 주희의 만년정설을 따라 '심즉리설'을 주장하였다. 그가 주장하는 논지 속에는 너

---

82) 이진상이 왕양명을 비판한 논지는 이 글에서 다루지 않았다. 그 비판 내용은 이형성. 2006. 『한주 이진상의 철학사상』. 심산. 171~180쪽 참조.

무나 철학적 경향이 많아 공리공론처럼 보일 수 있다. 하지만 성리학에서 언급되는 심을 깊이 성찰한 것은 바로 인간의 순수한 도덕적 본성과 감정이 어떻게 하면 확립되고 발현될 수 있는가를 치밀하게 철학적으로 반성한 것이다.

결론적으로 말하면, 이진상은 내우외환의 시대에 살면서 무너진 사회질서를 수립하는 것을 급선무로 여겼다. 사회질서를 수립하는 데 있어서는 인간의 의지가 매우 중요한 것이다. 인간의 의지를 확고하게 담보하고 있는 것이 바로 심이다. 이진상이 말하는 심은 양명학의 내향적 심이 아니라 바로 주재에 의한 내외합일적 실천성을 강조하는 성리학적 심이다. 이러한 주장은 '리 중시적 가치관'을 보다 더 체계화한 것이고 인간의 의식세계에서 참되고 올바른 실천을 표명하기 위한 것이었다. 때문에 그의 심즉리설은 당시의 세폐世蔽를 구제하고 세교世敎를 부식시키고자[83] 하였을 뿐만 아니라, 또한 심의 주재에 의한 전인적 인간이 되도록 하기 위해 제창된 것이다.

83) 崔英成. 1995. 『韓國儒學思想史(IV)』. 亞細亞文化社. 317쪽.

한주 이진상의 심주재성과 존덕성공부론

―『심경관계心經窾啓』를 중심으로 ―

추 제 협

한주 이진상의 심주재성과 존덕성공부론

-『심경관계心經竅啓』를 중심으로 -

추 제 협

1. 머리말

『심경心經』은 진덕수眞德秀(1178~1235)가 1234년 송대의 여러 성리학자들의 심성수양과 관련된 글을 편집한 책이다. 이 책은 명대에 정민정程敏政(1445~1499)이 여기에 주해를 붙인 『심경부주心經附註』(1492년) 외에 정작 중국에서는 이렇다 할 관심의 대상이 되지 못했다. 그러다 30년 남짓 지난 후 조선에 『심경부주』가 전해지고[1] 1566년 이황李滉(1501~1570)이 이를 극찬하면서 여러 유학자들의 관심의 대상이 되었

1) 대략 16세기(김윤제. 1996. 「조선전기 『심경』의 이해와 보급」. 『한국문화』 18집. 서울대 한국문화연구소.)로 추정하고 있다. 좀 더 구체적으로는 1540년 이전(윤남한. 1977. 「중종대의 도학과 심학화운동과 양명학의 동전문제와 관련하여」. 『사총』 21・22합집. 고려대 사학회.)과 1523년 이전(윤병태. 1979. 「퇴계와 심경부주」. 『한국의 철학』 8호. 경북대 퇴계연구소.)이란 주장도 있다.

다. 이는 숙종 대에 이르러 왕명에 의해 간행되면서 급기야 성학聖學이자 성군聖君의 교과서로 격상되기에 이르렀다.

그런데 이러한 이황의 『심경부주』에 대한 애착에 이의가 없었던 것은 아니었다. 바로 제자였던 조목趙穆, 황준량黃俊良, 이이李珥 등은 정민정의 인물평가와 주희朱熹의 만년정론에 대한 의문, 인심도심의 문제 등을 제기했다. 「심경후론心經後論」은 이 물음에 대한 이황의 답변으로, 이러한 불신에 재신임의 의도를 깔고 있었다. 여기에 대다수의 제자들은 묵수적 태도로 일관했지만 논란의 불씨는 여전히 남아있었다. 특히 주희의 만년정론은 그러했다.

정민정은 주희의 학문방법을 세 단계로 나누어 존덕성과 도문학의 병중은 '평일平日'의, 도문학에 치중한 것은 '중세中歲'의, 그리고 존덕성에 치중한 것은 '만세晩歲'의 학문방법이라 하였고, 그 중 만세의 방법을 주희의 정론定論이라고 했다. 또한 이러한 존덕성공부는 곧 거경공부居敬工夫이며 이를 먼저 확립한 후에 치지공부致知工夫로 보완해야 한다고 강조했다.

문제는 이를 그대로 받아들일 경우 주희의 상산학적 경향을 인정하게 되고 이를 옹호한 이황의 학문적 성격 또한 이러한 맥락에서 이해해야 한다는 점이다. 말하자면 상산학과 양명학을 이단으로 몰았던 당대의 학문적 풍토에서 이는 매우 심각한 문제를 야기할 수 있는 것이었다.

이러한 우려는 1681년 송시열宋時烈(1607~1689)이 왕명에 따라 『심경석의心經釋義』를 편찬하면서 현실화되었다. 이 책은 기본적으로 이황의 관점을 고수한다고는 했지만 많은 부분 자신을 비롯한 기호학파의 견해를 포함하고 있었다. 논란이 되었던 주희의 만년정론에 대해서도 마찬가지였다. 앞서 정민정의 주장에 대해 그는 시기에 따른 것이 아니라 상황에 맞게 강조점을 달리 한 것에 불과하며 주희가 일관되게 주장한 것은 병중에 있다고 했다. 또한 경이란 함양과 치지에 모두 관계되며 거경이란 함양공부의 과정인 계구와 신독의 공부를 하는 과정에 기본 조건으로 필요한 것이라고 강조했다.

이러한 주장은 주희의 본래 의도를 바르게 한다는 표면적인 이유뿐만 아니라 이황의 견해에 대한 비판적 성격도 함께 지니고 있었다. 당연히 퇴계학파의 후인들에 의해 비판의 표적이 되었으며 그들 스스로에게도 『심경』에 대한 정본화 작업을 본격화 하는 계기로 작용했다. 이렇게 한 저작에 대한 퇴계학파와 기호학파 간의 지리한 논쟁은 20세기 초까지 계속된다.

이진상李震相(1818~1886)의 『심경관계心經寀啓』는 바로 이러한 상황 속에서 자신의 『심경』에 대한 입장을 정리한 저작이다. 그는 낙동강 중류지역인 성주에서 태어나 퇴계학을 적극적으로 계승하면서 자신의 학파를 열었던 인물이다. 19세기라는 시대적 불운 속에서 현실을 위정척사로 극복하려고 했던 당대 지식인들의 논리적 근거는 강력한 주리철학이었다. 그 또한 이와 다르지 않았으며 '심즉리설心卽理說'과 '리발일도설理發一途說'은 바로 이러한 점을 극명하게 보여준다.

그런 점에서 지금까지 그에 대한 대부분의 연구가 이러한 성리학(특히 심설)에 맞춰져 있는 것은 너무나 당연했다.[2] 다만 이제 시선을 돌려 이러한 축적된 심설에 대한 논의를 바탕으로 이진상의 공부론에 주목해 볼 필요가 있다고 생각한다. 여전히 논란의 여지가 있다 하더라도

2) 대표적인 선행 연구를 들면 다음과 같다. 송찬식. 1983. 「한주 이진상의 리기론 연구」. 『한국사학』 5집. 한국정신문화연구원; 이상하. 2007. 『한주 이진상의 주리론 연구』. 서울: 경인문화사; 이형성. 2006. 『한주 이진상의 철학사상』. 서울: 심산; 홍원식. 2008. 『한주 이진상의 생애와 사상』. 서울: 예문서원; 이상익. 2011. 「한주 이진상의 주리론과 심즉리설」. 『영남성리학연구』. 서울: 심산; 윤사순. 2011. 「한주 이진상의 성리학적 '심즉리설'」. 『공자학』 20호. 한국공자학회.

퇴계학의 본령에 경공부가 중요한 의미를 갖는다면, 그가 퇴계학을 계승한 이상 이 부분에 대한 논의는 피할 수 없는 것이기 때문이다.

물론 이에 대한 연구가 전혀 없었던 것은 아니다. 심설과 관련된 경공부에 대한 개괄적인 언급은 있었다.[3] 다만 『심경관계』를 분석의 대상으로 한 연구는 홍원식의 연구가 유일하다. 그는 『심경부주』에 대한 종합적인 연구를 진행한 뒤 그 연장선상에서 『심경관계』를 검토한 바 있다.[4] 그러나 『심경부주』와 연관하여 논란이 되었던 문제에 대한 이진상의 입장을 정리하는 데에 초점이 맞춰져 있었기에 그의 공부론이 심설과 어떠한 연관 속에서 구상되고 있는지에 대한 구체적인 논의는 남겨둔 상태이다.

이에 이 글은 이진상의 공부론을 『심경관계』를 중심으로 살펴보고자 한다. 특히 그의 심성론적 특징이 어떠한 공부론을 전개하고 있는지를 밝혀볼 것이다. 이 과정에서 논란이 되었던 존덕성과 도문학의 관계에 대한 그의 입장도 자연스레 확인이 되리라 생각된다. 논의는 다음과 같은 순서로 진행한다. 우선 『심경관계』의 체계와 특징을 살펴본 뒤 공부론의 토대로서 그의 심성론적 특징을 대략적으로 살펴본다. 그리고 이러한 특징이 어떠한 공부론을 전개하게 되는지, 그리고 이는 이황의 공부론과 어떠한 연관성이 있는지를 검토할 것이다.

---

3) 이형성. 『한주 이진상의 철학사상』. 4장 참조.

4) 홍원식. 2009. 「퇴계학파의 『심경부주』연구와 이진상의 『심경관계』」. 『동양철학』 32집. 한국동양철학회.

2. 『심경관계』의 체계와 특징

『심경관계』는 「심경도설心經圖說」과 「심경차의心經箚疑」를 묶은 것이다. 연보와 발문을 참고할 때, 이진상은 23세 때인 1840년에 「심경도설」을 짓고 44년이 지난 뒤인 67세 때인 1884년에 「심경차의」를 더하여 한 편의 책으로 완성하였던 듯하다.5) 「심경도설」이 이른 시기에 이루어졌음에도 미처 완성하지 못한 것은 그동안 연보에 빈번이 보이는 심경강론을 통해 「심경차의」에 대한 계속된 수정 및 보완작업이 이루어졌기 때문일 것이다.

그는 서문에서 요순에서 정주에 이르기까지 학의 본령은 심학이며 진덕수와 정민정이 이를 분명히 하였으니 학문에 뜻을 둔 이라면 이 책이 아니고서는 구하기 어렵다고 했다. 이황은 일찍이 이러한 점을 알아 특히 중히 여겼으니 그 뜻이 「심경후론」에 담겨있고 자신 또한 이와 다르지 않음을 은연중에 드러내었다. 그러면서 그는 『심경관계』를 짓는 데 특히 정구鄭逑의 『심경발휘心經發揮』와 이함형李咸亨의 『심경강록心經講錄』, 이상정李象靖과 김종덕金宗德의 『심경강록간보心經講錄刊補』에 적지 않은 영향을 받았음을 언급하고 있다.6)

5) 『寒洲全書』 5. 『求志錄』 권22. 「跋文」. "余成此編, 今已四十四年, 其間更讀本經節次, 修改者不爲不多, 而顧今精力凋耗, 溫故而未易知新, 發軔之編, 將委於覆瓿之資, 所以拭眵勘過謄, 成此本而刊補之. 所已詳元書之所已答者, 略而不論, 後人見之, 徜以爲可採否, 癸未仲冬書."

6) 『寒洲全書』 5. 『求志錄』 권22. 「心經圖說序」. "上自舜禹之授受, 下逮程朱之繼開, 皆惓惓. 然指未求嵩用力之方, 明體適用之要, 至言大訓粲然可考, 後之學者有餘師矣. 然其言其書, 地負海涵, 有未易窮究, 故西山眞公, 憂心學之終晦, 而采摭經傳, 編爲此書. 篁墩程氏, 疑本編之闕略, 而補以附註, 於是乎, 心學之次第條理釋然, 不素學者, 而不欲盡其所當行之職, 擴其所固有之善, 則已有意於此學, 其將舍此書而奚求哉? 吾道旣東, 退陶夫子, 實始酷好而表章之, 與門人往復論訂, 以發其歸趣, 又爲後論於附註之末, 而東人士始知有心經矣. 其後寒岡鄭先生爲之發揮, 梳洗頭面, 指陳路脉, 闡明心法之功, 尤有先於元書. 近世湖門, 又有因溪門講錄之舊, 而刊補之者, 亦能羽翼乎. 此書而瓚亨乎此學者也."

우선 「심경도설」은 『심경』과 관련된 도圖와 도설圖說을 기록한 것으로, 서문과 발문 외에 도 17개와 도설 3편으로 구성되어 있다. 이렇게 많은 도설식의 검토는 각 장의 복잡한 내용을 보다 명징적으로 드러낼 수 있는 이점과 함께 이황과의 사상적 친연성을 보이고자 하는 의도도 있었던 것으로 생각된다.

그 목차를 열거하면 「심경도설서心經圖說序」, 「심경장도心經章圖」, 「심경찬도心經贊圖」, 「순우전심도舜禹傳心圖」, 「경의재명도敬義齋銘圖」, 「극재기도克齋記圖」, 「경서재명도敬恕齋銘圖」, 「극복경서건곤도도克復敬恕乾坤道圖」, 「중용수장도中庸首章圖」, 「규헌석명도葵軒石銘圖」, 「야기잠도夜氣箴圖」, 「성가학도聖可學圖」, 「사물잠도四勿箴圖」, 「심잠도心箴圖」, 「구방심재명도求放心齋銘圖」, 「존덕성재명도尊德性齋銘圖」, 「존덕성명재설尊德性名齋說」, 「존덕성명종편설尊德性銘終篇說」, 「호학론도好學論圖」, 「명성잠도明誠箴圖」, 「명성잠후설明誠箴後說」, 「서심경도설후書心經圖說後」이다.

여기서 「심경장도」는 『심경』의 전체 내용을 인仁과 경敬을 통해 보여주고 있는 도설이다. 이 외에는 『심경』에 있는 내용을 그린 것과 여기에는 없지만 정구의 『심경발휘』에 나오는 내용을 참고하여 그린 것으로 나뉠 수 있다. 즉 「심경찬도」와 「순우전심도」, 「경의재명도」, 「존덕성재명도」, 「존덕성명재설」, 「존덕성명종편설」 등이 전자에 속하는 반면 「극재기도」, 「경서재명도」, 「극복경서건곤도도」, 「규현석명도」, 「호학론도」, 「명성잠도」, 「명성잠후설」 등이 후자에 속한다.

한편 「심경차의」는 심경에 대한 이진상의 견해를 기록한 것이다. 『심경부주』의 기본 체계를 그대로 따르되 본래 37장에서 3장이 빠지고 서序와 『심경발휘』에 있는 부록 3편에 대한 차의가 붙어 있다. 빠진 부분으로는 권1에 「복초구불원복장復初九不遠復章」, 권3에 「무명지지장無名之指章」, 「인지어신야겸소애장人之於身也兼所愛章」이다.[7] 또한 권3에 「인인

심장仁人心章」, 「균시인야장鈞是人也章」이 「기자감식장飢者甘食章」, 「어아소욕장魚我所欲章」과 앞뒤 위치가 바뀌어 있다.

그는 앞서 언급한 선유들의 주석서를 참고하여 『심경부주』를 읽어가다 문제가 되는 구절이나 내용에 대한 자신의 비판적 견해를 밝히고 있다. 장에 따른 차의 항목을 나열하면 다음과 같다.

장	차의 항목	계
序	〈附註序, 體用顯微〉, 〈寄命目目〉, 〈涵養〉〈發揮序, 同草木歸禽獸〉, 〈充惡欲〉	10
人心道心章	〈虛靈知覺〉, 〈雜於方寸〉, 〈人欲之私〉, 〈精則不雜〉, 〈本心之正〉........	28
上帝臨女章	〈無貳〉, 〈講錄註, 人在屋漏〉	2
視爾友君子章	〈經文〉, 〈幽昧不明〉, 〈周之卿士〉	3
閑邪存其誠章	〈經文〉, 〈閑邪則誠自存〉, 〈旣不之東〉, 〈垣牆防寇〉, 〈無射亦保〉, 〈吳氏說〉	6
敬以直內章	〈盡其誠心〉, 〈只明人理〉, 〈必有事焉〉, 〈想無成有〉, 〈太極境界, 〈居敬精義〉....	33
懲忿窒塞章	〈窒塞意欲〉, 〈目欲色目欲聲〉	2
遷善改過章	〈留在心胸〉	1
絶四章	〈始則須絶四〉, 〈事旣成, 又執滯〉, 〈發揮意必固我旣亡後〉	3
克己復禮章	〈性偏難克〉, 〈其本眞而靜〉, 〈七情〉, 〈約情　止　知知〉, 〈使合於中〉, 〈三軍盡退〉, 〈思不與焉〉, 〈己卽人心〉, ...	10
仲弓問仁章	〈史氏說〉, 〈發揮旅旅〉, 〈敬恕齋銘〉	3
天命之謂性章	〈人與我固分得〉, 〈靜中有物〉, 〈如祭祀〉, 〈求其所謂中〉, 〈發揮, 不及見不及聞〉, ...	17
潛雖伏矣章	〈不欺暗室〉, 〈持養〉	2
誠意章	〈交戰之驗〉, 〈心虛〉, 〈七年而復成〉, 〈不善誠乎中〉, 〈淡底金〉, 〈閑居一段〉, ...	11

7) 홍원식 외. 『조선시대 심경부주 주석서 해제』에서는 이진상의 『심경관계』에서 『심경부주』 권2 「군자낙득기도장君子樂得其道章」 부분이 빠졌다고 되어 있는데 이는 오류인 듯하다. 홍원식 외. 2007. 『조선시대 심경부주 주석서 해제』. 서울: 예문서원. 455쪽.

正心章	〈經文正心〉, 〈憂忠〉, 〈一有之〉, 〈或不能〉, 〈有主實無主實〉, 〈理會我底〉, …	12
致禮樂章	〈鄙詐之心〉, 〈自暴自棄〉, 〈乃一誠字〉, 〈勿背塑像〉〈皇恐發憤〉, 〈仙鄉〉	6
反情和志章	〈反情〉, 〈東銘〉, 〈謝氏說〉, 〈氣自外入〉	4
君子樂得其道章	〈盖恐回頭錯〉, 〈打破敬字〉, 〈和天瘦〉, 〈色出於性〉, 〈講錄經歷過〉	5
四端章	〈語錄, 四端〉, 〈釋義, 四端〉, 〈知皆擴充〉	3
矢人函人章	〈却說惻隱〉	1
赤子心章	〈全未有知〉, 〈赤子心已發〉, 〈没許多事〉, 〈講錄, 雜說〉, 〈聖人之心〉	5
牛山之木章	〈本語〉, 〈心豈有出入〉, 〈事事中理便是存〉, 〈至靜靜若〉, 〈周流變化〉, 〈百起百滅〉, …	20
飢者甘食章*	〈爲貧賤所害〉, 〈附註, 朱子曰〉	2
魚我所欲章*	〈發揮, 此章〉, 〈氣俗〉, 〈閑人客肖得〉	3
求方心章	〈發揮, 睎著覺來〉, 〈打撲精神〉, 〈講錄, 學問之事〉, 〈昭曠之原〉	4
鈞是人也章	〈本註〉	1
鷄鳴而起章	〈正義明道〉, 〈象山說〉, 〈舜蹠圖〉	3
養心章	〈利欲之心〉, 〈上蔡說〉, 〈健羡〉, 〈非禮勿視聽言動〉, 〈講錄, 雖存 止 寡矣〉, 〈發揮〉	6
養心說	〈寡焉以至於無〉, 〈指心之流於慾〉, 〈誠立明通〉*	3
聖可學章	〈(一)者無欲〉, 〈明通公溥〉, 〈(今)之言教〉	3
四物箴	〈說心說性〉	1
心箴	〈問似恁地〉, 〈觀心說〉*, 〈又有一心〉, 〈以心使心〉	4
敬齋箴	〈防意如城〉, 〈守口如甁〉, 〈不東不西〉, 〈不貳不參〉, 〈陳氏說〉, 〈吳氏說〉	6
求方心齋銘	〈曰惟以相〉, 〈答何叔京書〉, 〈勉齋說〉	3
尊德性齋銘	〈痛理會一審〉, 〈萬事在窮理〉, 〈致知涵養先後〉, 〈汪太初〉, 〈答趙氏表〉, 〈答劉公度〉, 〈答范文叔〉, …	22
附錄	〈西銘〉, 〈誠名養章〉, 〈朱子行狀〉	3
	총 항목	251

※ * : 『심경부주』의 순서와 다른 경우

위의 표를 보면 『심경부주』에 대한 총 251항목에 대한 차의를 붙인 것을 알 수 있다. 그 중 『심경강록』이나 『심경발휘』에 대한 언급이 심심찮게 보이는데, 특히 『심경발휘』는 꽤 많은 비중을 차지함은 물론 정구의 서와 부록의 내용까지 차의를 달고 있다는 점에서 매우 중요시했음을 짐작할 수 있다. 이 가운데 가장 많은 차의가 붙은 장은 「경이직내장」과 「존덕성재명」이다. 무엇보다 가장 많은 논란이 되었던 존덕성, 도문학의 관계와 경에 대한 언급이 집중되어 있기에 자신의 입장 또한 보다 구체적으로 드러낼 필요가 있었을 것이다. 이를 달리 말하면 그의 공부론을 이해하는 데 중요한 부분이기도 하다는 뜻이다.

이상 『심경관계』의 구성에서 우리는 이진상이 『심경부주』에 대한 이황의 기본적인 입장을 그대로 유지하고 있다는 사실을 확인할 수 있다. 다만 그 주석서로 참고한 것 중 『심경발휘』에 대한 강한 집착은 눈여겨볼 필요가 있다. 이황은 「심경후론」에서 『심경부주』의 개작을 반대했음에도 정구는 마치 조목의 비판을 따르기라도 하는 듯 과감한 개편을 단행했다. 즉 진덕수의 『심경』은 그대로 유지한 채 본주와 정민정의 부주 일부를 제외하고는 대부분 삭제하고 새로운 주로 대신했다. 말하자면 완전히 새로운 체제의 『심경』 주석서가 된 셈이다.

그렇다면 이진상이 이를 중요시 한 이유는 무엇일까? 뒤에 언급하겠지만 그는 바로 성인의 학문은 심학이며 이 심학의 핵심은 경에 있다고 보기 때문이다.[8] 『심경발휘』는 그런 점에서 비록 개편을 했다 하더라도 경에 대한 다양한 주석을 통해 그 정미한 뜻을 밝혔기에 이를 중요시하지 않을 수 없었을 것이다.[9] 이는 결국 자신의 공부론 역시 여기에

---

8) 『寒洲全書』 5. 『求志錄』 권22. 「書心經圖說後」. "或問, '心學之要, 有一言可盡者歟?' 曰, '敬而已矣'."

9) 『寒洲全書』 5. 『求志錄』 권22. 「書心經圖說後」. "(敬)程朱氏之所訓, 盡矣, 寒岡翁之所摭,

맞춰져 있다고 봐야 한다.[10]

3. 심의 주재성

이진상의 심설은 '심즉리설心卽理說'과 '리발일도설理發一途說'로 대변된다. 우선 심즉리설인데, 이는 심이 곧 리라는 것으로 양명학의 심즉리설과 흡사 같은 논리가 아닌가 하는 의문을 갖게 한다. 그러나 다음 글을 보면,

> 심성정으로 말하면, 심은 태극이고 성은 태극의 정靜이며 정은 태극의 동動이다. 심은 리일이고 성과 정은 분수이다. 심과 성으로 말하면 주재가 항상 정해져 있는 것이 심이고 리일이며 발출이 부동한 것이 성이고 분수이다. 성과 정으로 말하면 성은 체지일體之一이고 정은 용지수用之殊이다. 각각을 한마디로 말하면 또한 모두 리일분수理一分殊이다.[11]

그는 기본적으로 심은 태극이고 성은 태극의 정이며 정은 태극의 동이라고 하여 체용론을 통해 심과 성, 정의 관계를 제시하고 있다. 그가 말한 심즉리란 결국 심의 본체와 묘용의 관계에서 그 본체를 드러내어 말한 것이 된다. 그 본체와 묘용은 당연히 객관 사물에 나아가 리를 인

精矣. 願相與讀心經."

10) 이러한 경향을 이진상이 이황, 정구로 이어지는 한강학맥을 잇고자 하는 의도였다고 지적한 연구도 있다. 홍원식, 「퇴계학파의 『심경부주』연구와 이진상의 『심경관계』」, 156쪽.

11) 李震相(이하 생략), 『寒洲全書』 2, 『文集』 권19, 「書, 答郭鳴遠疑問」. "以心性情言, 則心爲太極, 而性乃太極之靜, 情乃太極之動. 心爲理一, 而性情爲分殊. 以心性言, 則主宰常定底, 是心理之一也, 發出不同底, 是性分之殊也. 以性情言, 則性爲體之一, 而情爲用之殊也. 各擧而單言, 則亦皆有理一分殊."

식하는 과정에서 내 마음에 일어나는 것이다. 여기에 리일분수, 즉 보편과 개별의 관계가 형성될 수 있다고 했다. 따라서 이는 양명학의 심즉리와는 다른, 오히려 이를 강하게 비판하는 것이면서 기호학파의 심즉기心卽氣에 대해서도 일정 거리를 유지하고 있다고 하겠다.

그런데 이러한 논리에 근거해 보면 심은 성보다 우위에 있으며 성과 정을 '겸포兼包' 외에 '관섭管攝'하는 위치에 있는 것이 된다.[12] 심이 이러한 위치에 있게 되는 것은 무엇 때문인가? 바로 심의 주재성에 있다.

> 주재로 말하면 심이 주재할 수 있는 이유는 그 속에 지知가 있기 때문이다. 지는 성정의 덕을 묘합할 수 있는 것이니 인으로써 사랑하고 예로써 사양하며 의로써 마땅하게 하며 지智로써 분별하는 것이다.[13]

심이 일신을 주재한다는 것은 심의 성정을 주재한다는 말로, 이것이 가능한 것은 심에 '지'가 있기 때문이라고 했다. 지란 성발위정性發爲情의 관점에서 심의 체이자 미발인 성이 용이자 이발인 정으로 잘 발현될 수 있도록 하는 것이다. 이는 결국 심의 주재가 리에 있음을 말한 것이며 리인 성은 무위하여 주재할 수 없으니 심이 이를 수행하게 된다. 여기서 심은 성의 본래성이 정으로 잘 발현될 수 있도록 주재하는 것이 무엇보다 중요한데, 이를 그는 '이심사심以心使心'이라고 했다.

> 성과 정 밖에 다시 심은 없다. 성정의 덕을 묘합한다는 것은 심의 묘용으로 그 본체를 지키고 심의 본체로 그 묘용을 마름질하고 헤아림을 말한다. 이것이 정자程子가 말한 '이심사심以心使心'이다.[14]

---

12) 『寒洲全書』 2. 『理學綜要』 권7. 「心(理之主宰)」. "按, 統有兼包義, 有管攝義."
13) 『寒洲全書』 2. 『理學綜要』 권7. 「心(理之主宰)」. "以主宰言, 則心之所以爲主宰者, 以其有知也. 知能妙性情之德, 以仁愛以禮讓以義宜以智別."

정자가 말한 이심사심을 그는 적극적으로 활용한다. 이심사심에서 전자의 심은 리일의 리인 심이 되며 후자의 심은 분수의 리인 심이 된다.[15] 전자와 후자는 상보적 관계이면서 전자는 스스로 주재하는 반면 후자는 전자에 의해 주재를 받는 대상이 된다.[16] 마치 인심도심에서 인심이 도심의 주재를 받는 것과 같다. 그러니 그는 이러한 심이 리가 되어야지 기가 되어서는 곤란하다고 말한다. 만약 그렇다면 리가 기에 의해 좌우되기에 이는 리가 죽은 사물이 되거나 고자처럼 성을 기로 여기는 폐단을 자초하게 된다는 것이다.

> 심은 일신을 주재하는 것인데, 주재하는 것을 기에다 속하게 하면 천리가 형기의 명을 듣게 되고 많은 추악한 것이 영대靈臺(心)에 의거하게 된다. 심은 체가 없어 성을 체로 삼는데 지금 그것을 기라고 한다면 성을 기로 여기는 고자의 견해와 같아지니 사람이 자연히 금수와 다름이 없게 된다. 심은 성과 정을 아우르는 이름인데, 심을 기로 여긴다면 대본달도大本達道가 모두 기에 귀속되어 리는 죽은 사물이 되고 공적에 빠지게 된다.[17]

이렇게 심은 물론 성과 정은 모두 리이며, 이를 리일분수로 말하면 심은 리일의 리가 되고 성과 정은 분수의 리가 되는 것이다. 그가 '심즉

---

14) 李震相(이하 생략). 『寒洲集』 권39. 「雜著, 主宰圖說(附主宰說考證)」. "按, 性情之外, 更無心. 而今曰妙性情之德者, 以心之妙用, 持存其本體, 以心之本體, 裁度其妙用. 程子所謂以心使心者也."

15) 이형성. 앞의 책. 257~263쪽 참조.

16) 이상익은 이진상이 말한 주재의 개념이 "기의 운동의 표준이 된다"와 "리가 기를 부린다(명령한다)"의 두 가지가 공존한다고 주장한다. 「한주 이진상의 주리론과 심즉리설」. 529~532쪽 참조.

17) 『寒洲全書』 1. 『文集』 권32. 「雜著, 心卽理說」. "心爲一身之主宰, 而以主宰屬之氣, 則天理聽命於形氣, 而許多麤惡, 盤據於靈臺矣. 心無體, 以性爲體, 而今謂之氣, 則認性爲氣, 告子之見也, 而人無以自異於禽獸矣. 心是性情之統名, 而以心爲氣, 則大本達道, 皆歸於氣, 而理爲死物, 淪於空寂矣."

리心卽理'를 주장한 것도 결국 이러한 심의 미발 즉 진체를 가리켜 말한 것이 된다. 그리고 이러한 맥락에서 보면 정의 사단은 물론 칠정 또한 그 발원처인 체를 염두에 둘 때 리발이 되어야 하니 리발일도理發一途 역시 이러한 논리의 연장선상에서 주장되었던 것이다.

그러면서 그는 이러한 주장이 이황이 말한 심합리기心合理氣와 리기호발理氣互發에 결코 무관하지 않다고 말한다.

> 진실로 심의 진체를 분명하게 말하지 못하고 막연히 심즉리로 삼는다면, 심이 미발일 때에는 혼매잡요昏昧雜擾하고 이발일 때는 방벽사치放辟邪侈하니 어찌 리이겠는가? 퇴계는 리와 기를 겸하여 심을 말하였으나 한편으로 심의 미발일 때 기가 용사하지 않는다면 오직 리일 뿐이라고 하였으니 심의 대본은 오로지 리에 있지 않겠는가?[18]

> 심의 이목구비가 있는 것은 형기이고 인의예지는 도리이다. 형기가 성색취미聲色臭味에서 감응하면 심이 기로부터 발현하고 도리가 이륜천칙彛倫天則에서 감응하면 심이 리로부터 발현한다. 이 심이 발현할 때 리로부터 하거나 기로부터 하기 때문에 '호발互發'이라고 한다. 그러나 그 실상은 리가 기를 타고 발현하지 않는 것이 없다. 리는 독립된 것이 아니고 기에 즉하여 있고 기는 스스로 유행하는 것이 아니고 리로 말미암아 움직이니 호발과 상대의 묘함을 여기서 볼 수 있다.[19]

그는 이황이 심합리기를 말했지만 궁극적으로 가리키는 것은 심의 대

---

18) 『寒洲全書』 1. 『文集』 권18. 「書, 答李星養」. "苟其不明說眞體, 而泛謂心卽理, 則心之未發而昏昧雜擾, 已發而放辟邪侈, 豈理也哉? 退陶固嘗以兼理氣言心, 而旋謂心之未發, 氣不用事, 惟理而已, 則心之大本, 顧不在於理耶?"

19) 『寒洲全書』 5. 『求志錄』 권23. 「退溪集箚疑」. "蓋心之有耳目口鼻, 形氣也, 仁義禮智, 道理也. 形氣之感於聲色臭味, 則心從氣上發, 道理之感於彛倫天則, 則心從理上發. 此心之發, 或從理或從氣, 故謂之互發, 而其實, 則莫非理乘氣而發也. 理非獨立, 卽氣而在, 氣非自行, 由理而動, 則互發相對之妙, 於此可見.

본이니 이는 결국 리라는 사실을 부정하지 않는다고 하였다. 그런 점에서 심즉리라고 한 것은 이황의 본의를 좀 더 선명하게 드러내기 위한 것이라 했다. 리기호발 역시 마찬가지이다. 그는 호발이 기호학파가 주장하는 '각발各發'이 아닌 현상세계에 드러난 것을 그렇게 말한 것일 뿐이라고 했다. 앞서 언급했듯이 사단과 칠정은 모두 리인 성에서 비롯되며 그 진체인 발원처에서 보면 모두 리발이 될 수밖에 없다. 다만 인간의 감각기관에 의해 외물에 감응되는가에 따라 리가 주재가 되는 경우와 기가 주재가 되는 경우가 있어 리발과 기발의 구분이 있게 된다고 했다.[20)]

이를 그의 간법看法으로 말한다면 호발이 현상적으로 드러난 것을 가리킨다는 점에서 횡간橫看에, 리발일도설은 그 발원처에 근거하여 말한 것이라는 점에서 수간竪看에 해당된다. 그가 리발일도를 주장한 것은 이러한 여러 간법을 활간活看해야 함을 강조하면서도 주재성을 뚜렷이 드러나게 하기 위해서는 수간에 의존하는 경우가 많다는 점에서 이해할 수 있는 부분이다. 그리고 이 주재성이라는 것이 리의 순선성을 확보하고자 하는 의도라면 이황의 리존理尊적 경향과 크게 다르지 않아 보인다.

다만 여기서 주의해야 할 것은 현상적으로 기발이 되는 경우, 즉 성과 정의 관계에서 이것이 모두 리일의 리인 심에 대한 분수의 리이기는 하나 이것이 발현하는 과정에서 형기로 인하여 기가 주재가 되어 어긋날 수도 있다는 점이다.

내가 "「불천노장不遷怒章」 주註에 '정이 치성하여 방탕해지면 그 성이

20) 이러한 사단과 칠정의 발현논리는 이익에 영향 받은 바 크다. 『寒洲集』 권41. 「讀李星湖四七新編中跋」. "又見得四七之俱本於理, 而四端, 則不干形氣而直發, 七情, 理因形氣發, 更有一層苗脈."

> 손상된다'라고 하였으니 정이 치성하여 방탕한데 성이 어찌하여 당장에 손상되는가?" 라고 물으니 서산西山이 답하기를 "정이 치성 방탕한 곳이 곧 성이 손상된 것이니 둘이 있는 것이 아니다"라고 하였다. 나는 "정이 치성 방탕하여 객용客用이 마구 날뛰게 되면 마음 속이 혼란하고 번잡하여 대본이 서지 못하는 것이지, 성과 정이 대립하여 서로 해치는 것은 아니다"라고 하였다.[21]

물론 이진상은 이것이 리의 손상으로 볼 수는 없으며 기의 용사로 인한 일시적으로 그 대본을 잃은 것에 불과하다고 했다. 곧 앞서 언급한 이심사심의 논리로 기의 영향을 배제하여 중절하도록 한다는 것이다. 그렇다 하더라도 리와 기가 떨어질 수 없는 한 기의 용사로 인한 리의 손상을 완전히 배제할 수는 없는 것이다.

그럼 이 기의 용사란 무엇인가? 마음의 감각기관이 외물에 감응하여 그 바름을 잃어버리는 것을 말한다. 당연히 그 어긋남이 지나칠 때, 즉 욕망에 얽매이게 되면 악으로 흐를 수 있는 것이다. 물론 여기서 욕망은 욕구와는 구별된다.[22] 욕구는 인간으로서 어쩔 수 없는 생리적 현상을 의미한다면, 욕망은 이러한 것이 지나칠 때 생긴다. 우리가 근심하는 것은 바로 후자의 경우이다.

그런데 이러한 용사가 감정이 일어나기 전에는 생기지 않고 감정이 일어난 후에 생긴다고 한다. 그 이유는 미발의 상태에는 비록 기질이 있더라도 성의 본래 모습을 해치지 못하기에 본연지성의 상태에 있지만

---

21) 『寒洲集』 권40. 「雜著, 花峽法語」. "問, 不遷怒註曰, '情其熾而益蕩, 其性鑿矣. 情之熾蕩, 性何以當下鑿.' 繼孟曰, '情之蕩處, 便是性之鑿, 非有二也.' 余曰, '情之熾蕩, 客用方騖, 則膠膠擾擾, 大本不立, 非謂性情對立交相爲瘉也.'"

22) 『寒洲全書』 5. 『求志錄』 권22. 『心經竊啓』. 「懲忿窒慾」. "'窒塞意欲' 欲與慾字頓別. 欲, 有善有惡, 惡底是慾. 慾當窒而欲不可窒. 孔子七十猶曰, 從心所欲, 舜亦曰, 俾予從欲, 欲之不可無也. 此云窒塞其意欲, 却似有病, 抑以私意所欲, 如毋意之意, 人欲之欲歟."

이발의 상태가 되면 기질이 간섭하게 하니 기질지성이 되어 선과 악의 나눠지게 되기 때문이다. 그러니 문제는 이발의 상태에 기의 용사로 인해 순順이 아닌 역逆의 상황이 되지 않도록 해야 하는데, 여기에 심의 주재가 강조되는 이유이다. 말하자면 마음의 도덕적 실천을 늘 유지하기 위해서는 마음공부가 필수적으로 요청된다는 것이다. 이러한 맥락에서 경을 통한 마음의 안과 밖을 다스리는 공부가 강조될 수밖에 없다.

4. 심의 주재를 위한 존덕성공부론

『심경부주』에서 가장 중요한 쟁점은 정민정이 제기한 주희의 만년정론이다. 알다시피 이 논란은 『심경』의 마지막장인 「존덕성재명」에 대한 정민정의 주에서 비롯되는데, 공부론의 두 축인 존덕성의 마음공부와 도문학의 독서궁리공부 이 둘의 관계를 어떻게 보는가의 문제이다.

정민정은 우선 "주자는 평소에 사람들에게 존덕성, 도문학 두 가지는 어느 한 쪽에 편중하는 잘못이 있어서는 안 된다고 가르쳤는데, 그것을 말로 표현한 것을 살필 수 있다."[23]라고 하여 존덕성, 도문학의 병행을 강조하다 "주자는 중년에 배우는 사람이 서로 닦는 공효가 미치지 못하여 혹 부진한 데 이르고, 게다가 선을 택함이 정밀하지 못하여 이학異學의 공허한 데로 흐를까 염려하였기 때문에 도문학에 치중하였다."[24]라고 도문학을 중시하는 태도로 변하였음을 언급했다. 그런데 그는 여기

---

23) 程敏政. 『心經附註』. 「尊德性齋銘」. "朱子平日教人, 以尊德性道問學一者, 不可有偏重之失, 其見于言者, 可考也."

24) 『心經附註』. 「尊德性齋銘」. "朱子中歲, 恐學者交修之功不逮, 而或至於不振, 且擇善之未精, 而或流於異學之空虛也, 故於道問學爲重"

서 더 나아가 "만년에 주자는 배우는 사람이 오로지 강설만 하고 함양은 폐기하여 장차 언어문자의 편협한 데로 흘러가도 스스로 깨닫지 못하기 때문에 또 존덕성을 중시하여 이미 정윤부를 위하여 「존덕성재명」을 지어주었고, 따르는 사람들에게도 자주 징계한 바 있으니, 대개 정론이라 하겠다."[25]라고 하여 결국 주희 공부론의 정론定論은 존덕성 중시에 있음을 주장하였다.

흔히 주희는 존덕성과 도문학을 새의 두 날개와 수레의 두 바퀴에 비유하여 어느 것도 폐할 수 없는 것으로 병중을 강조했다. 그런데 정민정의 이러한 주장은 비록 초년에는 그러했지만 만년에 이르러서는 구이지학의 병폐를 막기 위해서 육구연, 왕수인처럼 존덕성으로 기울었다는 것이다.

이에 대해 이진상 또한 여느 주자학자들처럼 기본적으로는 존덕성과 도문학의 병중을 주장한다. 다만 정민정이 말한 말년의 존덕성 중시의 경향이 정론定論이라는 것에 대해서는 부정한다. 그는 오히려 정론定論과 정론正論이 다름을 다음과 같이 말하고 있다.

> 주자의 정론定論은 진실로 있다. 또한 정론定論은 정론正論과 같지 않으니, 정定자는 용庸자와 같고 정正자는 중中자와 같다. 중은 때에 따른 것이고, 용은 평상적인 것이다. 존덕성을 중하게 여긴 곳을 정론正論이라 하면 옳으나 정론定論이라고 하면 옳지 않다. 존덕성을 주로 하고 도문학으로 보완한다는 것이 바로 정론定論이다.[26]

---

25) 『心經附註』. 「尊德性齋銘」. "朱子晩歲, 以學者專講說而廢涵養, 將流於言語文字之陋, 而不自覺, 故又於尊德性爲重, 旣爲程允夫作銘, 且屢有懲于從遊者, 蓋定論也."

26) 『寒洲全書』 5. 『求志錄』 권22. 「心經箚義, 尊德性齋銘」. "然朱子之定論固有在矣. 且定論與正論不同, 定字與庸字同, 正字與中字同. 中則隨時, 而庸則平常也. 以尊德性爲重處, 謂是正論可, 謂之定論則不可. 主德性而補之以問學處, 却是定論."

그는 주희가 병중을 말하다 도문학이나 존덕성을 중시하는 발언을 한 것은 때와 상황에 따라 시의적절하게 말한 것으로 이는 정론正論에 해당하는 것이라고 했다. 오히려 존덕성을 중시하되 도문학을 폐하지 않고 보완의 역할로 삼은 것이 바로 주희의 정론定論으로 봐야 한다는 것이다. 즉 결코 도문학을 도외시하지 않았다는 말이다. 이러한 입장은 다음의 글에서도 그대로 언급되고 있다.

> 천하의 사물은 본은 크고 말은 작으며 체는 중하고 용은 가벼운 법이니, 어찌 그 말에는 후하고 그 본에는 박하며 그 용은 얻고 그 체는 잃는 자가 덕에 들어가고 도를 모을 수 있겠는가? 더구나 이 장의 요지는 지덕至德을 위주로 하고 있으니 덕성德性은 도리어 가볍게 보고 문학問學을 중시하는 것이 어찌 지극한 것이겠는가? 자사子思의 이 두 마디 말씀은 바로 어느 한 쪽에만 편중하여 도체道體에 결손이 있을까 근심해서일 뿐이다. 그러므로 나는 "주자가 만년에 존덕성을 위주로 하고 도문학으로 이를 보완하고자 했던 것이 정론定論이요 본지本旨이니 오로지 일시一時의 폐단을 고치려는 의도에서만 나온 것은 아니다"라고 했다.27)
>
> 존덕성과 도문학은 비록 본말과 체용의 구별은 있지만 어느 한쪽으로 치우치거나 폐할 수 없다.28)

이렇게 보면 이진상은 주희의 공부론을 바라보는 데 체용과 본말의 관계로 이해하고 있음을 알 수 있다. 여기서 둘은 폐할 수 없다고 했으니 체와 용의 관계라면, 그래도 거기에는 경중이 존재하니 본과 말의

27) 『寒洲全書』 4. 『求志錄』 권4. 「中庸箚義」. "天下物事, 本大而末小, 體重而用輕, 豈有厚其末而薄於本, 得其用而失其體者, 可以入德而凝道也? 況此章之要, 至德爲主, 則德性反輕而問學爲重者, 其至者耶? 子思之兩下普說, 正憂其有所偏重, 而道體有虧欠耳. 愚故曰, '朱子晩年, 欲以尊德性爲主, 而道問學輔之者, 此定論也, 本旨也, 非專出於一時救弊之意.'"

28) 『寒洲全書』 5. 『求志錄』 권22. 「心經章圖」. "尊德性道問學, 雖有本末體用之別, 而不可偏廢."

관계도 상존하고 있음을 지적한 것이다. 당연히 우리가 여기서 중요시 봐야 할 것은 후자인 본과 말의 관계이다. 그런데 앞서 언급했듯이 주희는 존덕성과 도문학의 병중을 강조했음을 상기할 때 이러한 이해는 분명 이진상이 주희를 바라보는 입장이며 이는 이황의 영향과 무관하지 않다고 본다. 실제로 이러한 면을 이황에게도 볼 수 있기 때문이다. 그 또한 존덕성과 도문학의 병중을 말하지만 근본적으로는 존덕성을 주로 하되 도문학을 폐하지 않고 있기 때문이다.

> 다만 이제 본원의 심지에서 세밀하게 함양성찰, 직내방외直內方外의 공부를 더하지 않고 오직 총총한 생각으로 날마다 낡은 종이더미 속에서 이미 드러난 자취만을 좇아 널려 있는 것을 모으고 묶는 것만을 능사로 삼는데 그친다면 이는 참으로 덕을 쌓고 성을 높이는 공부는 없고 도리어 거친 마음과 들뜬 기상의 자람만을 더할 것이다.[29]

이황이 이를 인용한 것은 자신이 생각한 공부론의 핵심이 병중에 있는 것이 아니라 바로 완급과 선후를 가리는 데 있음을 말하기 위함이다. 그런 점에서 존덕성과 도문학의 병중은 자칫 글공부에만 매달릴 우려가 있고, 그렇다면 이는 온전한 공부가 될 수 없다고 말한다. 즉 이러한 마음은 사려가 어두워 자신의 주관적 견해를 성급히 내세우고 사사로운 마음이 쌓이게 되며 급기야 심기心氣의 병이 생기게 된다는 것이다. 따라서 이러한 병은 존덕성의 마음공부를 우선 철저히 함으로써 막을 수 있다고 했다.

이상에서 우리는 주희의 공부론을 바라보는 그의 입장이 이황의 공부

29) 『退溪先生文集』 권26. 「書. 答鄭子中」. "但今不於本原心地上, 細加涵養省察直內方外之工, 而惟以匆匆意緖, 日向故紙堆中, 尋逐已陳底粗迹, 搜羅抄掇, 以是爲能事而止, 則是定無蓄德尊性之功, 而反益麤心浮氣之長矣."

론에 연장선상에서 이해하고 있음을 알 수 있다. 이는 또한 자신의 공부론도 이와 비슷한 맥락에서 전개하고 있음을 짐작하게 한다. 그런 점에서 그는 존덕성의 마음공부를 무엇보다 중요하게 인지하고 있다고 하겠다.

그 존덕성의 마음공부에 가장 중요한 것으로 그 또한 경敬을 강조한다. 앞서 우리는 그의 심설이 보여주는 중요한 특징이 심의 주재성에 있음을 보았다. 경은 이러한 심의 주재를 위해 매우 중요한 방법으로 인식된다. 즉 형기에 감응되어 기가 주인이 될 때, 마음이 경으로써 주재하면 사욕을 이기고 정화하여 천리의 인을 실현할 수 있는 것이다. 그래서 그는 마음공부가 군자의 도에 핵심을 이룬다고 다음과 같이 말한다.

> 군자의 도는 반드시 마음에 근본을 두어야 한다. 미발 때에는 함양하고 이발 때에는 성찰하여 경을 지켜 안과 밖을 서로 바르게 하는 것이다.[30)]

그는 마음이 일어나기 전이든 후이든 모두 경으로써 일관하여 바르게 하는 것이 무엇보다 중요함을 말하고 있다. 여기에 마음이 일어나기 전 지각이 어둡지 않고 사려가 아직 싹트지 않았는데도 경으로써 경계하고 두려워하는 마음을 잃지 않게 하는 것이나 일어난 후에도 이치에 들어맞게 행동하여 바름을 잊지 않게 하는 것도 모두 경으로써 가능하다고 했다. 그는 전자인 존양을 경의 체體라고 하고 후자인 성찰을 경의 용用이라고 했다.[31)]

---

30) 『寒洲全書』 5. 『求志錄』 권22. 「心經圖說序」. "君子之道, 必本諸心. 涵養於未發之時, 省察於已發之際, 持敬而表裏交正."

31) 『寒洲全書』 5. 『求志錄』 권22. 「敬以直內章」. "居敬窮理, …, 心不敬, 則理必差. 要之存養敬

그럼 여기서 보다 중요한 공부는 어느 것일까? 그는 마음에 싹트는 욕망을 다음과 같이 말한다.

> 마음은 본래 비루하게 속이려거나 소홀하고 교만함이 없으나 형기의 욕망이 외물의 영향을 받아 이끌려 들어와 마음의 자리를 빼앗는다. 그것이 본래 없었다는 점에서 '들어온다'라고 말하였다.[32)]

이것만을 본다면 마음의 본래 모습은 순선한 상태인데, 성이 발현되면서 외물의 영향으로 형기가 관여하여 악으로 흐르게 되었다는 것이다. 이때 그 기가 순하기도 하고 역하기도 한다.[33)] 이것이 선과 악을 나누는 갈림길이기에 순기로 만들 수 있는 무엇이 필요할 수 있다. 당연히 미발의 존양보다 이발의 성찰공부가 더욱 중요하게 된다. 형기가 일어날 때 그것을 심의 주재를 통해 바르게 이끄는 것이 필요하기 때문이다. 그런데 그는 오히려 이러한 발현 이전의 상태를 더욱 중요한 것으로 언급한다.

> 마음은 반드시 경을 위주로 해야 하고 경은 반드시 정에 근본해야 한다. 정에 근본하는 것은 그 동을 기르는 방법이다.[34)]

> 주재의 실리는 본래 하늘에서 받은 것이고 주재의 공부는 오로지 사람에게 있는 것이다. 심은 한 몸의 주재가 되고, 경은 하나의 심의 주

之體, 省察敬之用."

32) 『寒洲全書』 5. 『求志錄』 권22. 『心經箚啓』. 「致禮樂章」, "'鄙詐之心' 心本無鄙詐易慢, 而形氣之欲感於物累, 引入而奪心位. 自其本無而謂之入耳."

33) 『寒洲全書』 2. 『文集』 권19. 「書, 郭鳴遠疑問」. "及其感物而動, 氣始用事, 或順或逆, 善惡始分, 已非復性之本然, 而受變於氣質矣."

34) 『寒洲全書』 5. 『求志錄』 권22. 『心經箚啓』. 「牛山之木」, "'敬靜爲一', …, 要之, 心必主敬, 敬必本靜. 本乎靜, 所以養其動."

> 재가 된다. 정靜을 주로 하여 동動을 양성하고, 하나를 주로 하여 만 가지에 대응하며, 내면을 주로 하여 외면을 제재하고, 리를 주로 하여 기를 검속하는 것은 모두 경의 일이다.[35]

정은 미발의 상태, 즉 마음의 진체인 성이 그 본래성을 간직하고 있을 때이다. 이때를 경으로써 심의 주재를 삼는다면 발현 이후에 어떠한 상황에 직면하더라도 바름을 잃지 않게 된다는 것이다. 이미 심의 주재로 성의 진체가 유지되고 있기 때문이다. 설령 형기에 의해 흔들린나고 하더라도 그것은 일시적인 것이며 곧 회복될 수 있는 것이라고 생각했다. 이 말은 달리 말해 미발 상태의 공부가 진중하지 않으면 형기의 이끌림에 쉽게 악으로 흐를 수 있음을 경계하는 것이기도 하다.

그런데 문제는 이러한 미발의 상태는 성만이 존재하고 기질이 비록 있지만 간섭할 수 없다고 했는데,[36] 그렇다면 굳이 존양공부를 힘써 강조할 필요가 있는가 하는 점이다. 오히려 발현될 때에 기가 용사하게 되면 이를 절제하는 공부가 더욱 절실하게 요청되는 것이 아닌가 하는 것이다.

이에 대해 구체적인 언급은 없지만 짐작해 본다면 성이 발현할 때 기의 용사 여부에 따라 선과 악이 갈라지게 되는데, 그 때 순하거나 역하는 것을 결정하는 근거가 기에 있는 듯하지만 사실은 성의 본래성에 있을 수 있다는 것이다. 이는 성의 진체를 철저하게 악의 기미로부터 분리하고자 하는 의도에서 비롯됨을 말한다. 그러면 그 본래성을 잘 간직

---

35) 『寒洲集』 권39. 「主宰圖說(附主宰說)」. "主宰之實理, 本受於天, 而主宰之工夫, 專在於人. 則心固一身之主宰, 而敬爲一心之主宰也. 主靜以養動, 主一以應萬, 主內以制外, 主理而檢氣, 皆敬之事也."

36) 『寒洲全書』 4. 『求志錄』 권4. 「中庸箚義」. "性之未發, 固亦寓於氣質, 而氣質全不用事, 只可卽理而言性. 性之已發, 氣質用事, 氣與理雜, 理爲氣掩, 始可兼氣而言性."

하는 공부가 필요하며 그러한 공부의 효과로 비록 기의 용사가 이루어지더라도 이를 역이 아닌 순하게 하여 선으로 이끌 수 있게 된다고 보았던 것이다.

이렇게 보면 결국 마음의 주재성은 경공부에 있으며 이 경공부의 핵심은 미발 상태의 함양공부 즉 존심공부存心工夫에 다르지 않다. 존심공부란 결국 주일무적主一無適을 말하는 것으로 마음을 흐트러지지 않게 하고 하나의 일에 집중하는 것을 말한다. 여기에는 어떤 사사로움이나 욕망이 없는 즉 '직直'의 상태이며 오직 마음의 순일함을 유지하는 데만 정신을 집중시켜야 한다. 만일 이렇게 된다면 경이 자연스레 의가 되어[37] 경이 의의 근본이 됨을 알 수 있게 된다고 했다.[38]

5. 맺음말

이 글은 『심경관계』를 중심으로 이진상 사상의 심성론적 특징이 어떠한 공부론을 전개하고 있는지를 살피고자 하였다. 특히 『심경부주』에 가장 중요한 논란이었던 주자만년정론에 대한 그의 입장에 초점을 맞춰 보았다. 이를 통해 우리는 몇 가지 사실을 확인할 수 있었다.

우선 그의 심설에 중요한 특징은 심의 주재성이다. 그가 주장한 심즉리설과 리발일도설은 결국 마음의 진체인 리를 부각시키고자 하는 의도에서 심즉리란 심의 본체와 묘용의 관계에서 그 본체를 드러내어 말한

37) 『寒洲全書』 5. 『求志錄』 권22. 『心經窾啓』. 「敬以直內章」. "'必有事焉', …, 蓋心主敬時, 整齊嚴肅底是義, 事思敬時勿忘勿助底是義. …."

38) 『寒洲全書』 5. 『求志錄』 권22. 『心經窾啓』. 「敬以直內章」. "'居敬精義', …, 篁墩引之, 爲敬爲義本者, 似欠照管."

것이며, 이것이 성발위정性發爲情의 관점에서 사단이나 칠정이 모두 그 체는 성이므로 리발일도가 여기서 나오게 되는 것이다. 그런 점에서 이진상은 이것이 이황의 심합리기나 리기호발과 다른 것이 아니라 오히려 그 본의를 정확히 지적한 것이라고 했다.

둘째, 『심경관계』는 「심경도설」과 「심경차의」를 합한 것으로 몇 개 장의 들고남과 위치의 변화가 있기는 하지만 대체로 기존의 『심경부주』를 그대로 따르고 있다. 「심경도설」은 17개의 도와 3편의 도설로 구성되어 있으며 「심경차의」」는 251개의 항목에 차의를 붙였다. 특히 차의 중 정구의 『심경발휘』에 대한 언급이 적지 않다. 이황이 『심경부주』의 개정 작업에 반대했음을 상기할 때, 『심경발휘』는 새로운 주석서라고 할 만큼 많은 부분을 개편했다. 그럼에도 이진상이 이를 중시한 것은 그의 학맥 의식도 작용했겠지만 무엇보다 심학의 본령인 경에 대한 정미한 탐구에 있다고 하겠다.

셋째, 그는 주자만년정론에 대한 정민정의 견해가 정론正論일 수는 있지만 정론定論일 수는 없다고 했다. 그가 보기에 주자의 정론은 존덕성을 본本으로 하되 도문학을 말末이라 하여 이를 보완하는 것이었다. 이러한 주장은 이황의 공부론과도 상당히 유사한 면이 있으며 그의 공부론 또한 이러한 맥락에서 이루어지고 있다고 하겠다. 즉 그는 마음의 주재성을 유지하기 위해서 무엇보다 존덕성의 마음공부를 강조한다. 그 마음공부의 핵심은 경이며 이 경은 마음의 미발과 이발 상태를 모두 관류한다고 했다. 다만 미발의 함양공부를 우선하지 않으면 이발 때에 외물의 감응에 따른 기질에 가려지지 않고 그 본체의 바름을 온전히 할 수 없다고 했다. 따라서 마음의 본체를 온전히 하기 위해서는 늘 존심存心, 즉 주일무적主一無適의 경공부를 게을리 해서는 안 된다고 했던 것이다.

이상을 통해 우리는 이진상의 『심경관계』가 이황과 정구의 심경에 대한 입장을 계승하고 있으면서도 자신의 독특한 성리설, 특히 심설에 대한 실천적 공부론으로 연결시키고 있음을 볼 수 있었다. 즉 경을 통한 미발의 함양공부는 심즉리설과 리발일도설에서 나타나는 심의 주재성을 유지하기 위한 실천방법이었던 것이다.

한주 이진상의 현실인식과 경세론

-『묘충록畝忠錄』의 인재 양성과 선발제도 개혁안을 중심으로 -

우 인 수

한주 이진상의 현실인식과 경세론

–『묘충록畝忠錄』의 인재 양성과 선발제도 개혁안을 중심으로 –

우 인 수

1. 머리말

한주 이진상[1818(순조 18)~1886(고종 23)]은 조선말 영남지역 유학계의 거두였다. 퇴계 이황의 학설을 단순히 묵수하며 조술祖述하는 데에 만족하지 않고 자신의 새로운 시각을 보탠 것은 큰 학자로서의 면모를 잘 보여준다. 영남 유림의 대표적인 존재로 부상하게 되면서 한주학파라고 불릴 정도의 많은 제자들이 그의 문하에서 배출되었다.

한주 이진상과 한주학파는 일찍부터 학계의 주목을 받았다. 그에 대한 연구는 심즉리설心卽理說을 비롯한 성리학에 대한 연구,[1] 한주학파의

---

1) 이진상의 사상과 학문에 대한 연구는 송찬식에 의해 「조선조말 주리파의 인식논리」(1977. 『한국학보』9)가 발표된 이래 많은 진척이 있었다. 특히 2005년에는 이진상의 삶과 학문세계를 분야별로 집중 조명하는 학술대회가 경북대학교 퇴계연구소 주최로 개최된 바 있다. 이때의 발표 논문은 퇴계연구소 학술지인 『퇴계학과 한국문화』 38집(2006)에 특집으로 게재되었다. 이때 발표 게재된 논문은 다음과 같다. 정우락의 「이진상의 산수 흥취와 그 문학사상

학통 및 활동과 관련한 연구,[2] 이진상의 사회개혁안과 관련한 연구[3] 등을 중심으로 이루어졌다. 이들 연구를 통해 이진상과 한주학파에 대해 새로운 사실들이 밝혀지면서 여러 측면에서의 이해가 심화되었다. 하지만 그에 관한 연구는 거의 학통이나 사상적인 측면에 집중되었고, 그의 정치사회적인 측면은 상대적으로 소홀히 취급된 면이 있다.

이에 이 글에서는 그의 개혁안의 전모를 보여주는 『묘충록』에 대한 기존의 연구 성과를 토대로 하여[4] 특히 인재의 양성과 선발 체계에 대한 그의 개혁안에 초점을 맞추어 상론하고자 한다. 그는 공교육을 5단계로 나누어 등급별로 시행함으로써 교육의 체계화를 도모하고, 아울러 교육을 관료 선발과 연계시켜 공교육의 활성화를 꾀하는 방향으로 개혁안으로 제기한 바 있었다. 여기서는 그의 개혁안에 대한 단순한 소개에서 한 걸음 더 나아가 깊이 있는 분석과 해석을 가하고자 한다. 그의 개혁안이 가지는 성격과 특징을 밝히고, 나아가 조선후기 다른 학자들의 개혁안과의 비교를 통해 그의 개혁안이 가지는 위치와 역사적 의미를 드러내고자 한다.

의 철학적 기저」. 권오영의 「한주 理學의 전통과 그 사상사적 의의」. 우인수의 「묘충록을 통해 본 한주 이진상의 국정개혁론」. 이영호의 「한주 경학의 특징과 그 경학사적 위상」. 이형성의 「한주 성리학에 있어서 주재성 중시와 그 의의」. 홍원식의 「한주 이진상의 성리설과 그 계승」 등이다.

2) 홍원식. 1999. 「한주학파의 공자교 운동」. 『한국학논집』26. 홍원식. 1999. 「이진상의 철학사상과 그의 후예들」. 『동양학』29. 홍원식. 2001. 「퇴계학의 남전과 한주학파」. 『한국의 철학』30. 이동희. 1999. 「한주학파의 퇴계 성리학 계승」. 『한국학논집』26. 권대웅. 2001. 「한말 한주학파의 계몽운동」. 『대동문화연구』38. 권오영. 2001. 「19세기 강우학자들의 학문동향」. 『남명학연구』11.

3) 이윤갑. 1988. 「19세기 후반 경상도 성주지방의 농민운동」. 『손보기정년기념한국사학논총』. 이윤갑. 1991. 「조선후기의 사회변동과 지배층의 동향」. 『한국학논집』18. 김도형. 1991. 「한말·일제초기의 변혁운동과 성주지방 지배층의 동향」. 『한국학논집』18. 김도형. 2001. 「한주학파의 형성과 현실인식」. 『대동문화연구』38. 우인수. 2006. 「묘충록을 통해 본 한주 이진상의 국정개혁론」. 『퇴계학과 한국문화』38.

4) 우인수. 위의 논문.

2. 현실에 대한 인식과 『묘충록』의 저술

19세기 조선사회는 대내외적으로 급변하고 있었다. 이진상은 중앙의 정치권력에서 일찌감치 소외된 영남지역 남인의 후예로서 재야 지식인의 처지에 있었다. 국정의 난맥상에 대해 직접적인 책임을 져야하는 위치에 있지는 않았지만 당시 지배층의 일원이라는 점에서 책임으로부터 완전히 자유로울 수도 없는 처지였다. 국가체제의 개혁을 어떤 식으로든 모색하고 마련하지 않으면 안된다는 것이 현실을 바라보는 이진상의 인식이었다.

당시 조선은 대외적으로는 서구 열강들이 통상을 요구하며 여러 가지 충돌을 일으키고 있었다. 1866년 제너럴셔먼호 사건과 병인양요, 1868년 남연군묘 도굴사건, 1871년 신미양요, 1876년 강화도조약 체결 등이 그것이다. 이 때 이진상은 비록 향촌에 머물러 있었지만 외적의 침입예상지역으로 북쪽과 서쪽을 상정한 것으로 보아 당시 서구 열강들의 동태를 어느 정도 인지하고 있었음을 알 수 있다. 그에 대한 대응책으로 함경도의 안변·문천 근처, 강원도의 흡곡 근처, 평안도의 양덕 근처, 황해도의 곡산 근처 등 네 곳에 통어중진統禦重鎭의 설치를 주장한 것이 그를 증명해준다.[5)]

대내적으로는 외척가문에 의한 세도정치가 전개되면서 소수 집단에 의해 권력이 농단되는 파행을 겪고 있었다. 인재 등용의 폭이 극도로 좁아진 가운데 매관매직이 성행하면서 대다수 지배층은 관료 진출의 희망을 잃었다. 그로 인한 피해는 고스란히 하층의 농민에게로 내려갔다. 견디다 못한 농민들의 불만은 1862년(철종 13) 농민항쟁으로 폭발하였

5) 『畝忠錄』 권1. 彊理原. 邑等式. 附後說(『寒洲全書』2. 아세아문화사. 1980).

다. 당시 성주에 살던 45세의 이진상도 농민들의 항쟁을 직접 목격한 바 있었다.

농민항쟁이 휩쓸고 지나간 뒤에 집권한 홍선대원군은 농민들의 요구사항을 일정하게 반영하는 여러 시책을 마련하였다. 기득권층인 양반들의 불법적인 횡포를 제재함으로써 농민들의 불만 요인을 줄이는 방향으로 가닥을 잡고 있었다. 양반층에게까지 군포軍布를 부과하는 호포제戶布制의 실시나 백성 수탈의 전초기지 구실을 하던 서원을 철폐한 것이 대표적인 예였다. 이로 인해 양반층은 평민층과 다름없이 군포 징수의 대상이 됨으로써 특권의식에 상처를 입었으며, 특히 양반지배층의 상징적인 장소로서의 의미를 지녔던 서원이 거의 철폐됨에 따라 존립의 근거마저 위협받게 되었다.

이와 같이 대내외적으로 어수선한 위기의 상황에서 현실 문제를 타개해보려는 고민이 없을 수 없었다. 하지만 재야의 선비가 취할 수 있는 방안은 그리 많지 않았다. 그는 이시기 대개 재지사족의 입장에서 농민항쟁 이후의 향촌사회 재편 과정에 대응하는 모습을 보였다. 27세이던 1844년에 응시한 과거시험에서 답안으로 작성한 공부貢賦에 대한 대책이 우등에 들 정도로 현실 문제에 대한 관심과 혜안을 가지고 있었다. 1862년 45세에는 임술농민항쟁의 수습을 위해 삼정의 대책을 구하는 조정의 조처에 호응하여 자신의 개혁안을 작성하여 올린 바 있었다.[6)]

그리고 홍선대원군이 시행한 서원 철폐 조처에 대해서는 합법적인 테두리 내에서 수습 방안의 모색하였고, 이를 통해 향촌의 자체 결속력을 다지고자 하였다. 철폐된 서원을 서당으로 개칭하여 복구한다든지, 그곳에서 대규모 강회講會를 개최하거나 향음주례鄕飮酒禮를 행하면서 유교

---

6) 『寒洲集』 권4. 應旨對三政策(임술. 1862).

〈표 1〉 이진상의 정치사회적 활동

연령	연대	활동	비고
40	1857	청의 태평천국의 난 소식 전해 듣고 청에 대한 사대의 철폐를 주장하는 상소 올리려 함	擬請備北邊疏
45	1862	임술농민항쟁에 대한 수습책 작성하여 올림	應旨對三政策
49	1866	『묘충록』 완성	擬陳時弊仍進畝忠錄疏
50	1867	檜淵書院 大學講會 개최, 천주교 경계	숙부 李源祚와 함께
51	1868	莊獻世子 王號의 追崇을 청하는 상소	
52	1869	松川堂에서 향약 修理	
54	1871	서원철폐령에 대응한 상소 운동의 掌議 담당, 상소문 작성, 상경 투쟁	請復設祠院疏
57	1874	복구된 檜淵書堂의 講長	
58	1875	회연서원 자리에 복원된 慕淵齋에서 수백명 대상으로 論語講會	
		창녕의 江林齋에서 향음주례 행하고 小學講會, 고령의 鍾山齋에서 향음주례 행하고 大學講會	
59	1876	합천 伊淵齋의 향음주례에 빈객으로 참석	
		강화도조약의 강압적 조처에 저항하는 의병 계획	
60	1877	考槃精舍에서 洞契 수리하고 서문 씀. 南泗里에서 향음주례 행하고 太極圖說講會	
61	1878	고령의 종산재에서 중용강회, 창녕의 강림재에서 강회 개최, 회연서당에서 향음주례 개최하고 近思錄講會	
63	1880	伊淵書堂에서 향음주례와 강회 개최, 고령 盤龍寺에서 論語講會, 松川堂에서 斥邪 상소 모임 주도	
64	1881	고령의 館洞에서 中庸講會, 안음의 葛川書堂에서 향음주례	
		朝鮮策略 유포 반대 開寧道會에서 疏頭에 선임	
65	1882	고령 종산재에서 강회, 覺山에서 향음주례	
67	1884	변복령에 반대하여 衣制論 지어 비판함	
68	1885	丹山書堂에서 향음주례와 강회 개최, 향약 정비, 副約正 선임. 합천 上谷에서 花樹會 결성	
69	1886	武屹書堂에서 계 결성, 서문 작성	

적 이념으로 재무장하고 사족간의 결속을 다졌다. 행동의 기저나 해결 방안에 들어있는 논리는 전통적인 유교적 질서의 유지와 회복으로서 이 시기 위정척사론의 전형적인 모습을 띠었다.

이 시기 이진상의 위정과 척사를 위한 정치사회적 활동을 간단히 제시하면 위의 〈표 1〉과 같이 정리될 수 있다.[7)]

이진상은 국가적인 사안이 있을 때마다 어떤 형태로든 현실에 참여하는 적극적 대응 자세를 취하여 자신의 의견을 일정하게 표출하려는 태도를 견지하였다. 비록 그의 견해가 수용되지는 않았지만 중요한 사안마다 의견을 개진하는 적극적인 대응을 보였던 점은 삶을 대하는 그의 태도를 잘 보여준다고 하겠다. 이로써 그는 지식인으로서의 시대적 책무를 다하고자 하였던 것이다. 현실을 대하는 적극적인 태도는 자연스럽게 그의 문도들에게도 전수되었을 것으로 짐작된다. 단순한 지식의 전달보다 현실을 대하는 그 같은 적극적인 태도가 더 큰 영향을 문도들에게 끼쳤을 것이다.

그 중에서도 특기할 것은 49세이던 1866년(고종 3)에 『묘충록』을 완성한 일이었다. 그는 앞서 논급한 바와 같이 임술농민항쟁을 겪으면서 더욱 국정의 제반 모순을 해결하기 위한 체계적인 구상을 본격화하여 마침내 자신의 구상을 한 권의 저술로 엮어낸 것이다. 이는 옛 성현의 이상적 제도를 참작하고 당시 조선의 실정을 감안하여 구상한 국정에 관한 개혁안이었다. '묘충'이라는 말은 송대 진덕수眞德秀의 '견묘우충정지의畎畝寓忠情之義'를 취한 것이라고 한다.[8)] 주자朱子의 치사사표致仕謝表에도 '동천북맥상난망견묘지충東阡北陌尙難忘畎畝之忠'이란 표현이 있으

7) 우인수. 위의 논문. 89-93쪽의 서술을 참고하여 작성하였다.
8) 『寒洲集』 부록. 연보. 병인조(49세).

니,[9] 이를 참고하였을 가능성도 있다. 어쨌든 '묘충'이란 '전원에 묻혀있으면서 다하는 충성'이라는 의미를 가지고 있다고 하겠다.

조금 앞선 시기를 살았던 다산 정약용은 그의 자찬묘지명에서 경세의 정의를 다음과 같이 내린 바 있었다. "경세라는 것은 무엇을 말함인가. 관제, 군현제, 전제, 부역, 공시貢市, 창저倉儲, 군제, 과거제, 해세海稅, 상세商稅, 마정馬政, 선법船法 등 나라를 경영하는 모든 제도에 대해서 현재의 운용에 구애받음이 없이 기본 골격을 세우고 요목을 베풀어 그것으로써 우리 구방舊邦을 새롭게 해보겠다는 것"이라고 하였다.[10] 즉 현실세계에 대한 관심을 심화한 것이라고 하겠다.

일찍이 송대 호원胡瑗은 사대부가 마땅히 갖추어야 할 것으로 '명체달용明體達用'을 말한 바 있었다. 이때 '체'는 경의經義와 도덕道德을 의미하고, '용'은 시무를 뜻하는데, 체용의 겸비를 사대부의 덕목으로 강조하였던 것이다. 겸비할 것을 주장한 점에서 '용'만을 강조한 북송의 왕안석이나 남송의 사공파事功派와는 구별된다고 하겠다.[11] 이러한 호원의 체용 겸비의 주장은 남송대 주희에 의해 다시 강조되었다. 주희는 사공파의 경세 강조에 대항하여 경세가 지니는 실천적 의의를 손상시키지 않고 성리학의 도덕주의와 조화시키려 하였다. 이에 '전체대용全體大用'이라 하여 역시 체용의 겸비를 주장하면서 추구하였다.[12]

이렇게 체와 용은 겸비해야 한다는 것이 성리학자의 기본적으로 지향해야 할 태도라고 한다면 이진상이 경세에 대해 가진 태도는 지극히 타당하면서도 보편적인 모습이었다고 할 수 있겠다. 그는 완성된 『묘충록』

9) 『朱子大全』 권85. 表. 致仕謝表.(보경문화사 영인본. 1984)

10) 정약용 자찬묘지명. 김태영. 1997. 「경세유표에 나타난 정약용의 국가개혁론」. 『경세유표 I』 (정약용 저. 이익성 역. 한길사). 31쪽.

11) 서울대학교동양사학연구실 편. 1989. 『강좌 중국사』III. 지식산업사. 198-199쪽.

12) 위의 책. 227쪽.

을 첨부하여 조정에 올리는 개혁 상소를 작성한 바 있었는데, 실제로 상소를 올리지는 않았기 때문에 『묘충록』도 조정에까지 알려지지는 못한 채 묻히게 되었다. 하지만 그의 주변 사람에게는 알려졌을 것으로 짐작된다. 훗날 이건창은 『묘충록』의 서문에서 그 이유를 올려보았자 시행되지도 않을 것임을 미리 짐작하고 포기한 것으로 설명하였다.

이건창은 서문에서 이진상의 개혁안이 유형원柳馨遠의 개혁안에서 일정한 영향을 받고 있지만 이상에 치우치지 않고 훨씬 현실적인 면이 많다고 하면서 다음과 같이 평가한 바 있다.

> 그의 개혁안의 요체는 한 나라의 부세를 균등하게 하고, 한 나라의 쓰임을 절제하는 데 있었다. 위로는 궁부의 비용을 절약하고, 아래로는 겸병의 권한을 억제하여 항시 족할만한 축적이 있도록 한다. 녹봉을 늘여 현사를 대하고, 군량을 더하여 무력을 기른다. 그리하여 외세를 막고 내부를 부강하게 하는 자료로 삼으려 하였다.[13]

『묘충록』에서 제시한 개혁안의 근거는 거의 고대의 경전과 역사에 근거하고 있었다. 이는 중국의 사상과 역사에 대한 그의 해박한 지식에 토대를 하고 있음을 보여준다. 그러나 그는 단순히 고대의 유습을 따르는 복고를 지향한 것은 아니었다. 그는 고대의 이상을 참고로 하되 그것을 응용하여 조선의 현실에 맞게 새롭게 재해석하여 만들어냄으로써 미래를 지향하고 있다는 점에 의미가 있다고 하겠다. 현실의 모순과 문제점을 정확하게 꿰뚫어보는 혜안을 가지고 시대를 고민한 결과라고 하겠다. 여기에 고뇌하는 지성으로서의 그의 모습과 수준을 엿볼 수 있나. 이는 그의 사상에서도 단순히 선학의 견해를 묵수하는 것이 아니라

13) 『明美堂全集』 권10. 畝忠錄序.(선문출판사 영인본. 1984)

'심즉리心卽理'라는 자신만의 새로운 해석을 내린 것과도 같은 맥락에서 이해할 수 있는 부분이다.

이진상은 유형원의 『반계수록磻溪隨錄』에 실린 개혁안을 많이 참고하여 그로부터 영향을 받기는 하였으나 그의 주장이 너무 복고에 치우쳐 활원闊遠한 것으로 판단하였다. 그리하여 그는 시세와 요령을 참작하여 행하기 쉽고, 효과가 빨리 나타나는 것을 위주로 하였다. 즉 개혁성은 훨씬 떨어지게 되었지만 현실 적용 가능성은 그만큼 더 커질 수 있었던 것이다.

유형원과 근본적인 차이는 바로 토지제도와 신분제도에 대한 개혁안이 없다는 사실이다. 전근대 사회체제의 두 축을 이루고 있던 토지제와 신분제에 대한 구체적인 개혁안이 없다는 것은 근본적인 개혁보다는 현실을 인정한 상태에서 점진적인 개혁을 주장하였음을 알 수 있다. 이러한 그의 인식은 그가 철저하게 전통적인 성리학자의 입장에 서있었음을 보여주는 것이라고 하겠다.

『묘충록』은 국정과 관련된 근본을 크게 강리원疆理原, 교선원教選原, 분직원分職原, 제록원制祿原 등 네 개의 범주로 나누어 구분한 다음 각각에 해당되는 여러 규식規式을 제시하고 있다.[14] 그리고 여러 규식 아래에는 각각 조례條例를 두어 규식을 시행하는 데 필요한 세부사항을 부연설명하고 있다. 필요한 경우에는 '각도가령各道假令' 또는 '각년가령各年假

---

14) 즉 강리원 아래에는 度量式 · 田等式 · 田里式 · 邑等式 · 年等式 · 穀等式 · 田稅式 · 上納式 · 營需式 · 雜稅式이 있었고, 교선원 아래에는 籍民式 · 役民式 · 建學式 · 立師式 · 養士式 · 立敎式 · 入學式 · 造士式 · 試文式 · 試規式 · 試官式 · 取士式 · 兵籍式 · 試武式 · 武選式 · 正兵試式 · 別武士番式 · 武士番式 · 禁軍選式 · 武科式 · 雜科式 · 五品入仕式 등이 각각 배치되어 있었다. 분직원 아래에는 職階品例 · 仕路品例 · 內官品例 · 外官品例가 있었고, 제록원 아래에는 上供歲會大略 · 內官職俸假令 · 散料假令 · 掖庭頒料假令 · 各司支下假令 · 外官職俸散料假令 · 一歲經用總會(各邑總會 · 各道總會 · 上納經用總會) 등이 각각 배치되이 있었디.

令'이라 하여 해당 규식에 입각한 각도나 각년의 규정을 가정하여 제시해두고 있는 점도 치밀성을 보여주는 특징이다. 그리고 필요할 경우 규식의 말미에 '부후설附後說'이라 하여 자신의 생각을 첨부하여 보충 설명하고 있다.

요컨대 『묘충록』은 국정 개혁을 위한 구체적인 세부 내용까지를 자세하게 제시하고 있는 체계적인 개혁안인 것이다. 이 개혁안에서 그가 특히 강조하고 있는 것은 관방官防, 과거科擧, 부세賦稅, 군정軍政, 서리胥吏와 관련한 제반 폐단에 대한 처방이었다.

3. 인재 양성과 선발제도 개혁안의 내용

이진상이 활동하던 시기는 세도정치기였다. 세도정치기의 인재 양성이나 선발제도는 이전 시기 조선의 기본적인 제도의 틀은 그대로 유지하고 있는 상태였다. 틀은 그대로 유지하였지만 운영 면에서는 더욱 상황이 악화되고 있었다. 몇몇 소수 가문이 권력을 농단하면서 인재 선발의 공정성도 크게 훼손되었기 때문이다. 이에 인재 양성과 선발을 둘러싼 근본적인 제도 개혁의 필요성은 상존하고 있었다.

먼저 인재를 양성하기 위한 교육 체계에 대한 구상이다. 그는 공교육을 체계적으로 재구성하고 강화하는 방향에서 교육개혁안을 제시하였다. 학교는 지역과 학생 수준을 고려하여 5등급으로 나눌 것을 주장하였다. 지방의 경우는 숙塾 → 서원書院 → 향교鄕校 → 영학營學 → 태학太學 순으로 승급토록 되어있었고, 한양의 경우는 숙塾 → 서원書院 → 사학四學 외사外舍 → 사학四學 내사內舍 → 태학太學으로 승급하게 되어있었다. 상급 학교로의 승급 추천은 매년 정원의 1/10에 해당하는 수를 추천하게 하였다. 단 과거에 응시하고 있는 자나 재학기간이 2년 미만인 자는 제외토록 하는 제한을 두었다.[15] 각급 학교를 차례대로 살펴보면 다음과 같다.

먼저 리里에 설치된 숙이다. 숙에는 8세 이상 입학케 하였는데, 20세가 되도록 다음 단계의 학교인 서원으로 올라가지 못한 자는 퇴출하는 규정을 마련해두었다. 정원은 따로 두지 않고 귀천과 지우知愚를 가리지 않고 모두 입학케 하였다. 일종의 의무적인 교육인 셈이었다. 학생은 유학幼學이라 칭하였고, 교육은 이정里正이 담당하게 하였다.[16]

다음은 방坊에 설치된 서원이다.[17] 서원에는 12세 이상 입학케 하였고, 30세가 되어도 다음 단계의 학교인 향교로 올라가지 못하면 퇴출시켰다. 학생 정원은 10인으로 하고, 역시 유학이라 칭하였다.

다음은 각 읍邑에 설치된 향교이다. 향교에는 15세 이상을 대상으로 하였고, 40세가 되도록 다음 단계로 진급하지 못한 이는 퇴출시켰다. 학생 정원은 고을의 크기에 따라 차등을 두었는데, 영은 60명, 주는 50인, 부는 40인, 군은 30인, 현은 20인으로 하였다. 동급인 한양의 사학 외사는 각 80인을 정원으로 하였다. 학생들은 수사秀士라 칭하였다.

다음은 영營에 설치된 영학이다. 영학에는 18세 이상 입학케 하였고, 50세가 되도록 다음 단계의 태학에 진학하지 못하는 자는 퇴출시켰다. 학생 정원은 도의 크기에 따라 차등을 두었는데, 경기도는 60인, 충청도

---

15) 『畝忠錄』 권2. 教選原. 造士式.

16) 『畝忠錄』 권2. 教選原. 建學式 · 立師式 · 養士式 · 立教式 · 入學式 · 造士式. 이하 학교에 대한 설명도 이에 의거하였다.

17) 사립 교육 기관이던 서원을 공교육 체계 속 학교의 이름으로 포함시킨 것이 특이하다. 이 개혁안이 시행된다면 서원의 성격과 위상은 바뀌겠지만 서원이라는 이름만은 교육기관의 하나로 존속시킬 수 있게 된다. 서원의 앞날이 불투명한 시기에 살았던 이진상의 염원이 담긴 부분이었다고 생각한다.

80인, 경상도 100인, 전라도 80인, 강원도 40인, 황해도 40인, 평안도 60인, 함경도 40인으로 하였다. 동급 학교인 한양의 사학 내사는 각 20인을 정원으로 하였다. 학생은 준사俊士라 칭하였다.

마지막으로 한양에 설치된 태학이다. 태학에는 21세 이상 입학케 하였고, 60세가 넘도록 관계에 진출하지 못하는 자는 퇴출시켰다. 학생 정원은 200인이었는데, 학생은 진사進士라 칭하였다. 그 중에서 내각內閣으로 뽑혀 들어간 이를 선사選士라 하였다.

이상에서 서술한 학교의 단계와 학생의 칭호를 정리하여 제시하면 〈표 2〉와 같다.

〈표 2〉 지역 단계별 학제

地域名	里	坊	邑(漢陽)	道(漢陽)	國
學校名	塾	書院	鄕校 (四學 外舍)	營學 (四學 內舍)	太學
學生稱號	幼學	幼學	秀士	俊士	進士
科擧 應試 資格 基準			進士 初試	式年文科 初試	庭試, 謁聖試, 殿講試

그는 5단계의 학교를 교육의 기본 틀로 하고 있었음을 알 수 있다. 그리고 그 단계별로 일정 수준에 도달한 인원만을 상급 학교로 선발하여 올라갈 수 있도록 엄격한 제한을 두었다. 일정 수준이 되지 않는 사람에 대해서는 일정한 연령 이후에는 공교육 체계에서 자연스럽게 탈락시키는 장치를 마련해두고 있었다.

이와 같이 공교육 중심으로 교육의 체계화를 구상하였다는 점이 그의 개혁안의 주된 특징이라고 하겠다. 당시의 과다한 사설 교육기관에 대한 정비의 목적도 있었을 것으로 짐작된다. 그리고 단계별로 자연스럽게 탈락시킴으로써 자신의 능력 이상의 기대감을 가지는 것을 미연에 방지하는 효과를 거두고자 하였다.

다음으로는 관료선발 체계에 대한 그의 개혁안을 살펴보도록 하자. 그는 개혁을 주장하는 자는 모름지기 과규科規를 먼저 변통해야 한다고 하여 과거제도 개혁의 시급성을 강조하였다. 인재 선발의 방법으로 흔히 거론되던 천거제에 대해서는 부정적인 시각을 가지고 있었다. 천거제에 사정私情이 개입되면 과거보다 더 심각한 문제점이 발생하게 된다고 생각하였기 때문이다. 과거시험의 공정성 확보를 위해 부정을 저지른 자의 후손에게 불이익을 주는 강력한 방안으로 부정을 예방할 것을 역설하였다. 특히 진사시의 경우에는 삼시관제三試官制를 운영하여 역할을 순차적으로 분담케 하여 부정 방지책으로 활용할 것을 주장하였다.[18]

과거시험에서 가장 중시한 것은 문신의 선발이었다. 문신을 대상으로 한 것으로 진사시와 문과를 두었다. 먼저 진사시는 시詩, 부賦, 의疑, 론論 그리고 강講을 시험과목으로 하였다.[19] 선발인원은 먼저 진사시의 경우 진사초시는 수사秀士 이상에 응시할 수 있는 자격을 주었다. 선발 인원은 총 1,200명이었는데, 한성부 200인, 경기 120인, 충청 160인, 경상 200인, 전라 160인, 강원 80인, 황해 80인, 평안 120인, 함경 80인으로 할당되었다. 이들을 대상으로 하여 다음 단계인 진사 강시講試에서 절반에 해당하는 600인을 선발하고, 이어 정식 진사시에서 그중 200인을 최종 선발토록 하였다.[20] 그리고 진사는 나이순으로 태학에 입학시켰는데 125인으로 한정하였다.[21]

---

18) 『寒洲集』 권4. 擬陳時弊仍陳畝忠錄疏.
19) 『畝忠錄』 권2. 教選原. 試文式 · 試規式.
20) 『畝忠錄』 권2. 教選原. 取士式.
21) 위와 같음.

문과는 식년시式年試, 정시庭試, 알성시謁聖試, 전강시殿講試 정도를 남겨 두고, 나머지 증광시增廣試, 별시別試, 응제시應製試, 승학시陞學試, 공도회시公都會試 등은 일체 혁파하기를 주장하였다.[22] 절일제節日製와 황감제黃柑製는 시상만 할 뿐이고, 전시에 바로 나아가는 특전은 주지 않도록 할 것을 주장하였다.[23] 이는 부정기시를 대부분 혁파함으로써 과거 합격자 인원을 상당히 줄이려는 방향으로 개혁안이 마련되었음을 알 수 있다. 문과는 종류에 따라 시험과목에 차이가 있었다. 식년문과의 경우 시험과목으로 표表와 책策, 그리고 강講을 두었는데, 강보다는 표와 책에 비중을 더 두었다. 정시의 경우는 표와 책으로 선발하였고, 알성시는 부賦로 뽑게 하였으며, 전강시의 경우는 삼경 위주의 강경講經으로 선발하였다.[24]

식년문과의 초시는 영학이나 사학 내사에 다니는 준사 이상에게 응시 자격을 주게 하였다. 선발인원은 도별로 할당하였는데, 한성 50인, 경기 30인, 충청 40인, 경상 50인, 전라 40인, 강원 20인, 황해 20인, 평안 30인, 함경 20인으로 총 300인이었다. 이들을 대상으로 한 문과 강시講試에서 150인을 선발하였고, 이어 정식 문과시에서 35인을 최종 선발토록 하였다.

정시와 알성시, 전강시는 태학에 다니는 진사 이상에게 응시 자격을 주게 하였다. 정시 문과는 큰 경사의 경우는 10인, 보통 경사인 경우는 5인을 선발토록 하였다. 알성시의 선발인원은 3인이었고, 춘추로 열리는 전강시에서는 2명을 선발토록 하였다. 문과 합격자는 나이순으로 내각으로 승급시켰는데 40인에 한정시킬 것을 주장하였다.[25]

---

22) 『畝忠錄』 권2. 教選原. 試規式.
23) 『寒洲集』 권4. 擬陳時弊仍陳畝忠錄疏.
24) 『畝忠錄』 권2. 教選原. 試規式.

한편 무과의 경우는 그 합격자 수를 엄격하게 낮추는 데 주력하면서 한편으로는 문과에 종속적인 지위에 놓이도록 안을 제시하고 있다. 무과 시험과목의 강경과 관련하여 대사성, 대제학 등의 개입을 주장하고 있고, 시험도 문과 끝난 뒤에 무과 강경을 하도록 하여 무과의 종속성을 더욱 키우고 있다. 무과 시험을 문과 시험에 부수적인 형태로 치루는 것은 당·송과 고려에서 행했던 형태로 이를 참고하였음을 알 수 있다.

무과의 종류는 세 종류를 두었다. 먼저 금군도시무과禁軍都試武科인데, 5영에서 도합 100인을 뽑도록 하고 있다. 다음이 식년무과式年武科인데, 초시에서 50인을 뽑고 본시에서 25인을 최종 선발토록 하였다. 식년무과의 경우 문과강이 끝난 후 대사성이 금군에 입직하여 삼경 중 하나를 시험하여 50인을 선발케 하였다. 그리고 식년문과가 모두 끝난 후 대제학이 그 50인을 무략책武略策으로서 시험케 하였다.[26] 마지막으로 정시무과庭試武科인데, 큰 경사일 때 8인, 보통 경사일 때 4인을 뽑도록 하였다. 정시에는 입직한 금군만을 대상으로 하여 무경武經을 강경케 하고 또 3경 중 하나를 택하여 강경케 하였다.[27] 무과 역시 나이순으로 내각에 들게 하되, 30인에 한정토록 하였다.[28]

잡과雜科는 총 8개 과를 두었다. 천문학, 지리학, 의학, 복서학卜筮學, 주학籌學, 율학律學, 악학樂學, 역학譯學 등이고, 선발인원은 각 과별로 5인이어서 총 40인이었다.

요컨대 관료로 진입하는 경로로 문과·무과·잡과에다가 선選과 천薦을 더하여 총 5가지를 설정한 셈이었다. 중요도에 따른다면 선, 문과,

25) 『畝忠錄』 권2. 敎選原. 取士式.
26) 『畝忠錄』 권2. 敎選原. 武科式.
27) 위와 같음.
28) 위와 같음.

천, 무과, 잡과 순이었다.

첫째, 선이다. 내각 태사가 선사의 명부를 받아 4번番으로 나누어 돌아가며 경연에 들어 강설에 참가하고 익히게 한다. 1년을 기다려 10인을 초계하여 5번으로 나누어 전중殿中에 입직케 하고, 다시 일 년이 지나면 전조銓曹로 옮겨 자리가 날 때 출사케 한다.

둘째, 문과이다. 내각 태사가 문과의 명부를 받아 역시 차례로 돌아가 경연에 입시케 하여 주독奏讀에 참가하고 익히게 한다. 일 년을 기다려 40인을 초계하여 5번으로 나누어 전중에 입직케 하고, 또 일 년이 지나면 전조로 옮겨 자리가 날 때 출사케 한다.

셋째, 천이다. 태학의 진사는 하급 학교에서 뽑혀 온 자가 50인이고, 음으로 뽑혀온 자가 25인이며, 진사시 과거로 뽑힌 자가 125인으로 도합 200인이다. 매년 말 그 명부를 내영으로 올린다. 총위사는 5번으로 나누어 전전殿前에 입직케 하여 고문에 대비케 하고, 제향이 있은 즉 집사로 참여케 한다. 실제 근무일이 384일이 되고 과실이 없는 자는 모두 내각으로 추천하여 올린다. 태사 역시 차례로 경연에 입시하여 강론을 참청參聽케 한다. 일 년을 기다려 20인을 뽑아 5번으로 나누어 전중에 입직케 하고, 다시 일 년이 지나면 전조로 보내어 직과에 따라 출사케 한다.

넷째, 무과이다. 내각 태사는 무과의 명부를 받아 역시 돌아가며 경연에 입시하여 주대奏對를 참관케 한다. 1년을 기다려 30인을 5번으로 나누어 전중에 입직케 하고 다시 1년이 지난 후 전조로 보내 직과에 따라 출사케 한다. 도시과都試科는 별도로 5영에서 순서대로 승진시킨다. 이와 별도로 총위사는 금군 100인을 뽑아 5번으로 나누어 전전殿前을 입직케 하고 사령에 대비케 한다. 실제 근무일수가 384일이 되고 과실이 없는 자는 내각으로 추천한다.

다섯째, 잡과이다. 내각 태사는 여러 잡과의 추천 명부를 받아 참험고시參驗考試하고, 1년을 기다려 5번으로 나누어 전중에 입직케 하고 다시 일년이 지난 뒤 전조로 옮겨 직과에 따라 출사케 한다.[29)]

이상과 같이 문과·무과·잡과와 같은 과거를 관료 선발의 중심 원칙으로 하되, 그 외 선選이나 천薦을 출사의 중요한 통로로 활용할 것을 주장하고 있는 것이 큰 특징이다. 과거라고 하더라도 역시 학교 교육을 통해 획득할 수 있는 일정한 자격을 요구하고 있기 때문에 학교 교육의 중요성을 강조하고 있는 셈이다. 즉 관료의 선발과 출사를 학제와 밀접한 관련 속에 연계시킴으로써 교육의 내실화를 도모하고자 한 것으로 그의 개혁안의 중심축이라 할 수 있다.

4. 개혁안의 성격과 의미

한 나라의 성쇠는 인재의 양성과 등용에 달려있다고 하여도 과언이 아니다. 국가가 교육 문제에 깊숙이 관여하면서 영향력을 행사하는 이유이다.[30)] 인재의 양성 체제와 양성된 인재의 관료로의 선발 체제는 불가분의 밀접한 관계를 갖고 있기 마련이었다. 따라서 이 부분과 관련한 개혁안을 마련한 많은 학자들은 학제와 선발제에 대해 두루 관심을 베푼 경우가 많았다.

이진상이 제기한 인재 양성과 선발에 관한 개혁안이 가지는 성격과 의미를 밝히기 위해서는 그의 주장이 근거하고 있는 모델을 살펴 그 특

29) 『畝忠錄』 권2. 敎選原. 五品入仕式.
30) 물론 국가가 학교를 세워 교육하는 목적에는 인재의 양성만이 강조된 것이 아니라 교화라고 하는 측면도 중시되고 있었다.

징을 살필 필요가 있다. 이진상은 다른 많은 개혁 주장자들과 마찬가지로 자신이 고안한 개혁안의 모델을 고대의 경전이나 제도 속에서 실마리와 근거를 찾았다. 거의 공통적으로 거론하고 있는 개혁의 근거는 『예기禮記』와 송대 정호程顥의 차자였다.

『예기』「왕제王制」에는 학교의 교육과 인재의 추천과 관련하여 지역에서 우수한 자를 중앙으로 추천하여 교육시키고, 그 중 우수한 자를 왕에게 보고하여 관리로 삼는다는 원칙을 논하고 있다. 즉 덕행과 재예才藝가 뛰어난 수사秀士 중에서 향鄕에서 논정하여 사도司徒에게 천거한 이를 선사選士라고 하였고, 선사 중에서도 뛰어난 자를 사도가 논정하여 국학國學에 천거한 이를 준사俊士라고 하였으며, 선사와 준사를 통칭하여 조사造士라 하였다. 조사 중에서 빼어난 자를 대악정大樂正이 논정하여 사마司馬에게 천거하여 진사進士라고 하였는데, 다시 진사 중에 현명한 자를 사마가 천자에게 보고하여 관직에 임명케 하였다.[31)]

정호가 송 신종神宗에게 학교를 정비하고 선비를 뽑을 것을 청한 차자에서는 덕업을 갖추어 사표가 될만한 사람을 추천하게 한 뒤에 학식이 높은 사람을 스승으로 삼게 하고, 다른 사람들은 그의 교육을 받게 한 뒤에 우수한 사람은 태학의 스승으로 삼고 그 다음의 사람들은 천하의 학교에 나누어 가르치게 하며, 선비를 뽑아 가르치되 현학縣學에서는 우수한 사람을 주학州學으로 추천하고, 주학에서는 또 우수한 사람을 태학으로 추천하고, 태학에서는 해마다 어질고 능한 이를 조정에 올리는데, 이를 선사選士라고 하였다. 조정에서는 경서經書와 직사職事로 선사의 능력을 평가한 후 그 등급에 맞추어 관직에 임명하자는 것이었다.[32)]

---

31) 정병섭 역. 2009. 『譯註 禮記集說大全 · 王制』. 학고방. 215-233쪽.
32) 『二程全書』 권39(동문사 영인본. 1978). 請修學校尊師儒取士箚子. 282-284쪽.

모두 천거제를 주장하면서 그 원칙과 방안을 제시한 것이다. 따라서 천거제를 전면적 또는 부분적으로 도입하려는 주장을 하는 사람들은 거의 위의 것에서 논리의 근거를 찾고 있다. 결과적으로 인재 선발과 관련하여 요순삼대를 이상적으로 지향하고 있으며, 적어도 진한秦漢 시대까지만 하더라도 옛 제도가 남아있어 그런대로 괜찮았던 시대로 간주하는 역사인식을 가지고 있는 셈이었다. 그러나 수와 당 이래 과거제도가 시행되면서 오로지 시문을 짓는 재능만으로 인재를 선발하는 방식으로 굳어지게 되었으며, 조선의 경우에도 마찬가지로 인재 등용제도로서의 근본적인 한계를 지니고 있는 것으로 간주되었다.

그런데 이진상과 같이 과거제의 존속을 일정하게 인정하는 주장을 펼치는 사람들은 여기에 더하여 주자의 논의를 추가하는 것이 통상적이었다. 주자는 당시의 학교 행정과 관리 선발의 문제점을 지적하고 스스로 개혁안을 만들었는데, 옛날 학교와 같이 덕업德業과 도예道藝를 가르쳐서 현자賢者와 능자能者를 배출하기 위해서는 현재의 폐습을 고쳐 한결같이 앞에서 논급한 정호의 의론과 같이 시행하여야 함을 강조하였다. 다만 현실적으로 그렇게 하기 어렵다면 현재의 과거제를 개혁하여야 하는데, 여러 주州의 정원을 고르게 재배치하고, 덕행과德行科를 세우며, 사부詞賦를 혁파하고, 경經 · 사史 · 자子 · 시무時務를 고르게 익히게 하여야 한다고 주장하였다.[33)]

이렇게 조선후기의 학자들이 과거의 역사 속에서 시행되었던 또는 과거의 현인들이 주장하였던 개혁안에서 근거를 찾는 것은 매우 자연스런 일이었다고 할 수 있다. 다만 한 가지 지적할 수 있는 것은 고대 역사에 대한 충분한 이해가 생략된 채 고대 경전이나 법전의 문구 속에서 모델

33) 『朱子大全』 권69.(국립중앙도서관 소장본) 雜著. 學校貢擧私議. 21-32면.

을 찾을 경우에는 한계가 있을 수 있다. 현실 사회에서 실제 그대로 적용되어 시행된 것과 단지 하나의 지향점으로 제시된 것은 차이가 있기 때문이다. 그 점을 충분히 고려하지 않을 경우 실제보다 과장하고 미화할 가능성이 있는 것이다. 그렇다고 하여 의미가 전혀 없는 것은 아니다. 비록 관념과 계획에 머문 것을 참고하고 이용하여 현실에 적용하기 위한 제도를 만들려고 노력한 점은 평가할 가치가 있다고 생각한다.

다음으로 이진상의 개혁안이 가지는 의미를 밝히는 방법은 이전의 다른 학자들의 개혁안과 비교를 통해 그 성격을 더욱 분명하게 부각시킴으로써 의미를 부여할 수 있다고 생각한다. 이진상 이전에 이 문제에 대해 주장하거나 천착한 학자로는 윤휴, 유형원, 이현일, 이익, 정만양, 이상정, 정약용 등 남인학자들을 일단 상정할 수 있다.

조선조는 주지하듯이 핵심적인 관료의 선발 방식은 과거제였으며, 학제와 과거제가 일치되지 않는 상태에서 결합 정도가 느슨한 형태로 운영되고 있었다. 현실에서 야기되고 있는 문제를 어떤 형태로든 고치려는 생각을 하는 학자라면 당연히 과거제의 문제점을 해결하려는 쪽에서 접근하기 마련이었다. 일단 개혁 주장을 크게 보면 세 가지 범주로 나눌 수 있다. 첫째는 폐단은 시정하되 과거제의 틀은 유지시키자는 주장, 둘째는 과거제를 폐기하고 천거제를 실시하자는 주장, 셋째 폐단을 시정한 과거제와 천거제를 병행하자는 주장이다. 이진상의 경우는 세 번째 범주에 들어가는 개혁안을 구상한 셈이다.

첫째, 주장을 편 대표적인 인물은 율곡 이이이다. 그는 『동호문답』에서 국가의 개혁안을 구상하면서 과거제의 폐단에 대해 논하였고, 학교 내용을 충실하게 하는 방안으로 선사제選士制를 제시하고는 있으나 당시 과거제와 학교제의 큰 틀은 유지하려는 태도를 취하고 있다.[34)]

둘째, 천거제를 전면적으로 시행할 것을 주장은 학자는 윤휴, 유형원,

이상정 등이었다. 같은 공거제貢擧制라는 이름을 사용하여도 구체적인 방안은 서로 차이가 있다. 윤휴가 공거제 도입의 필요성에 대해 원칙을 원론적으로 제기한 데 대해,[35] 유형원은 공거제의 원칙 뿐 아니라 실천을 위한 세목까지도 정교하게 제시한 점에서[36] 차이가 있다. 그리고 이상정의 경우는 천거제를 전면적으로 시행할 것을 주장하는 원칙을 제시하기는 하였으나,[37] 그것이 여의치 않을 경우에는 과거제를 전면 개혁이라도 하여야한다는 주장을 한 점에서 차이가 있다.

셋째, 과거제와 천거제의 병행을 주장한 남인계 학자로는 이현일·이익·정만양·정약용 등을 들 수 있다. 이들은 공통적으로 과거제가 가

---

34) 이이(정재훈 주해). 2014. 『동호문답』. 아카넷. 135-144쪽.

35) 근기 남인인 윤휴 역시 과거제를 통한 관리 충원 방식을 폐지하고 천거제를 실행할 것을 구상하였다. 이는 붕당구조 타파를 위한 제도개혁이자 대경장을 추진할 세력의 결집을 모색하는 방법이었다. 주대에 향촌에서 우수한 자를 뽑아 성현의 경전과 忠信行檢의 덕목을 가르친 후 향촌과 중앙의 관료로 쓰는 방법, 또는 한대에 孝廉의 長才를 중앙에 천거하여 쓴 방법과 동일한 것이었다. 이러한 그의 주장은 주자학과 과거제로 말미암아 형성된 학문풍토를 근본적으로 혁신하지 않으면 대경장은 불가능하며, 그를 위해서는 실무자인 관료의 충원 방식을 획기적으로 개선할 필요가 있다는 판단에서 나온 것이었다. 정호훈. 2004. 『조선후기 정치사상 연구』. 혜안. 317쪽.

36) 유형원은 詞章과 製述 중심의 학교 교육을 지양하고 덕행과 道藝 본위의 인재교육으로 전환하며, 단계적 공개적인 인재추천 과정과 철저한 사후 책임제의 도입을 위해 貢擧制를 주장하였다. 이는 三代의 敎人取士法을 기본 이념으로 하되, 주희의 실천방안을 원용한 것이었다. 먼저 철저한 관학 중심 체제를 지향하기 위해 鄕庠 → 邑學 → 營學 → 太學으로 이어지는 4단계의 학제를 구상하였다. 그러면서 학제와 選擧制를 連動시켜 교육과 관리양성의 기능을 철저하게 국가의 관리 아래 두고자 하였다. 인재의 기준을 기본적으로 덕행과 도예에 두고 儒士 개인의 행실과 經術, 재능의 세 가지를 그 수학과정에 따라 몇 단계로 考査하여 현자와 능자를 뽑아 관인 후보자로 천거하는 방식이었다. 김준석. 2003. 『조선후기 정치사상사 연구』. 지식산업사. 190-199쪽.

37) 이상정은 훌륭한 교사를 확보하는 일이 우선이라고 생각하여 능력있는 사람을 추천하여 뽑은 다음 태학과 지방 군현의 학교에 차례로 나누어 배치토록 하였다. 그런 후 8세 이상의 아동을 庠과 塾에 모아 灑掃應對와 孝悌忠信 등을 집중적으로 가르친 후 우수한 자를 주현의 학교로 입학시켜 궁리와 正心, 修己와 治人의 도에 대해 배우게 한다. 또 3년 뒤에 그 중 우수한 자를 선발하여 도의 학교로 보내고, 또 3년 뒤에 우수한 자를 태학으로 보내 또 3년간 가르치게 한다는 것이다. 이를 통해 수기와 치인의 연마 과정을 거친 후 어짊과 능력을 따져 관리로 채용하게 할 것을 주장하였다. 우인수. 2015. 『조선후기 영남 남인연구』. 경인문화사. 324-329쪽.

지는 근본적인 한계를 지적하는 한편 조선에서 시행되고 있는 과거제의 폐단과 문제점을 개혁할 것을 주장하고 있다. 그런 개혁의 과정을 거친 과거제는 인재 선발을 위한 유효한 방안으로 인정하고 있다. 다만 과거제가 가지는 근본적인 인재 등용제로서의 한계를 천거제를 도입하여 보완하자는 것이다.

천거제를 도입하되, 그 비중을 어느 정도로 할 것인가를 두고는 의견이 약간씩 다르다. 이현일 · 이익 · 정만양은 과거제를 주된 방안으로 하는 가운데 천거제를 약간 가미하는 정도의 개혁안을 제시한 데 비해 정약용의 경우는 천거제의 비중을 더 강조하여 과거제와 비슷한 비중으로 구상하였다. 그리고 이현일을 제외한 나머지 이익 · 정만양 · 정약용은 자신들의 개혁안에 대한 원론적인 원칙에 이어 구체적인 세목까지를 아울러 제시하고 있다.

이현일은 정자와 주자가 제시한 바 있던 공거貢擧의 법을 근간으로 하되 손익을 참작하여 수정을 가하여 사용할 것을 주장하였다. 즉 과거 외에 별도로 액수를 정하여 공경公卿 · 근시近侍 · 감사監司 · 수령守令을 통하여 먼저 '견문이 넓고 실천 궁행躬行하여 덕업德業이 있는 자'를 얻은 다음 이들로 하여금 교도의 업무를 담당케 하고, 다음으로는 '뜻이 독실하고 학문을 좋아하며 재능과 행실이 순수하고 아름다운 자'를 뽑아서 일정기간 학문을 강명講明하고 경사經史를 토론하게 한 후 때때로 고문考問하여 우수한 자를 적소에 임명케 하자는 것이었다. 숙종 19년 이조판서로 있을 때 다시 청하여 숙종의 허락을 얻었으나 조정의 논의가 귀일되지 않아 시행되지는 못하였다.[38]

이익은 과거의 완전한 폐지를 원하지는 않았다. 과거제를 전폐하고

38) 우인수. 1999. 『조선후기 산림세력연구』. 일조각. 85쪽.

이에 대신하여 공거제로서만 인재 선발의 법으로 삼는다면 그것은 도리어 사풍을 유체幽滯시키고 유사儒士들로 하여금 진취성을 잃게 하는 것으로, 그러느니보다는 역시 과목을 통하여 간혹이라도 인재를 택할 수 있게 하는 것이 낫다고 보았다. 그러므로 그는 과거제를 오년대비지제五年大比之制 즉 5개년에 걸쳐 매년 각기 다른 과목으로 시험을 치르게 하여 최종 선발하는 것으로 수정하고 이와 아울러 향거리선제鄕擧里選制를 채용함으로써 과거제만을 시행하는 데서 오는 폐단을 보완할 것을 구상하였다.[39]

정만양의 개혁안은 군현 단위로 연령과 실력 수준을 고려하여 학생들을 몽사蒙士, 수사秀士, 선사選士 등 3등급으로 나누어 단계별 교육과정으로 교육한 후 수령과 관찰사의 평가를 통해 승급시켰다. 수사에게 과거 응시나 선사로 올라갈 자격을 주게 하였다. 선사 중 현명하고 능한 자는 조정에 천거하는데, 이는 과거제의 한계를 극복하기 위한 보완책이었다. 다만 천거제는 과거제의 단점을 보완하는 수준에서 거론되었고, 과거제가 더 객관적인 인재 선발 방식인 점을 인정하고 있었다. 과거 응시에 앞선 예비 시험의 실시를 과장 문란의 방지책으로 제시하였다.[40]

이에 비해 정약용은 과거제와 천거제를 거의 비슷한 정도의 비중으로 다루고 있다는 점에서 차이가 있었다. 식년시 합격자로 40명, 천거제로 최종 60명을 각각 할당함으로써 거의 비슷한 비중을 점하게 하였다. 즉 과거제의 경우는 읍선邑選 – 읍거邑擧 – 주시州試 – 회시會試 – 도시都試 단계를 거쳐 40명을 선발하고, 천거제는 읍천邑薦 – 주천州薦 – 성천省薦 – 조천曹薦 – 회천會薦 단계를 거쳐 60명을 선발케 하였다. 과거제 개혁에 대해

39) 한우근. 1980. 『성호 이익연구』. 서울대출판부. 128-137쪽.
40) 우인수. 2015. 『조선후기 영남 남인연구』. 경인문화사. 141-145쪽.

서는 이익의 견해에 찬동하면서 부정기시의 혁파, 명경·제술의 통합과 대소과 통합을 통한 급제자 수의 축소를 주장하였다. 과거제의 실시 절차 속에 공거제를 도입하고 고시 과목의 증설을 주장한 데 특징이 있었다. 그리고 천거제도 적극적으로 활용하여 선발 기준을 덕행과 재주로 확대할 것을 제안하였다.[41]

이진상은 위의 세 가지 부류 중에서 세 번째인 과거제와 천거제를 병용하자는 주장을 펼쳤다. 천거제의 전면적 도입을 주장하는 견해에 대해서는 공정성에서 더 큰 문제를 야기할 가능성이 있음을 들어 반대하는 의견을 분명히 하였다. 그리고 그 실례로 중종대 조광조 일파에 의해 시행된 천거제인 현량과가 공정성 시비와 정치세력간의 갈등 속에 끝내 참혹한 사화로 귀결되었던 사실을 들었다.[42]

그렇다고 현재 과거제의 운영 형태를 그대로 유지하는 것은 결코 아니었다. 그는 다른 개혁 주장자들과 마찬가지로 과거의 부정 사례를 낱낱이 타당하게 제기하면서 먼저 과규科規를 전면적으로 개혁한 후 관료 등용 제도로 활용한다는 계획이었다. 이렇게 개혁된 과거제와 새로운 천거제를 가장 대표적인 인재 등용의 통로로 활용한다는 복안이었다. 이것이 그의 표현대로 '금법今法'과 '고의古意'를 모두 살리는 이상에 가까운 인재 등용법이 될 것으로 기대하였다.

대개 이진상의 주장은 이현일, 이익, 정만양, 정약용 등과 뜻을 같이하고 있는 것이다. 그런 가운데 천거제의 중요성을 한층 강조하여 그 비중을 과거제에 버금가는 수준으로 올리려 하고 있는 점에서는 특히 정약용과 비슷한 생각을 하고 있는 것이다. 그리고 개혁안의 세목까지

41) 정약용, 『經世遺表』 권15, 春官修制, 科擧之規·選科擧之規.
42) 『寒洲集』 권4, 擬陳時弊仍陳畝忠錄疏.

구체적으로 제시하고 있는 세밀함에서는 이익, 정만양, 정약용 등과 궤를 같이 하고 있다.

한편 학제와 선거제의 일치 문제에 대해서는 이진상은 교육과 인재선발이 서로 결부되어 상호 영향을 끼치는 문제라는 인식을 가지고 있었다. 교육의 문제를 해결하기 위해서는 인재선발의 방식을 바꿀 필요가 있다고 보았다. 인재선발 방식에 변화를 주어 교육의 변화를 유도하고, 교육이 바뀌면 사회의 기풍도 자연스럽게 바람직한 방향으로 변화할 것으로 보았다. 이 점에서 이진상은 학제와 선거제가 밀접한 관련 속에 연동連動되는 방안을 제시하고 있는 데 그의 개혁안의 특징이 있다.

선거제와 학제의 완전한 연계는 중국의 경우 명대에 이르러 비로소 확립된 것이었는데, 이진상은 명대의 제도를 참고하여 자신의 이론을 확립한 것으로 짐작된다. 이진상이 명대의 제반 제도에 대해서도 일정한 식견을 가지고 있었음은 그가 편찬한 『사례집요四禮輯要』의 인용서목引用書目에 『대명회전大明會典』이나 『명사明史』와 같은 서적들이 포함되어 있는 데서 짐작할 수 있다.[43] 그리고 구체적인 내용은 서로 다르지만 학제와 선거제의 연계 원칙은 유형원이나 정만양의 개혁안에서도 찾아볼 수 있는 공통점이 있다.[44] 따라서 이들로부터의 영향도 상정해볼 수 있다.

이상에서 논한 바의 특징을 일목요연하게 파악할 수 있도록 표로 제시하면 다음 〈표 3〉과 같다.

---

43) 『四禮輯要』, 引用書目(『寒洲全書』2, 아세아문화사, 1980).

44) 영조대에 활동하였던 소론 실학자인 농암 유수원도 명대의 제도를 모델로 받아들여 학교제도와 과거제도의 연동을 주장한 바 있다. 정순우, 2014, 「농암의 과거제 및 학교제도 개혁론」, 『농암 유수원 연구』, 사람의 무늬, 500-505쪽.

〈표 3〉 학자별 인재 등용 방안 비교

등용제 개혁방안	주장자	내용	비고
과거제 유지	李珥	과거제와 학교제 큰 틀 유지	학교 내용 충실 방안
천거제 실시	尹鑴	貢擧制	
	柳馨遠	貢擧制, 원칙과 세목	學制와 選擧制 連動
	李象靖	천거제, 불가하면 과거제 개혁	程子案 지향+朱子案 지지
과거제와 천거제 병행	李玄逸	科薦竝行, 選士法 가미	胡瑗+程子+朱子, 학교정비
	李瀷	科薦竝行, 과거제 개혁 + 공거제 가미, 원칙과 세목	
	鄭萬陽	科薦竝行, 과거제 개혁 + 천거제 가미, 원칙과 세목	학제와 선거제 연동
	丁若鏞	科薦竝行, 과거와 천거 비중 비슷, 원칙과 세목	
	李震相	科薦竝行, 과거와 천거 비중 비슷, 원칙과 세목	학제와 선거제 연동

5. 맺음말

이상에서 이진상의 『묘충록』을 중심으로 하여 인재 양성과 선발제도와 관련한 그의 개혁안을 살펴보았다. 그는 유교 경전과 역사에 대한 이해를 바탕으로 하고 여기에 자신의 경험을 참고하여 개혁안을 구상하였다. 그는 공교육을 5단계로 나누어 등급별로 시행함으로써 교육의 체계화를 도모하고, 아울러 교육을 관료 선발과 연계시켜 공교육의 활성화를 도모하고자 하였다.

그의 개혁안은 학제와 선거제가 밀접한 관련 속에 완전히 연동되는 방안을 제시하고 있는 데 특징이 있었다. 교육의 문제를 해결하기 위해서는 인재선발의 방식을 바꿀 필요가 있다고 보았고, 인재선발 방식에 변화를 주어 교육의 변화를 유도하고자 한 것이었다. 그는 선거제와 학제의 완전한 일치를 구현한 명대의 제도를 참고하여 자신의 이론을 확립한 것으로 판단되는데, 학제와 선거제의 연계 원칙은 이전의 유형원이나 정만양의 개혁안에서도 찾아볼 수 있는 점이었다.

그리고 천거제와 과거제의 병용을 주장한 점이 특징이었다. 이러한 주장은 이전의 학자인 이현일, 이익, 정만양, 정약용 등과 궤를 같이 하고 있는 것이었다. 그런 가운데 천거제의 중요성을 한층 강조하여 그 비중을 과거제에 버금가는 수준으로 올리려 하고 있는 점에서는 특히 정약용과 비슷하였다. 그리고 개혁안의 세목까지 구체적으로 제시하고 있는 세밀함에서는 이익, 정만양, 정약용 등과 궤를 같이 하고 있었다.

그의 개혁안은 조정에 알려지지도 못한 채 묻히고 말았다. 더욱이 근대적인 개혁이 수행되는 현실 속에서 그의 개혁안은 더 이상 빛을 발할 수는 없었다. 이후 조선 사회는 인재 양성과 선발의 방식이 바뀌어갔다. 그가 바란 데로 변화는 일어났지만 그가 제시하거나 예측한 방향은 아니었다. 그 변화의 방향은 그가 전혀 예기치 못하였고 바라지도 않았던 쪽으로 향하였다. 그는 봉건적 지배질서의 큰 틀 속에서 벗어나지는 못하였고, 오히려 그 속에서 그 체제를 유지하기 위한 효과적인 방안을 찾는 데 만족하였다. 그의 한계이자 대부분 당시 지식인들의 한계였다.

그러나 좀 더 나은 사회를 만들기 위해 변화를 추구하면서 체계적으로 고뇌하였다는 데서 일정한 의미를 지니고 있기 때문에 높이 평가할 부분이 있다. 그는 조선 성리학의 마지막 불꽃이었으며, 시대를 고민하는 지식인으로서의 역할을 충실히 수행한 학자였다. 그의 현실을 직시하는 안목과 현실에 대한 대응 자세는 그의 제자들에게 영향을 끼쳤다. 그리하여 그의 제자 중에는 현실 문제에 대해 적극적인 자세로 대응하는 이들이 많이 배출될 수 있었던 것이다.

한주 이진상의 춘추학
-『춘추집전』과『춘추익전』을 중심으로 -

박 인 호

한주 이진상의 춘추학

– 『춘추집전』과 『춘추익전』을 중심으로 –

박 인 호

1. 머리말

한주寒洲 이진상李震相(1818-1886)이 살았던 시기는 19세기 중엽이었다. 1876년 개항 이전에 이미 1866년 병인양요, 1871년 신미양요가 있어 대내외적으로 위기의식이 고조되고 있었다. 유학자였던 이진상은 이러한 상황 속에서 춘추대의를 지키는 것도 시대에 대처하는 하나의 방법이라고 생각하였다. 그리고 학자로서의 노력은 『춘추집전』과 『춘추익전』의 저술로 나타났다. 『춘추집전』은 1875년 한주의 나이 58세 때, 『춘추익전』은 1877년 한주의 나이 60세 때 집필하였다. 두 책 모두 외부로부터의 침략이 본격화하던 시기에 침략에 대한 대항 논리의 확립 과정에서 이루어진 것이다. 이 두 책에 대한 검토는 이진상의 위정척사론의 사상적 기저를 확인할 수 있을 것이다.[1]

중국 춘추시대는 화하華夏라는 배타적인 민족관념이 나타난 시기였다. 별개의 씨족에 불과하였던 집단들이 모여 제하諸夏라는 개념을 만들면서, 본족을 단결시키는 존왕尊王과 외구에 대항하는 양이攘夷라는 개념을 창출하였다.[2] 춘추시대(B.C. 722-B.C. 479 or 481)[3]는 서주西周의 봉건적 질서가 붕괴되고 종주권이 명목상으로 존재하는 패권적 시대였다. 이진상은 춘추시대가 비록 2300여 년이 떨어져 있었으나 이민족의 침략과 척족의 발호로 왕실의 권위가 무너진 조선의 현실을 이입하여 보려고 하였다. 이진상에게 조선 현실은 주 왕실을 높이면서 이민족의 침입을 막으려 하였던 노魯와 다를 바가 없었다.

여기서는 이진상의 『춘추집전春秋集傳』과 『춘추익전春秋翼傳』 두 저술을 살펴보고[4] 이진상을 통해 당대 유학자들이 가지고 있었던 역사의식을 살펴보려는 데 연구의 목표가 있다.[5]

---

1) 宋贊植. 1980. 「寒洲全書 解題」. 『寒洲全書』 1. 亞細亞文化社. 7쪽.
2) 童書業. 1946. 『春秋史』. 開明書店; 1987. 山東大學出版部. 236-237쪽.
3) 『공양전』과 『곡량전』은 애공 14년 기린을 잡은 데서 끝나지만 『좌전』은 애공 16년 공자 사망까지 기록하고 있다.
4) 두 책은 1980년 간행된 『寒洲全書』에 영인 수록되었다. 또한 1998년 대동문화연구원에서 편집한 『한국경학자료집성』에는 『춘추집전』이 수록되어 있다(成均館大學校 大東文化研究院 編. 1998. 『韓國經學資料集成』 142-143(春秋 9-10). 成均館大學校出版部). 여기서는 전서본을 활용하였다. 『한국경학자료집성』에는 安秉杰의 『춘추집전』에 대한 자세한 해제가 있나. 이를 같이 참고하였다.
5) 이진상의 역사의식을 살피기 위해서는 『千古心衡』도 같이 언급되어야 하나 여기서는 『춘추』 관련 저술을 중심으로 살피는 데 그쳤다. 또한 춘추학 저술의 수록 내용과 고증 수준에 대한 미시적 분석도 추후 보충하고자 한다.

2. 『춘추』 관련 저술의 편찬과 편찬정신

1) 『춘추집전』의 편찬과 편찬정신

『춘추집전』은 이진상이 편찬한 『춘추』에 대한 해석서로 1875년(고종 12)에 완성되었다.[6] 20권 10책이다. 이진상의 아들 이승희李承熙(1847~1916)가 교열하였으며, 문인인 송진익宋晉翼, 송종익宋宗翼 형제가 필사하여 새로 책을 만들었다. 그러나 일이 다 끝나기도 전에 나라를 빼앗겨 이승희가 중국으로 망명하게 되었다. 떠날 때 책을 간행하는 일을 장석영과 곽종석에게 부탁하였다. 장석영과 곽종석은 서둘지 않을 수 없어 다산茶山에서 교감하여 책의 편찬체재를 정하였다. 최종적인 출판은 이승희의 아들 이기원李基元(1885-1982)이 주관하여 사람들을 모아 운도신재雲陶新齋에서 1913년 신주자로 활인하였다.[7]

집필의 편찬체재는 〈춘추집전서春秋集傳序〉와 〈춘추집전범례春秋集傳凡例〉, 〈인용선유성씨引用先儒姓氏〉를 적고 이어 〈춘추강령春秋綱領〉, 〈춘추독법春秋讀法〉, 〈정자춘추전서程子春秋傳序〉, 〈호씨춘추전서략胡氏春秋傳序略〉을 덧붙였다. 본문에서는 편년 순에 따라 춘추 제전을 집전하고 자신의 안설을 수록하였다. 책의 끝에는 〈춘추단론春秋斷論〉과 곽종석郭鍾錫의 발문이 있다.

---

6) 서문과 연보에는 편찬연대가 고종 12년으로 되어 있다. 곽종석이 붙인 발문에는 고종 14년 이후 편찬된 것으로 적고 있다.

7) 李基元, 「春秋集傳告成文」, 『한주선생문집부록』 권3; 『한주전서』 1, 861쪽.

목차	대상	수록 안설 수(총 313편)
春秋集傳序	李震相	
春秋集傳凡例	(12개조)	
引用先儒姓氏	(95인)	
春秋綱領		
春秋讀法		
程子春秋傳序		
胡氏春秋傳序略		
권1	隱公 元年 - 隱公 十一年	은공 18편
권2	桓公 元年 - 桓公 十八年	환공 20편
권3	莊公 元年 - 莊公 三十二年	장공 29편
권4	閔公 元年 - 閔公 二年 僖公 元年 - 僖公 五年	민공 3편, 희공 14편
권5	僖公 六年 - 僖公 二十年	희공 20편
권6	僖公 二十一年 - 僖公 三十年	희공 18편
권7	僖公 三十一年 - 僖公 三十三年 文公 元年 - 文公 七年	희공 6편, 문공 15편
권8	文公 八年 - 文公 十八年	문공 14편
권9	宣公 元年 - 宣公 十二年	선공 14편
권10	宣公 十三年 - 宣公 十八年 成公 元年 - 成公 八年	선공 9편, 성공 7편
권11	成公 九年 - 成公 十八年	성공 13편
권12	襄公 元年 - 襄公 十五年	양공 31편
권13	襄公 十六年 - 襄公 二十五年	양공 9편
권14	襄公 二十六年 - 襄公 三十一年	양공 4편
권15	昭公 元年 - 昭公 八年	소공 9편
권16	昭公 九年 - 昭公 十七年	소공 8편
권17	昭公 十八年 - 昭公 二十六年	소공 13편
권18	昭公 二十七年 - 昭公 三十二年 定公 元年 - 定公 四年	소공 6편, 정공 7편
권19	定公 五年 - 定公 十五年	정공 13편
권20	哀公 元年 - 哀公 十四年	애공 13편
春秋斷論		
春秋集傳跋	郭鍾錫	
附 考異		

먼저 이진상은 공양公羊, 곡량穀梁, 좌씨左氏 삼전三傳의 장단점을 논하면서 3전이 각자 자신의 의견으로 전을 내세웠으나, 서로 날라 모순된

점이 많다고 진단하였다. 특히 좌씨는 나라의 기록을 널리 참조하여 사실에서는 상세하지만, 말단적인 문장의 표현에 치우친데다가 누추한 술수에 부회하면서 이해에 따라 취사하였기 때문에 시비를 논하는 데는 성패가 엇갈린다고 보았다. 그리고 공양, 곡량은 의리를 다룬 것이 정밀하고 상세하나 사실에서는 오류가 많으며, 자구에 구속된다고 보았다. 게다가 후대의 유학자 사이에 문화가 나뉘어지면서 전문만을 믿고서 경문을 오해하는 자가 생겨났으며, 주실周室 대신 노魯를 왕王으로 여기는 자가 있을 지경이 되었다는 것이다. 그리하여 『춘추』는 끊어지고 헤어진 조보에 불과하므로 경연에서 진강할 필요도 없다는 주장이 나올 정도라는 것이다.[8]

이진상은 이러한 오해와 잘못을 교정하기 위해 『춘추』가 추구하였던 대의를 밝혀내려고 하였다. 이전에 나온 저술 가운데 자신의 목표에 가장 근접하였던 것이 바로 정자程子의 『춘추전春秋傳』과 호안국胡安國의 『춘추전春秋傳』이었다. 이진상은 성인이 다시 나오지 않고 순천응시順天應時의 다스림이 이루어지지 않자 공자가 『춘추』를 지었는데, 후세 사람들은 이러한 공자의 뜻을 곡해하여 『춘추』가 단순히 선악을 포폄하는 것으로만 알고 "경세經世의 대법大法"임을 알지 못함을 지적하였다.[9] 특

8) 『寒洲先生文集』 권29. 「序」. 〈春秋集傳序〉. "公穀左三家 各以意見作爲傳義 而箕杍之異 矛盾者多矣 要之左氏博通國史 事實非不詳備 而馳騖乎文辭之末 傅會以術數之陋 以利害爲取舍成敗論是非 此其所短也 公穀則齊魯間經生也 講聞緖餘 義理雖頗精當而揣摸爲說 事實多有訛謬 且其拘泥於字句之間 (중략) 世儒分門 信傳而誤經者有之 黜周而王魯者有之 譏之以斷爛朝報 而請勿於經筵進講者有之"

9) 『한주전서』. 「춘추집전」. 〈程子春秋傳序〉. "夫子當周之末 以聖人不復作也 順天應時之治不復有也 於是作春秋爲百王不易之大法 所謂攷諸三王而不謬 建諸天地而不悖 質諸鬼神而無疑 百世以竢聖人而不惑者也 (중략) 後世以史觀春秋 謂褒善貶惡而已 至於經世之大法則不知也 春秋大義數十 炳如日星 乃易見也 惟其微辭隱義 時措從宜者爲難知也 或抑或縱 或與或奪 或進或退 或微或顯 而得乎義理之安 文質之中 寬猛之宜 是非之公 乃制事之權衡 揆道之模範也 夫觀百物 然後識化工之神 聚衆材 然後知作室之用 於一事一義 而欲窺聖人之用心 非上智不能也 故學春秋者 必優游涵泳 默識心通 然後能造其微也"

히 왕안석王安石의 학문이 영역을 확대해가면서 인욕이 날로 늘어가고 천리가 날로 사라지는 위기적 상황에서 『춘추전』을 집필하였던 호안국의 문제의식은 이진상이 가지고 있었던 문제의식과 통하였다.[10]

경세經世와 존군부尊君父를 실천하는 수단으로 『춘추』의 대의를 밝히려 하였던 이진상은 사실에 대한 측면은 3전 가운데 『좌전』의 기록을 취하고 의리적인 측면에서는 『호전』의 기록을 취하여 『춘추집전』을 편찬하였다. 미진한 곳에서는 선유의 설을 수집하거나 혹은 자신의 의견을 덧붙이기도 하였다.[11] 특히 경문에 있어서는 『좌전』을 따르되 간혹 필요하면 『호전』을 참고하였으며, 공양公羊과 곡량穀梁의 주장에 장점이 있으면 그 장점을 취하여 적거나 혹은 아래에 기록해 두었다.[12] 그러나 가치 판단의 문제에 있어서는 대체로 『호전』을 따랐다. 그리고 두 전으로 미치지 못하는 부분은 주자의 설로 절충하였다.[13] 이진상은 정주程朱 이래 송대 학자들의 『춘추』에 대한 논설을 중요하게 생각하였다. 특히 『주자어류』에 나오는 주자의 『춘추』에 대한 언급은 뒤에 별도로 〈춘추단론〉으로 수록하기도 한다.

한편 집필 형식에 대해서도 범례에서 밝히고 있다. 경문經文의 각 연

---

10) 『한주전서』. 「춘추집전」. 〈胡氏春秋傳序略〉. "近世推隆王氏新說 按爲國是 獨於春秋 貢擧不以取士 庠序不以設官 經筵不以進讀 斷國論者 無所折衷 天下不知所適 人欲日長 天理日消 其效使夷狄亂華 莫之遏也 噫 至此極矣 仲尼親手筆削 撥亂反正之書 亦可以行矣 輒不自揆謹述所聞 雖微辭奧義 或未貫通 然尊君父討亂賊 闢邪說正人心 用夏變夷 大法略具 庶幾聖王經世之志 小有補云"

11) 『한주전서』. 「춘추집전」. 〈범례〉. "一 春秋經經而緯史 故先以集註例 解釋字義 次以左傳明事實 次以胡傳斷議論 而其有未盡處 旁采先儒說 以補明之 或附愚見 以備一說 若經文不煩註解 則直用左傳 無他事實 直用胡傳"

12) 『한주전서』. 「춘추집전」. 〈범례〉. "一 經文三傳互有異同處 多從左氏 而胡傳或取 公穀其說似長 則從長書之 或錄在下方"

13) 『한주전서』. 「춘추집전」. 〈서문〉. "今之讀左傳者 每患議論之不純 讀胡傳者 每患事迹之靡稽 若得合爲一通 互相參證 則聖人之妙道精義 尙可窺測 而兩傳之所難通者 亦可折衷於朱先生雅言 此震相不揆僭妄 而輒爲之集傳者也 惟於其間 附見一二瞽說 亦所以推衍朱先生餘意 覽者庶有以諒之矣"

도 기재는 『호전』을 따라 경문의 행 위에 분주를 두는 방식을 취하였다.[14] 각국의 기년紀年을 적는 방식에 대해 『호전』에서는 경문의 각 연도 아래에 분주分註하였는데, 이는 경經의 원래 모습이 아니므로 모두 없애야 하나 사체史體로 보면 뺄 수 없으므로 익전翼傳[춘추익전]에 옮겨 적고 대신 각국의 군주는 원년만 표시하여 간략하게 하였다.[15] 또한 경문 내의 지명地名, 시대時代, 연혁沿革이 같지 않은 것은 두예杜預의 주를 따로 주석하여 알 수 있도록 하였다.[16]

만약 경문의 주해가 번다하지 않다면 바로 『좌전』을 활용하되, 다른 특기할 만한 사실이 없으면 『호전』을 활용하였다.[17] 『공양전』과 『곡량전』 가운데 의론이 좋은 부분은 대부분 『호전』에서 이미 인용하였으므로 거듭 적지는 않았다. 『호전』 가운데 견강부회하거나 고사를 인용한 부분은 엄정하게 한다는 취지를 살려 제외하였다.[18] 『좌전』에 대해 경문은 수용하면서 너무 번잡한 것을 제외하려고 하였다. 『좌전』의 기사 가운데 경문과 상치되는 것이 있으면 모두 없애어 경문經文을 존중尊重하였다. 경문에는 실려있지 않으나 전문에 실려있는 것은 『춘추익전』으로 옮겨 적어서 경문의 원형을 남겨두었다.

한편 『좌전』의 글은 과장과 화려함이 심한데, 주周나라의 말은 번지르

---

14) 『한주전서』. 「춘추집전」. 〈범례〉. "一 經文各年下 左傳書甲子 而公穀傳幷無之 胡傳分註於行上 而綱目亦用是例 故今從之" 『좌전』은 甲子를 적었으나, 『공·곡 양전』은 모두 적지 않았으며, 『호전』은 行 위에 分註를 두었는데 綱目도 이 용례를 사용하였다.

15) 『한주전서』. 「춘추집전」. 〈범례〉. "一 各國紀年 胡傳分註於經文各年之下 而旣非聖經之舊 故幷去之 而史體則不可闕 故移錄於翼傳 每君只書元年 以從簡也"

16) 『한주전서』. 「춘추집전」. 〈범례〉. "一 經內地名時代沿革不同 故多以杜註夾錄"

17) 『한주전서』. 「춘추집전」. 〈범례〉. "一 春秋經經而緯史 故先以集註例 解釋字義 次以左傳明事實 次以胡傳斷議論 而其有未盡處 旁采先儒說 以補明之 或附愚見 以備一說 若經文不煩註解 則直用左傳 無他事實 直用胡傳"

18) 『한주전서』. 「춘추집전」. 〈범례〉. "一 公穀兩傳事實 朱子謂多訛誤 故罕有載錄 其議論好處胡傳已引用之 亦不重述" "一 胡傳中略涉牽强者 依朱子說不錄 旁引故事者 亦多刊去 以存謹嚴之規"

르하나 이는 쇠미한 시대의 모습이라고 보았다. 그러나 이것이 전적으로 좌씨가 증식增飾한 것은 아니므로 의리에 해롭지 않은 것은 남겨두었다.[19)]『국어國語』의 글도 사실事實에 도움되는 것은 모두 절록節錄하였다.[20)]

〈인용선유성씨〉에서는 좌씨, 공양씨, 곡량씨를 비롯하여 왕씨汪氏(왕극관汪克寬), 여릉이씨廬陵李氏(이렴李廉), 인산김씨仁山金氏(김이상金履祥)에 이르기까지 95명의 학자들을 열거하고 있다. 『춘추』에 대한 주석서를 내거나 주석서에 인용된 인물들인데, 송대에는 춘추학이 발전하였던 관계로 송대 학자들이 주로 언급되어 있다.[21)] 명대 학자로는 호광 등이 편찬한 『춘추대전』의 저본이 된 『춘추호전부록찬소』를 편찬한 왕극관이 언급되어 있을 뿐이다. 성씨 아래에 이름과 자호를 쌍행의 주석으로 적고 있는데, 일부는 성씨만 적고 있다. 이들이 편찬한 원본 책을 이진상이 모두 구득하지는 못하였을 것으로 생각된다. 일부 성리학자들을 제외하고는 인명의 나열 순서가 『춘추대전』 본의 인물 나열 순과 같아 이들 인명은 『춘추대전』을 보면서 활용하였을 것으로 추정된다.[22)]

---

19) 『한주전서』. 「춘추집전」. 〈범례〉. "一 左傳敍事時 有與經文牴牾者 幷刪去 以尊經文" "一 左傳或先經而始事 或後經而終義 其有關涉於經文者 竝皆附著於經文之下 其或經不載而傳載者 移錄於翼傳 以完經文之舊" "一 左傳之辭 誠多夸張浮艶 而周末文勝兼且衰世尙辭 未必皆左氏之增飾 故無害於義者竝存之"

20) 『한주전서』. 「춘추집전」. 〈범례〉. "一 國語文字 尤絮蔓 而有補於事實者 竝節錄"

21) 청대의 춘추학에 대한 인물이 언급되지 않은 점에서 보아도 이진상의 학적 토대는 주자학의 범주를 넘어서기는 어렵다. 또 『춘추』에 대한 조선학자들의 연구에 대해서도 언급하지 않고 있다. 이는 이진상의 연구가 기존의 연구 성과를 바탕으로 전개되는 고증적인 연구방식과는 다르게 전개되었음을 의미한다.

22) 이름에서 공란으로 되어 있는 부분은 조선간 대전본인 『春秋集傳大全』에도 공란으로 되어 있다.

인용선유성씨	이름	저술(이진상의 참고 추정 도서)[23]	비고
左氏	(名不著)[24]	春秋左氏傳	
公羊氏	公羊高	春秋公羊傳	
穀梁氏	穀梁赤	春秋穀梁傳	
董氏	董仲舒	春秋繁露	
劉氏	劉向	春秋左傳註	
賈氏	賈逵	春秋左傳註	
蜀杜氏	(　　)		杜諤 중복
服氏	服虔	春秋左傳註	
鄭氏	鄭玄	三傳異同論	
徐氏	徐邈	春秋穀梁傳註	
江氏	江熙	春秋穀梁傳註	
何氏	何休	春秋公羊傳解詁	
許氏	許愼	說文解字	
杜氏	杜預	春秋經傳集解 春秋釋例 春秋左傳注疏	
范氏	范甯	春秋穀梁傳集解	
郭氏	郭象	莊子註	
孔氏	孔穎達	春秋左傳正義	
楊氏	楊士勳	春秋穀梁傳疏	
師氏	(　　)		
徐氏	徐彥	春秋公羊傳疏	
啖氏	啖助	春秋集傳纂例	
趙氏	趙匡	春秋集傳纂例	
陸氏	陸淳	春秋啖趙二先生集傳纂例 春秋集傳辨疑 春秋集傳微旨	
陳氏	陳岳	春秋折衷論	
李氏	李瑾	春秋指掌義	
何氏	何濟川	春秋本旨	
齊氏	(　　)	春秋旨要	
劉氏	劉炫	春秋規過	
盧氏	盧仝	春秋摘微	
王氏	(　　)	春秋箋義	
安定胡氏	胡瑗	春秋論	
孫氏	孫復	春秋尊王發微	
劉氏	劉敞	春秋意林 春秋權衡 春秋劉氏傳 春秋傳說例	
高郵孫氏	孫覺	春秋經解	
程子	程頤	春秋傳	
張子	張載	春秋說 正蒙	

邵子	邵雍	皇極經世書	
襄陵許氏	許翰	春秋解	
常山劉氏	劉絢	春秋傳	
尹氏	尹焞	語孟集義	
呂氏	呂本中	春秋集解	
龜山楊氏	楊時	二程粹言	
胡氏	胡安國	春秋傳	
東坡蘇氏	蘇軾	春秋列國圖說	
蘇氏	蘇轍	春秋集解	
程氏	程迥	春秋解	
孫氏	孫抃	春秋	
朱氏	朱長文	春秋通志	
黎氏	黎錞	春秋經解	
任氏	任公輔	春秋明辨	
劉氏	劉本	春秋中論	
鄭氏	鄭樵	春秋地名譜	
高氏	高閌	春秋集注	
五峯胡氏	胡宏	胡宏集	
朱子	朱熹	四書集註　語録　文集　通鑒綱目	
陳氏	陳傅良	春秋後傳	
南軒張氏	張栻	語孟註	
東萊呂氏	呂祖謙	左氏博義 左氏傳說 春秋集解	
陵陽李氏			
王氏	王葆	春秋集傳	
薛氏	薛季宣	春秋經解	
張氏	張洽	春秋集注	
林氏	林堯叟	春秋左傳句解	
勉齋黃氏	黃榦	續儀禮通解	
九峯蔡氏	蔡沉	書集傳	
信齋楊氏	楊復	續儀禮通解	
項氏	項安世	春秋家説	
輔氏	輔廣	四書	
呂氏	呂大圭	春秋或問	
茅堂胡氏	胡寧	春秋通旨	
洪氏	洪興祖	春秋本旨	
象山陸氏	陸九淵	陸象山集	
沈氏	沈棐	春秋比事	
杜氏	杜諤	春秋會義	
孫氏	孫炎		

李氏	李堯兪		
宋氏	(　　　)	春秋新義	
石氏	(石光霽)	春秋類例 春秋鉤元	
吳郡李氏	李琪	春秋王覇列國世紀	
家氏	家鉉翁	春秋集傳詳說	
可堂吳氏	呉仲迂	春秋紀聞　經傳發明	
羅氏	羅願	爾雅翼	
饒氏	饒魯	石洞紀聞	
葉氏	葉采	近思録註	
臨川吳氏	呉澄	春秋纂言 總例	
趙氏	趙良鈞	春秋釋義	
兪氏	俞皐	春秋集傳釋義大成	
萬氏	萬孝恭	春秋百問	
馬氏	馬端臨	文獻通考	
黃氏	黃澤	春秋補註	
魯齋許氏	許衡	許文正公遺書	
師氏	(　　　)		
汪氏	汪克寬	春秋胡傳附錄纂疏	
廬陵李氏	李廉	春秋諸傳會通	
仁山金氏	金履祥	通鑑前編	

인용성씨와 저술을 보면 이진상은 청대 중국에서 활발하게 일어났던『춘추』경전에 대한 고증적 해석에 대해서는 잘 알지 못하였다.『호전』에 대한 경도도 청대의 발전한 고증학에 대한 정보가 부족한 것에 기인한 부분도 없지는 않을 것이다.

〈춘추강령春秋綱領〉은 맹자孟子, 동자董子(동중서董仲舒), 소자邵子(소옹邵雍), 주자周子(주돈이周惇頤), 정자程子, 호씨胡氏와 주자朱子의『춘추』에 관

---

23) 해당 인물의 저술에 대해서는『춘추호전부록찬소』의 인용성씨조,『춘추대전』의 선유성씨조,『경의고』,『사고전서총목제요』,『속수사고전서총목제요』,『정당독서기』등의 해제류를 참고하여 작성하였다. 특히『춘추호전부록찬소』에는 인용한 성씨 아래 별도의 인용책이 주기되어 있다(1983. 문연각사고전서 165. 상무인서관. 10-12쪽.).

24)『좌씨전』의 작자를 '名不著'이라고 한 것은 左丘를 성이라고 한『사기』와『주자어류』등 기록들이 있으므로 이름이 전하지 않는 사람의 작품이라고 한 것으로 추정된다.

련된 언급을 정리하여 대지大旨를 밝힌 것이다.[25] 그 가운에 주자의 경우에는 전체 글의 3/4에 달할 정도로 분량이 많다. 이진상이 『주자대전』과 『주자어류』에서 『춘추』에 관련된 대의를 언급한 문장을 모은 것이 상당량에 달한다는 것은 이 책의 말미에 있는 21개조에 달하는 〈춘추단문〉과 함께 이진상이 주자학적인 시각에서 접근하고 있음을 보여주고 있다.

〈춘추단문〉은 주자가 제자들에게 말한 『춘추』에 대한 생각을 적은 것이다.[26] 〈춘추단문〉은 『주자어류』에서 『춘추』에 대한 평가를 담은 문장을 수집한 것이다. 1개조를 제외하고는 모두 『주자어류』에서 인용한 것이다.[27] 이승희는 『한주선생행록』에서 이진상에게 있어서의 『주자어류』가 가지는 의미를 다음과 같이 적고 있다.

> 부군은 일찍이 말씀하기를 "나의 일생 동안 주력하여 한 공부는 주자어류에 있다"고 하였다. 이 책은 주자의 문인들이 때와 장소에 따라 기록한 것인데, 주자의 진도進道와 입언立言이 초년, 중년, 만년 마다 차이가 있고, 또한 기록하는 사람에 따라서도 정오正誤와 상략詳略의 차이가 있으므로 그 자체로 서로 모순되는 곳이 많았다. 또 정론이 적고 미정인 설이 많은 경우도 있다. 부군은 이 책을 끝까지 통독하여 의심스러운 곳들은 차록하면서 『사서집주』나 『주자대전』과 비교함으로써 학설에서 보이는 차이를 구명하였다.[28]

---

25) 강령을 둔 것은 汪克寬이 『春秋胡傳附録纂疏』에서 綱領 항목을 두면서 강령을 안 연후에야 조목이 있어도 문란하지 않을 것이라고 한 데서 보이듯이 『춘추』의 큰 의미를 미리 알도록 하려는 의도에서 둔 것이다(『春秋胡傳附錄纂疏』 卷首下. 〈述綱領〉. "學春秋者 必知綱領然後衆目有條而不紊 自孟子氏而下發明綱領者 凡七家 今載七家精要之詞於卷首 智者即詞以觀義 則思過半矣"[문연각사고전서 165. 20쪽.]).

26) 『한주전서』. 「춘추집전」. 〈범례〉. "一 先賢說發明大旨者 揭之編首 名曰綱領 以讀法及程胡序文繼之 而折衷於朱子說 以要其終"

27) 朱熹. 『朱子語類』 권83. 「춘추」; 2002. 『朱子全書』 17책. 상해고적출판사.

28) 이승희. 「행록」. 『한주전서부록』 권2; 「한수전서」 1. 838-834쪽.

본문은 권1-권20으로 구성되어 있는데 노魯 은공隱公 이하 애공哀公까지 242년간의 기록을 연대순으로 기록하였다.

경문 다음에는 바로 글자를 해설하는 부분을 두었는데 『춘추』에 대한 여러 해설의 내용을 섭렵한 다음 자구와 용어에 대한 해설을 부가하고 있다. 이진상을 이를 통해 경문에 대한 합리적 해석을 시도하고 있다.

이어 본문으로 경문에 대한 여러 전문과 학자들의 해석을 수록하였다. 3전이나 『호전』을 주로 인용하되 이외에도 〈인용선유성씨〉에서 보이듯이 관련된 인물의 주장을 수록하기도 한다. 이 논단에서 특히 주목되는 것은 마지막에 본인의 안설을 부가하고 있다는 점이다. 안설은 ○으로 별항 표시를 한 뒤에 '우안愚按'이라는 형식으로 붙이고 있다. 안설에서 일부 ○가 누락되거나 혹은 '안'으로 적거나 '우위愚謂'로 적은 곳이 있으나, 기본적으로는 '우안'으로 적으려고 하였다.

경문의 표기나 인용된 전문의 대부분은 『좌전』을 주로하면서도 안설의 해석은 『호전』의 주장을 크게 수용하였다. 이진상은 대체로 『공양전』과 『곡량전』은 경문의 원의를 곡해하였다는 입장이며, 『호전』의 주장이 가장 근사한 것으로 보고 있기 때문이었다. 본문에 수록된 안설은 총 313편에 달한다.[29)]

안설의 내용을 보면 이진상이 추구하였던 이념적 가치는 정명분正名分,

---

29) 안설로 판정하는 기준은 다음과 같다.

* 경문 다음의 해석은 실제로는 안설이나 대부분 자구에 대한 고증이 위주이므로 일단 여기에서의 안설은 경문에 대해 각 전의 해설을 수록한 다음 자신의 생각을 제기한 경우로 한정하였다.

** 안설 가운데 일부는 편집의 실수로 謂, 按 등으로 기재된 경우, 혹은 ○의 별항 표시 없이 우안으로 표시하여도 안설로 처리하였다.

*** 일부 전의 내용을 수록한 부분에서 쌍행의 각주로 우안 혹은 표시 없이 안설을 수록한 경우가 있으나 이는 대부분 자구의 대한 소개가 위주이므로 이진상의 『춘추』에 대한 이해를 살펴보려는 이 글에서는 일단 세외하였다.

명예제明禮制, 평서술評敍述, 주난적誅亂賊, 양이적攘夷狄, 존천리存天理, 알인욕遏人慾 등의 개념이었다.[30] 절반의 안설이 모두 행위적 측면에서 군부를 높이고 명분에 맞게 행하였는가라는 문제[정명분正名分]에 집중하고 있다. 안설 내용이 천왕을 받들고 제후들의 충성을 강조하며 권간들의 월권 행위를 비판하는 부분에 집중하였다는 것은 명분과 도덕이 일탈한 조선 현실에 대한 이진상의 비판의식을 반영하고 있다. 그리고 이적과 난적에 대해서는 토벌討伐과 징벌懲罰[양이적攘夷狄, 주난적誅亂賊]을 강조하고 있어 화평이나 맹서에 대해 이진상의 비판적인 인식을 반영하고 있다. 천리를 받들고 사욕에 대해 경계[존천리存天理, 알인욕遏人慾]하는 주자학자로서의 도덕의식을 반영한 부분도 있다. 같은 사안에 대해서도

30) 313편의 안설을 7가지 기준으로 내용 분류하여 정리하면 正名分 50%, 明禮制 8%, 評敍述 15%, 誅亂賊 7%, 攘夷狄 8%, 存天理 7%, 遏人慾 5%로 나누어진다.

권	正名分	明禮制	評敍述	誅亂賊	攘夷狄	存天理	遏人慾	
1	7	3	0	3	1	1	3	18
2	10	1	6	0	1	1	1	20
3	12	1	6	1	2	4	3	29
4	8	1	4	0	4	0	0	17
5	5	3	4	0	6	0	2	20
6	11	1	2	1	1	1	1	18
7	5	4	2	0	6	3	1	21
8	3	1	5	5	0	0	0	14
9	6	0	0	8	0	0	0	14
10	11	1	3	0	1	0	0	16
11	9	2	1	0	0	1	0	13
12	23	3	2	0	1	0	2	31
13	3	1	1	1	0	3	0	9
14	4	0	0	0	0	0	0	4
15	6	0	2	0	0	1	0	9
16	6	0	0	1	0	1	0	8
17	8	2	0	1	0	2	0	13
18	3	0	3	1	1	4	1	13
19	11	0	1	1	0	0	0	13
20	7	0	4	0	1	1	0	13
소결	158	24	46	23	25	23	14	313
%	50	8	15	7	8	7	5	100

『좌전』이나 『호전』의 해석보다 도덕적 명분론이 강하게 작동하고 있다.[31] 이러한 명분론이 강조된 것은 『춘추』에서 당시의 위기상황에 대한 극복 논리를 찾으려 하였던 이진상의 생각이 반영되었기 때문이다.

예제나 자구 포폄의 적용과 같은 구체적 사안[명예제明禮制, 평서술評敍述]을 언급한 곳도 있으나 고증적 측면에서 다양한 논의는 끌어내지 못하고 대부분 주자학의 기준에서 평가한 단문에 그치고 있다.

2) 『춘추익전』의 편찬과 편찬정신

이진상은 『춘추』가 노魯의 역사를 기록하였지만 실제로는 노魯 은공隱公 1년에서 애공哀公 13년까지 12대 242년간만 기록되어 있으며, 또한 역사 사실에 필삭의 필법을 가하였기 때문에 산삭된 부분이 적지 않다고 보았다. 『춘추』 이전의 시기를 다룬 것으로는 진秦 때 많이 없어졌지만 김이상金履祥의 『통감전편通鑑前編』[32]과 유서劉恕의 『자치통감외기資治通鑑外記』[33]가 있으며 주자 『강목綱目』이 주周 위열왕威烈王 23년 즉 노 목공穆公 7년부터 적고 있으므로 결과적으로는 애공 14년에서 목공 7년 사이의 기록이 빠지게 되었다는 것이다.[34]

이진상은 누락된 전후한 시기를 보충하고 『춘추』에서 기록된 시기를 보정한 일종의 역사서로 3권 3책의 『춘추집전春秋集傳』을 편찬하였다.

---

31) 『춘추집전』 권2. 桓公 元年[庚午] 春王正月公卽位에 대한 기사에서 호전이 '卽位'하고 한 것조차도 '弑'라고 직서해야 한다고 생각한 것이 그러한 예이다.

32) 金履祥. 『資治通鑑前編』; 1983. 문연각사고전서. 상무인서관.

33) 劉恕. 『資治通鑑外記』; 民國 24년. 『자치통감』. 世界書局. 외기는 劉恕의 편찬인데 이진상은 '劉原父外記'라고 적고 있다. 劉原父는 劉敞으로 『유씨춘추전』, 『춘추권형』, 『춘추의림』을 지었다. 따라서 이진상이 착각하였던 것으로 보인다.

34) 『寒洲先生文集』 29. 「序」. 〈春秋翼傳序〉; 『春秋翼傳』. 〈序〉. 『한주전서』. 449쪽. "春秋魯史也 魯自伯禽始封 三百九十四年而入春秋 春秋後七十九年而入綱目 今之欲由綱目而溯春秋由春秋而觀魯史者 每患首尾橫決"

1875년(고종 12)에 『춘추집전』을 지은 지 2년 뒤인 1877년(고종 14)에 이 책을 지었다. 이 책의 구성을 보면 본기의 형태로 주의 본기와 세가를 간략히 적고 이어 노의 역사를 편년순으로 다루되 『춘추』에서 다룬 시기를 기준으로 전편, 내편, 후편으로 구분하였다. 전편은 『춘추』 이전 시기로 노魯 백금伯禽 1년에서부터 혜공惠公 46년까지의 393년간을 기술하였으며, 내편에서는 은공 원년에서 애공 13년까지의 『춘추』 기록 가운데 빠진 것을 『좌전左傳』, 『국어國語』, 『사기史記』 등에서 뽑아 보충하였으며, 후편에서는 『춘추』 이후 시기로 애공 14년에서 목공 7년까지의 79년간을 기술하였다. 목공 8년 이후는 주자의 『강목』에서 다루고 있으므

목차	대상	비고
春秋翼傳序		李震相, 1877
	周天王本紀, 魯侯世家, 蔡侯世家, 曹伯世家, 衛侯世家, 滕侯世家, 晉侯世家, 虞公世家, 虢公世家, 燕伯世家, 鄭伯世家, 宋公世家, 陳侯世家, 杞伯世家, 齊侯世家, 紀侯世家, 許男世家, 薛侯世家, 邾子世家, 小邾子世家, 秦伯世家, 莒子世家, 吳子世家, 楚子世家, 越子世家	
권1 전편	魯公 元年- 惠公 四十六年	편년기록
	春秋前諸國年表	周本紀, 魯世家, 蔡世家, 曹世家, 衛世家, 晉世家, 燕世家, 鄭世家, 宋世家, 陳世家, 齊世家, 秦世家, 楚世家
권2 내편	(隱公 元年- 哀公 十三年)	편년기록
권3	春秋中諸國年表	周本紀, 魯世家, 蔡世家, 曹世家, 衛世家, 晉世家, 燕世家, 鄭世家, 宋世家, 陳世家, 齊世家, 秦世家, 楚世家
권4 후편	哀公 十四年 - 穆公 七年	편년기록
	諸國入綱目後紀年	周本紀, 魯世家, 衛世家, 晉世家, 燕世家, 鄭世家, 宋世家, 齊世家, 秦世家, 楚世家, 越世家

로 중복해서 적지 않았다.

편찬체재는 『춘추』의 규례規例에 따라 노의 역사를 적으면서 편년체로 서술하였다. 강綱과 목目으로 나누어 서술하였으나 강을 특서特書하지 않고 목과 연서連書하였으며 매 해의 시작에서는 춘왕春王이라는 용어를 별도로 적지 않음으로써 『춘추』의 경문과 구별하였다. 편찬의 기본 체재는 강목의 형태를 수용하고 있으며, 문자를 통한 포폄에도 유의하고 있다.

이 책은 기전체의 본기와 세가의 형태를 취하여 주천왕본기周天王本紀를 앞세우고 각 열국을 세가世家로 다루어 존주尊周의 의식을 드러내었다.[35] 전편前編도 연기상年紀上으로는 노공魯公 원년에서 시작하지만 실제 서술은 주周 성왕成王 원년이자 노공魯公 6년 천왕의 명을 받아 취국就國한 때부터 시작하고 있다.[36] 이 책은 비록 한정된 시기를 다룬 경전으로서의 『춘추』를 보정할 목적에서 편찬하였지만, 『춘추』에 기록된 시대가 일정한 역사적 시기임을 기전체 형태의 기술을 통해 보여줌으로써 존주의식과 대일통의식을 더욱 선명하게 밝히려 하였다. 이러한 존주적 관점을 견지하면서 『춘추』의 전후 시대를 편년순으로 정리한 책은 중국에서도 시도되지 않았던 것으로 조선에서 편찬되었다는 것은 일정한 학사적 의의가 있다.[37]

---

35) 『春秋翼傳』. 〈序〉. "余以謏學 晩好春秋 旣以据元經而集正傳 更掇其遺 別爲翼傳三篇 其曰前篇者經前之逸乘 內篇者經內之闕文 後篇者經後之實蹟 而不敢變元經規例 仍以魯爲主而摭綱陳目 祖用尊周之義 蓋以所掇拾者 猶是魯史之舊也"

36) 『春秋翼傳』 권1. "前編起魯公元年終惠公四十六年戊午 凡三百九十三年(春秋以前 史籍盡入秦火 存者僅一二於千百 而共和以前 幷年代多不可考 今依纂要及史記世家 檃括入錄 以備逸乘) 丙戌 周 成王 元年 魯公六年 承天王命就國"

37) 중국의 경우 좌전의 서체를 활용한 저술이 뒤에 나왔으나 춘추 시대를 직접 다루지는 않았다. 진 樂資가 『春秋後傳』을 편찬하면서 전집을 이으려는 의식을 가지고 노 哀公에서 秦二世의 멸망에 이르기까지를 다루었을 뿐이다(章如愚. 『群書考索』 권 6. 「春秋類」. 〈後史準左傳體〉; 1983. 문연각사고전서). 현재는 전하지 않는다.

이진상이 이 부분을 집필하면서 크게 참조한 역사서는 『사기』와 함께 이동양李東陽의 『역대통감찬요歷代通鑑纂要』[38]였다. 중국에서 간행된 이 책을 조선에서는 영조의 명에 의해 당시 경상도관찰사였던 남태량南泰良이 1750년(영조 26) 영영嶺營에서 간행하였다. 이 책은 『춘추』 이전의 시기를 적은 책으로 당시 조선에서 참고할 수 있었던 대표적 저술이었다. 그 외 인용서를 보면 『사기』와 『한서』 등 정사류, 13경과 제자서 등 경학서류, 『세본』, 『월절서』, 『열녀전』, 『여지지』, 『여씨춘추』, 『오월춘추』 등 별사류 등을 집필에 이용하고 있다.[39]

3. 조선 춘추학상의 위상

1) 중국 춘추학의 전개

『춘추』는 노의 공식 역사서인데 공자가 재구성하였다. 『춘추』는 경문이 난해하고 연대기 위주로 적혀 있어서 중국에서는 한대까지 5종의 주석서가 있었다. 이후 이 주석서를 중심으로 이루어진 『춘추』 연구는 이를 '춘추학春秋學'이라고도 할 수 있을 정도로 경학적 측면에서 학문적 성취가 있었다. 그런데 『춘추』 주석서는 일찍부터 2전이 사라지고 『공양전』, 『곡량전』, 『좌전』 3전이 남게 되었다. 이들 3전은 『춘추』 경문

---

38) 李東陽. 1519. 『歷代通鑑纂要』. 중국본 正德 2년(1507) 서문. 1519년 愼獨齋刊 간행. 조선본 영조 26년(1750) 嶺營 간행.

39) 현대 역사학에서 서주와 춘추시대를 연구할 때 이용할 수 있는 기본 문헌 자료로는 『일주서』, 『죽서기년』, 『세본』, 『춘추』 3전, 13경, 제자서, 『사기』, 『한서』 등을 들 수 있다. 춘추시대와 관련하여 『안자춘추』, 『여씨춘추』, 『오월춘추』, 『월절서』, 『열녀전』 등도 같이 활용될 수 있다. 이진상도 어느 정도의 기본서는 확보하여 『춘추익전』을 편찬하고 있음을 알 수 있다.

을 이해하는 방식에서 조금씩 입장을 달리하고 있다.

한대漢代 춘추학의 주류는 공양학이라고 할 수 있다. 공양학이 주창하였던 중앙집권의 대일통 논리나 왕권 옹호 주장은 당시 통치자들의 환영을 받으면서 적극 수용되었다.[40] 한초 공양학자인 동중서董仲舒는 『춘추』의 논리를 시대의 추이에 부합하도록 신비적 색채를 더하였다. 그러나 이러한 신비적 색채는 공양학을 현실과 유리되게 하였으며, 동한 이후에는 오히려 좌씨학이 크게 일어나게 되었다. 좌씨학은 『춘추』의 경문에 역사적 사실의 측면을 전문으로 덧붙임으로써 사람들에게 크게 수용되었다.

중국은 북송에 이르러 강력한 이민족의 침략이 있었다. 흠종 때 정강의 난(1127)에 의해 두 황제가 금에 포로가 되는 치욕을 겪었다. 임안臨安에 건립한 남송에서는 계속된 외적의 침략에 따라 이민족에 대한 멸시관과 중화 우월주의가 크게 나타났다. 이에 따라 『춘추』에 대한 연구는 더욱 이념성을 지니게 되었다. 남송대 춘추학은 단순히 3전에 대한 해석에서 벗어나 직접 경문에서 미언대의微言大義를 찾기 시작하였다. 『춘추』 경문 해석에서 대일통과 존왕양이의 논리가 더욱 강하게 나타났다.[41] 대표적인 인물이 남송 고종 소흥 5년(1135) 『춘추』에 새로이 전문을 제시한 호안국胡安國(1074-1138)이었다.

---

40) 『춘추』의 경문 해석에 있어서 어디에 중점을 두는 가에 따라 차이를 보인다. 공양학은 춘추필법이라는 형식을 통해 난세를 극복하고 천하를 통일하여 유교적 왕도국가의 건설을 목표로 하고 있다(김동민. 2014. 『춘추논쟁』. 글항아리. 33-38쪽.; 안영호. 2001. 『춘추공양전 해석체례 연구』. 한양대 박사학위논문. 11-19쪽.). 곡량학에서는 형식적으로는 日, 月, 名, 地의 명칭을 표시하는데 포폄을 두고 있으며, 내용에서는 尊尊親親의 윤리규범을 통해 民本사상으로서의 善政을 강조하고 있다(文廷海. 2005. 『清代春秋穀梁學研究』. 華中師範大 博士學位論文. 5-7쪽.).

41) 牟潤孫. 1990. 「兩宋春秋學之主流」. 『注史齋叢稿』. 臺灣商務印書館. 144-146쪽.
宋鼎宗. 民國 75년 增訂再版. 『春秋宋學發微』. 文史哲出版社. 127-190쪽.

호안국의 『춘추호씨전』 30권은 대의명분과 의리, 존왕양이尊王攘夷를 강조하는 내용이 시대 배경에 부합되면서 남송대 춘추에 대한 표준 해설서로 인정받기에 이르렀다.[42] 원대에는 과거의 고시과목으로 채택되면서 기존의 3전과 함께 4전의 지위에 오르기도 하였다.[43] 주자의 적극적인 지지 속에 주자학파를 중심으로 남송에서 명말에 이르기까지 『호전』은 존왕양이의 의론義論으로 인해 크게 수용되었다.[44] 특히 원 연길延吉 2년(1315) 학관을 세운 이래 사상계의 주류가 되었다.[45]

원말 명초의 『춘추』 연구서 가운데 가장 중요한 저술은 왕극관汪克寬의 『춘추호전부록찬소春秋胡傳附錄纂疏』 30권이었다. 이 책은 『춘추』 경문 상 이동을 살피면서 내용이 『호전』과 다를 경우에는 『호전』을 위주로 하였다. 게다가 의리에 대한 부분은 대부분 『호전』의 내용을 따랐다. 왕극관은 호씨가 정자程子의 뜻을 가장 잘 받들었다고 생각하였다. 주자조차도 『호전』이 의리에 가장 부합한 책이라고 평가하였다고 생각하였다.[46] 후일 명초 국가적 사업으로 호광胡廣에 의해 대전본이 편찬되

42) 호안국의 춘추전에 대한 최근 연구사는 康凱淋. 民國 101년. 『胡安國春秋傳硏究』. 國立中央大學 博士學位論文. 1-10쪽. 참조.

43) 『사고전서총목제요』 권27. 경부 권27. 춘추류 2. 〈호씨춘추전〉; 1929. 만유문고 6. 상무인서관. 25쪽.

44) 趙伯雄. 2004. 『春秋學史』. 山東教育出版社. 496-522쪽.

45) 호안국의 저술에 대해 이미 명대에 비판적 입장이 전혀 없지는 않았다. 陸粲의 『春秋胡氏傳辨疑』(2권), 姜寶의 『春秋事義全考』(16권), 袁仁의 『春秋胡傳考誤』(1권), 楊于庭의 『春秋質疑』(12권)[1983. 문연각사고전서. 대만상무인서관.] 및 徐浦의 『春秋四傳私考』(2권)[1995. 속수사고전서. 상해고적출판사.] 등은 『호전』의 잘못에 대해 구체적으로 지적하기 시작하였다. 명대의 『호전』에 대한 입장은 涂茂奇. 民國 101年. 『明代學者對胡安國春秋傳之檢討研究』. 東吳大學 博士學位論文. 참조.

46) 汪克寬. 『春秋胡傳附錄纂疏』. 「凡例」. "一 近代諸儒 惟胡氏發明程子之意最詳 朱子稱其義理正當 是以國家設科 專用三傳及胡傳 然三傳自有註疏全文 故今纂疏以胡氏爲主 而於經下 分註附錄三傳要語及程子傳 並采止齊陳氏後傳事變始終 附之經文之下 諸侯見於經者 皆旁注謚號 以備參考 地名人名 則引杜氏張氏等註 或諸家註義於經有所發明 而不可附於傳者 亦附於下"(문연각사고전서 165. 7-8쪽.)

었을 때 『춘추대전』은 대부분 이 책의 내용을 활용하였다. 『춘추대전』은 체례에 있어서는 왕극관의 『춘추호전부록찬소』를 따르면서 경문과 해석은 주로 『호전』의 것에 의거하여 가감하였기 때문이다.[47] 『좌전』, 『공양전』, 『곡량전』 3전의 전문도 경문 아래에 부록하였다. 주목할 것은 영락시기 호광에 의해 만들어진 『오경대전』의 하나인 『춘추대전』이 조선 초기 국내에서 간행되면서 조선의 춘추학에 미친 영향이 크다는 점이다.

한편 청초 강희, 건륭대에 이미 포폄의 과도함이나, 이적 표현 문자로 인해 이를 삭제하는 등 『호전』을 비판하려는 움직임이 나타나기 시작하였다.[48] 특히 『호전』이 가지고 있는 양이적 측면은 청의 입장에서는 불편하였다.[49] 청대 관부에서 편찬한 춘추류에서는 존왕적尊王的 측면을 부각시키고, 이를 통해 통치권을 유지해 나가는 치용致用을 달성하려고 하였다.[50] 강희제의 어제찬으로 편찬된 『흠정춘추전설휘찬欽定春秋傳說彙纂』에서는 『춘추』에서 보이던 존왕尊王의 측면은 남겼으나 양이攘夷의 측면은 아예 없앴다. 내용면에서도 4전에서 집전하면서 사실 설명이 강한 『좌전』으로의 편향이 강해졌다.[51]

이후 청대의 춘추학에서는 『좌전』의 훈고와 교감에 힘을 기울이게

---

47) 고염무는 대전본에 대해 "이 전의 책을 취하여 베껴 위로는 조정을 속이고 아래로는 선비들을 속였으니, 당 · 송 대에 이와 같은 일이 있었던가. 경학의 폐단은 실로 이로부터 비롯된 것이다"고 매섭게 비판하였다(고염무. 『일지록』 권 18. 「사서오경대전」: 1984. 『일지록집석』 2. 상해고적출판사. 1387쪽.).

48) 康凱淋. 民國 99年. 「論淸初官方對胡安國春秋胡氏傳的批評」. 『漢學硏究』 28권 1기. 295-323쪽.

49) 『춘추호씨전』 가운데 청대 관부에서 나온 사고전서나 사고전서회요본의 경우에는 양이적 측면의 구절들이 삭제, 변개되어 있으므로 열람시 주의를 요한다. 송간본으로는 사부총간본(1976. 四部叢刊續編. 대만상무인서관.)이 있다.

50) 유가화. 1995. 「청대의 좌전 연구」. 『제5회 동양학 국제학술회의 논문집』. 311쪽.

51) 이재천. 『흠정춘추전설휘찬』; 1983. 문연각사고전서. 대만상무인서관.

되었다.[52] 청대에는 관부에서의 어제 편찬물을 이어 사찬 주소류에서도 『호전』을 비판하는 저술이 이어졌다. 유여언兪汝言(1614-1679)의 『춘추사전규정春秋四傳糾正』(1권), 모기령毛奇齡(1623-1716)의 『춘추모씨전春秋毛氏傳』(36권), 초원희焦袁熹(1661-1736)의 『춘추궐여편春秋闕如編』(8권), 장자초張自超(1653-1718)의 『춘추종주변의春秋宗朱辨義』(12권)[53] 등이 그러하다.

한편 장존여莊存與(1719-1788), 공광삼孔廣森(1752-1786), 유봉록劉逢祿(1776-1829) 등의 상주학파常州學派에 이어 청말 금문학자들이 『공양전』을 위주로 연구를 이어가 춘추학의 분과로서 공양학이 부흥하였다.[54] 청말 정치적 격변기에 강유위康有爲는 공자가 『춘추』를 개제改制한 것으로 해석하여 자신의 정치사상을 알리는 수단으로 삼음으로써 공양학은 삼세三世와 삼통설三統說 사상을 바탕으로 세상을 바꾸는 개혁적 성격을 지니게 되었다.[55]

2) 조선 춘추학의 전개

조선 초기 유학이 시대의 지배사상으로 등장하면서 기본 경전인 사서삼경 공부도 일반화되었으며, 이에 따라 경전에 대한 주석과 해석에 주의를 기울이게 되었다. 조선 초기 춘추학에서는 『좌전』이 크게 중시되었다. 세종은 『좌전』의 해석에 두예杜預의 주석이 중요하다고 보았으며, 집현전 학사들로 하여금 『좌전』에 두예를 비롯한 학자들의 주석을 모

52) 趙伯雄. 2004. 『春秋學史』. 山東教育出版社. 593-686쪽.

53) 위의 책은 모두 사고전서에 수록되어 있다(1983. 문연각사고전서. 대만상무인서관.). 해제로는 永瑢 外. 『四庫全書總目提要(6)』. 1929. 萬有文庫. 商務印書館. 및 周中孚. 『鄭堂讀書記(2)』. 1933. 萬有文庫. 商務印書館. 참조.

54) 孫春在. 民國 74년. 『清末的公洋思想』. 臺灣商務印書館. 25-56쪽.

55) 孫春在. 民國 74년. 『清末的公洋思想』. 臺灣商務印書館. 130-145쪽.

아 『춘추경전집해春秋經傳集解』를 출판하도록 하였다.[56] 이 책의 편찬은 조선에서 독자적인 경전 편집이 시도되었다는 의미가 있다. 이어 대전본 간행 사업의 일환으로 『춘추대전』이 간행되면서 조선에서 대전본은 『좌전』과 함께 『춘추』 해석서의 기본으로 받아들여졌다.[57]

조선 주자학자들은 『좌전』을 기본으로 하면서도 대전본 혹은 그 근원에 있는 『호전』에 주목하였다.[58] 『호전』은 편년의 사실은 『좌전』에 기본하면서도 대의는 『공양전』과 『곡량전』의 것을 수용하고, 자세한 설명은 대부분 정호의 설에 근거하였다.[59] 주자는 비록 『호전』을 비판적으로 언급하였지만 호안국의 『호전』이 다른 것보다는 나은 것으로 인정하였다.[60] 이에 따라 조선 성리학자들은 『호전』이 북송 이정二程의

---

56) 『춘추경전집해』는 世宗이 1440년(세종 22) 집현전 학사에게 명하여 만든 조선간본 『춘추좌씨전』이다. 杜預(222-284)의 『春秋經傳集解』를 바탕으로 林堯叟의 『音註全文春秋括例始末左傳句讀直解』와 朱申의 『春秋左傳詳節句解』의 해설을 '附註'로, 陸德明의 『經典釋文』, 林堯叟와 朱申의 龝音 등을 '音訓'으로 부가하여 재편집하였다. 이는 『좌전』을 기본으로 한 당대 조선의 춘추학 수준을 보여준다(『春秋經傳集解』, 卷首, 〈序〉. "春秋左氏傳註釋非一家 杜預集解精要 而或失之簡 林堯叟朱申句解 纖悉而頗傷於繁 必須參考始會歸趣 歲庚申夏五月 上命集賢殿 裒輯數家之說 合成一書 以杜本爲主 林朱則刪繁撮要 特加附註二字入于逐節之下 又採陸德明釋文林朱龝音 名曰音訓 以附其後 若乃年上經傳兩字 皆用陰字 與夫年書甲子 節加圈點 實倣林朱之例 至於十二公年首列國紀年 本出林註 今依大全 不標姓氏以剗其煩 凡此規模 皆稟宸斷 於是文辭曉析節目分明 不費考較 而便於覽閱 誠有補於後學云") 이 책은 『춘추좌씨전』이라는 이름으로 영인되었다(『춘추좌씨전』. 1986. 보경문화사. 7쪽).

57) 조선초기와 중기에는 대전본이 크게 유행하였다. 대전본의 조선간본으로는 강희맹의 발문이 있는 『春秋集傳大全』이 대표적이다. 염종일. 2004. 「조선시대에 간행된 춘추 주해의 제판본에 관한 연구」. 중앙대학교 석사학위논문.

58) 조선 학자들의 4전에 대한 논평을 수집 분류한 것은 김영기. 1995. 『한국춘추학연구』. 대만 정치대 박사학위논문. 350-363쪽. 참조.

59) 피석서는 『호씨전』에 대해 비판적으로 평가하였다. "공평하게 말해서 호씨의 춘추는 대의는 맹자에 근본을 두었으며, 글자의 포폄은 공양과 곡량에 근거를 두었으므로 그것이 모두 잘못된 것이라고는 할 수 없다. 그러나 공양·곡량의 양가를 벗어나려고 애를 써다보니 매우 각박하게 다루었으며, 풍자하여 말한 것이 너무 많았다."(皮錫瑞. 『經學歷史』. 民國69년. 臺灣商務印書館. 인인문고 771. 52b쪽.)

60) 『주자어류』에서 『춘추호씨전』에 대한 언급을 보면 주자는 『호전』에 대해 비록 견강부회한 부분이 없지는 않으나 이리를 논한 부분은 부합하는 바가 많다고 보았다(『주자어류』 권83.

학문을 계승하였으며 이를 주자도 인정하였다고 받아들였다.[61] 조선 초기 강희맹은 「춘추사전발문」에서 호안국이 군부를 존숭하고 난적을 토벌하려는 의도에서 『춘추전』을 지었다면서 호씨의 『춘추전』을 읽은 후에야 "공자가 노의 역사를 빌어 존왕의 법을 말하여 혼란한 세상을 바로잡으려고 하였던 뜻을 알 수 있게 된다"[62]고 적고 있다.

그리하여 조선 주자학자들은 『좌전』 외에 4전의 하나인 『호전』을 중요하게 여겼으며, 이에 따라 『호전』의 다양한 간본이 나오게 되었다.[63] 1439년(세종 21) 경주부에서 『춘추호씨전』을 간행한 이후[64] 여러 차례 『호전』이 간행되었다.[65] 조선 주자학자들의 문집에 수록된 춘추 관련 논설에서는 『호전』에 대한 경도傾倒가 뚜렷하였다.[66]

「춘추」; 2002. 『주자전서』 17책. 상해고적출판사. 2845쪽. "胡春秋傳有牽强處 然議論有開合精神"). 다만 사실에는 밝지 못한 점이 있다고 생각하였다(『주자어류』 권 83. 「춘추」; 『주자전서』 17책. 2847쪽. "胡文定說春秋 高而不曉事情"). 주자의 『춘추』 관련 자료 집성은 錢穆. 「朱子之春秋學」. 『朱子新學案』 4책; 1998. 『錢賓四先生全集』 14. 聯經出版事業股份有限公司. 107-126쪽. 참조.

61) 홍승태. 2011. 「胡氏春秋傳과 朝鮮의 龍柏祠」. 『중앙사론』 33. 130쪽.

62) 姜希孟. 『私淑齋集』 10. 「跋」. 〈春秋四傳跋〉. "至宋胡氏安國 身遭靖康之變 作爲傳解 尤嚴於尊君父討亂賊之義 深得春秋之大法 故讀春秋者 主胡氏而參以三傳 然後仲尼假魯史寓王法拔亂世反之正 微詞奧旨 庶有所發明矣"

63) 조선에서의 『춘추호씨전』의 수용 양상은 별도의 고찰이 필요하다. 저술의 형태로 나타난 것을 중심을 보면 權撥의 「春秋胡傳箚義」(『冲齋先生文集』 소수)를 비롯하여 李惟樟의 『春秋輯註』, 朴世采의 『春秋補編』, 李宗洙의 「春秋胡氏傳箚疑」(『后山先生集』 소수), 朴致遠의 「春秋」(『雪溪隨錄』 소수) 등은 대체로 『호전』에 경도된 입장에 서고 있다.

64) 경희대 · 고려대도서관. 1439. 『춘추호씨전』. 正統己未(1439) 柳義孫跋.

65) 조선간본 『춘추호씨전』은 대부분 胡安國의 『호전』에 林堯叟의 音註가 추가된 판본이다. 다만 중종 37년(1542) 金安國의 요청으로 간행된 『春秋集解』(『중종실록』 권98, 중종 37년 5월 정해)는 正統 6年(1441) 明의 陳喆이 편찬한 『春秋胡氏傳集解』를 저본으로 하였다. 이 책은 중국에서는 그다지 알려지지 않았으나(涂茂奇. 『明代學者對胡安國春秋傳之檢討研究』. 371쪽.) 조선에서는 왕의 내사본으로 활용되면서 조선 호씨학에 미친 영향이 크다.

66) 조선학자들의 문집에 보이는 춘추 관련 논설의 목록은 다음을 참고.
尹南漢編. 1982. 『雜著記說類記事索引』 春類. 韓國精神文化研究院.
金榮奇. 1995. 附錄4 「韓國春秋著作總表」. 『韓國春秋學研究』. 政治大 博士學位論文.
1998. 『韓國經學資料集成』 134-145(春秋 1-12). 成均館大學校出版部.

18-19세기는 조선 경학사에서 중요한 시기였다. 특히 정조대 중국의 고증학 저술이 본격적으로 조선에 도입되면서 다방면에서 경학 연구가 궤도에 올랐다. 이에 따라 『춘추』에 대해서도 다양한 접근이 이루어졌으며, 대표적인 인물로는 정조正祖(1752-1800), 정약용丁若鏞(1762-1836), 심대윤沈大允(1806-1872), 이진상李震相(1818-1886) 등을 들 수 있다. 그런데 정조와 심대윤 등은 『좌전』의 전문에 주목하여 『좌전』의 내용을 고증적으로 입증하려는 연구를 지속하였다. 정조와 심대윤은 직전까지 사상계에서 강세를 보였던 『호전』 위주의 『춘추』 이해와는 달리 오히려 『좌전』에 더 중점을 두었다. 물론 정조와 심대윤이 『좌전』에 주목하였다고 하더라도 그 내용은 달랐다.

정조는 『춘추』를 공자가 정리한 이후 수많은 변례變例나 특례特例가 나오면서 오히려 『춘추』의 본의가 가려졌다는 관점에서 접근하여 『춘추』 본래의 대일통의 뜻을 보아야 함을 강조하고 있다.[67] 그리하여 『춘추』를 말하고자 한다면 『좌전』을 위주로 해야 하며 『좌전』을 말하고자 한다면 두예의 주를 위주로 해야 한다고 보았다. 정조는 『춘추좌씨전』을 조선적 관점에서 정리하고자 하였다. 정조는 1796년 주자의 『강목』에에 따라 경문을 강으로, 전문을 목으로 편집하도록 하였으며, 이듬해 간행되었다.[68] 이 때 간행된 『춘추좌씨전』은 『공양전』과 『곡량전』의 일부 내용도 참조한 위에 『좌전』을 기본으로 구성되었다. 『춘추좌씨전』

67) 김동민. 2014. 「正祖의 經史講義를 통해 본 春秋 경전의 이해」. 『東洋哲學硏究』 79. 김동민. 2014. 「正祖의 經史講義를 통해 본 春秋學의 핵심 쟁점」. 『유교사상문화연구』 56. 김동민. 2014. 「正祖의 策問:春秋를 통해 본 조선조 春秋學의 문제의식」. 『東洋古典硏究』 56.

68) 정조대 간행된 『춘추좌씨전』은 황운조 필체의 활자본과 조윤형 필체의 목판본이 있다(김문식. 2000. 「대일통과 의리의 문헌」. 『정조의 경학과 주자학』. 문헌과해석사. 108쪽.). 경문사(민추), 학민문화사 등에서 영인 간행한 『춘추좌씨전』은 정조대 간행한 활자본을 영인한 것이다.

이 간행된 것은 정조가 1792년 문제반정을 통해 당시 지식계의 판도를 뒤흔들어 놓은 직후였다. 패사소품 혹은 서학서를 막고 사학을 종식시켜야 한다는 정조의 관점에서 본다면, 사서오경 그리고 그 가운데『춘추좌씨전』의 간행은 정학을 수호하려는 정조의 의지가 반영된 것으로 판단된다.

심대윤은 4전을 비판적으로 계승하면서 별도로 새로운 춘추 연구서인『춘추사전속전』을 편찬하였다. 그 내용은『좌전』에 기초하여『호전』의 내용을 반박한 것이 대부분을 차지한다. 심대윤은『호전』의 주관적인 포폄 체계를 비판하고 천하 시비를 공정하게 분별하려고 하였다. 또한 존주와 대일통에 입각한 명분의 화이론을 대신하여 공자의 정신을 실천하는 문화적 화이론을 제시하였다.[69] 그런데 심대윤의 학문적 성격이 기존의 정주학적 세계관으로부터의 이탈에 있었다는 관점에서 본다면[70] 성리학적 춘추인식의 근간이었던『호전』은 변석의 대상이 될 수밖에 없다.

한편 정약용은 예적 질서의 구체적인 적용을 확인하기 위해『춘추』의 시기와 제도에 대해 주목하였다.[71] 정약용의『춘추』연구는 단순히 자구를 고증하려는 경전 해석학이 아니라 경전이 반영하고 있는 시대 연구로 나아가 춘추시대 구체적인 예제 연구의 일환으로『춘추』를 받아들인 것이다.[72]

---

69) 장병한. 2008.「19세기 白雲 沈大允의 春秋四傳續傳에 관한 일고찰 - 公正, 實利의 춘추 해석 관점에서 -」.『한국실학연구』16.

70) 장병한. 2008.「白雲 沈大允의 左國定論 一考 - 實學主義的 價値觀 把握을 중심으로 -」『헌문학보』18.

71) 琴章泰. 1987.「茶山禮學에서의 祭天儀禮問題 - 春秋考徵을 중심으로 -」.『한국실학사상연구』. 집문당.
금장태. 1997.「다산의 社稷祭와 체제 고증」.『宗教學研究』16.

72) 박성진. 2002.「한, 중 중세지식소통에 관한 연구 - 다산의 춘추관을 통해 본 춘추학의 소통 -」.

정조대『춘추』에 대한 고증적 연구와 함께 고전 경문으로서의『좌전』이 주목을 받기도 하였으나 그 이후는 세도정치와 외척정치 시대가 이어지면서 청대 고증학의 다양한 학문이 조선에 제대로 수용되지 못하였다. 오히려 19세기말 위기적 상황이 이어지면서『호전』이 재주목을 받기 시작하였다. 이 때 이진상의『춘추집전』을 위시하여 거질의『춘추』저술이 나타났다. 서수석徐壽錫(1841-1925)의『춘추전주초찬春秋傳註抄纂』과 홍균표洪匀杓(1872-1942)의『춘추화동집해春秋華東集解』[73] 등은 이 시기 춘추학을 대표한다. 그런데 이들의 연구를 보면『호전』에 대한 경도가 두드러진다. 이들의 주석 내용과『호전』에의 접근 양상을 보면 사상적으로 조선중기 주자학자들이 가지고 있었던『춘추』에 대한 인식과 크게 다르지 않다. 이들의 역사의식의 근간에서는『호전』에서 강조한 양이관과 의리관이 내재해 있었다. 그런데 의리론적 측면에서『호전』이 다시 주목된 것은 서양세력의 침략이라는 일련의 위기적 상황이 조성되었기 때문이었다.

이러한『호전』에 대한 경도 현상은 중국 춘추학과 차이가 있다. 중국의 공양학이 청말 근대적 개혁의 사상적 기초가 되었던 것에 반해, 조선 춘추학에서는 공양학에 대한 접근이 부족할 뿐만 아니라 설령 공양학을 언급하여도 참위성을 비판하는 입장에서 전개되어[74] 청말 공양학이 가지는 개혁성을 보이지 못하고 있다. 조선에서는 청말 공양학이 담

『中國文學研究』 24.
이유진. 1999.「丁若鏞 春秋考徵의 연구」.『孔子學』 Vol.5 No.1.
김동민. 2012.「春秋의 禮制에 대한 春秋考徵의 분석과 고증」.『유교사상문화연구』 49.
김동민. 2012.「茶山 丁若鏞의 春秋에 대한 이해와 해석 방법 - 春秋考徵의 "不書卽位"에 대한 분석을 중심으로-」.『溫知論叢』 31.
김동민. 2012.「茶山 春秋考徵의 杜預에 대한 비판과 변론」.『東洋哲學研究』 71.

73) 大東文化研究院. 1998.『韓國經學資料集成』 144-145(春秋 11-12). 成均館大學校出版部.

74) 韓章錫.「讀公羊傳」.『眉山集』.

당하였던 새로운 시대의 개막을 위한 이론적 근거로서의 『춘추』 재해석은 나오지 않았다.

경학의 측면에서 본다면 이진상은 청대의 발전된 경학 해석에 대한 지식이 보이지 않는다. 연구에 대한 수준도 4전에 대한 선택적 집전과 함께 전문에 대한 의리론적 해석이 추가된 모습을 보이고 있다. 1777년 서호수가 구입한 『고금도서집성』, 1778년 심염조가 구입한 『통지당경해』, 1832년 편찬자 완원의 아들인 완상생阮常生이 추사 김정희에게 부내준 『황청경해』의 도입으로 서울 일원에서의 경학 연구 수준의 도약에도 불구하고[75] 성주에서 청대 고증학의 연구 성과를 확보하기는 어려웠을 것으로 보인다. 따라서 경학 연구의 수준에서는 중국의 고증적 연구 수준을 따라가지 못하고 있다.

그런데 이진상은 『춘추』의 해석에 있어서 경문의 고증적 주석보다는 오히려 경문에 자신의 논리와 의미를 부여하는데 더 힘을 기울였다. 그 결과 『춘추』의 전문 해석에서 의리적 측면이 강한 『호전』의 주장에 경도되는 모습을 보이고 있다. 이진상이 『호전』에 주목하게 된 것은 외침이 노골화되던 당시의 시대적 양상에서 호안국이 당면하였던 시대적 위기와 동질감을 느꼈기 때문이며, 또 이에 따라 존왕의 논리가 반영된 『호전』에 공감되던 바가 많았기 때문이었다.

이진상은 난신과 적자를 토벌討伐하고, 중국中國을 높이고 이적夷狄을 물리치며, 왕도王道를 밝히고 패공霸功을 내치며, 천리天理를 보존하고 인욕人欲을 막으려는 취지에서 『춘추』를 만든 것이라고 보고 있다.[76] 따

75) 藤塚鄰. 朴熙永譯. 1994. 『추사 김정희 또 다른 얼굴(淸朝文化 東傳의 硏究)』. 아카데미하우스. 38-49쪽.

76) 『寒洲先生文集』 권29. 「序」. 〈春秋集傳序〉. "是經也 誅亂臣而討賊子 尊中國而攘夷狄 明王道而黜霸功 存天理而遏人欲 大義炳如也"

라서 이진상의 『춘추』에 대한 연구는 결국 기존의 유교적 도덕국가의 재확립 노력에서 크게 벗어난 것은 아니다. 다만 이러한 도덕적 대응이 현실적인 대응책으로서의 유효성 논란에도 불구하고, 서학의 전래와 외적의 도래를 위기적 상황으로 인식하고 이에 대한 사상적 대비를 추구하였다는 점에서 일정한 사상사적 의의가 있다.

이진상의 행장을 쓴 곽종석은 『춘추집전』과 『춘추익전』의 집필에서 대해도 다음과 같이 그 의의를 밝히고 있다.

> 선생께서는 세도가 날로 패하고 이적이 교통하는 것을 보고서 개연히 슬퍼하여 『춘추집전』을 지었다. 사실 기록은 좌씨를 근거로 하되, 술수에 부회한 것은 다 믿지는 않았다. 의리는 호씨에서 취하되, 지나치게 견강부회한 것은 따르지 않았다. 공양전과 곡량전을 참고하되, 주자의 말씀과 비교하여 취사하였다. 이에 성인이 필삭한 뜻을 오늘 다시 보게 되었다.
>
> 병자년(1876) 일본 군대가 강화에 들어와 조야가 놀랄 때 선생은 향내 사우들과 모여서 그들을 토벌하여 창의하려는 거사를 세웠으나 이미 화의가 이루어져 그만 두었다. 정축년(1877) 여름 향우들과 약속하여 고반동 정사에서 계 모임을 가졌다. 고반동은 동강선생이 독서를 하였던 곳이다. 노사魯史 가운데 『춘추』에서 빠진 부분은 별도로 모아 노공 이하 강목의 처음에 이르까지 전, 중, 후 삼편을 만들어 『춘추익전』이라고 이름지었다.77)

그리고 곽종석은 이진상의 학문에 대해 행장에서 다음과 같이 평가

---

77) 郭鍾錫. 『寒洲先生文集』. 「附錄」 권3. 〈行狀〉. “先生見世道日敗 夷狄交通 慨然有憂 作春秋集傳 事實則據左氏而其傅會術數者則不專信也 義理則取胡氏而其牽强過當者則不曲從也 參之公穀而折衷於朱子之雅言 於是而聖人筆削之意 庶幾可覩於今日也”“丙子日本以兵入江華 朝野震駭 先生與一鄕會議討賊赴義之事 旣而以和成而罷 丁丑春 約鄕友修契于考槃洞 洞卽東岡先生讀書之所也 採魯史之漏於春秋者 上自魯公下至綱目之始 爲前中後三編 名曰春秋翼傳”

하였다.

> 오호라! 선생의 학문은 공언空言에 그치지 않을 것이니, 병자病者는 그 치료 방법을 알게 되고, 본받고자 하는 자는 그 현명함을 얻었다. 하늘이 내려 준 대전大典과 성도聖道의 미권微權을 미루어 알 수 있게 되었다. 아아! 천하 후세가 어찌 패공霸力의 간사함과 만이蠻夷의 교활함에게 끝날 리 있겠는가! 천하가 있다면 『춘추』가 없을 수 없으니, 『춘추』를 읽는 자는 이 책으로 일관一貫된 충서忠恕로 삼지 않아서는 안 된다.[78]

4. 맺음말

한주寒洲 이진상李震相은 현상윤이 조선 성리학의 6대가 가운데 한 사람으로 지목할 정도로 독자적 영역을 지닌 학자였다. 성리학의 측면에서는 이황을 조술하여 서재 명을 조운헌도祖雲憲陶라고 표방하였듯이 주자朱子와 이황李滉을 사숙하였다. 그러면서도 이진상은 이황의 학문을 묵수하였던 데서 벗어나 선진의 경학으로까지 나아가려고 하였다.

그의 학문적 성과 가운데 주목되는 것은 거질의 『춘추』 연구서의 편찬이다. 『춘추집전春秋集傳』에서는 『춘추』에 대한 전문을 수집하고 안설을 덧붙여 경세經世와 존군부尊君父의 대의를 밝혔다. 『춘추익전春秋翼傳』에서는 춘추 전후의 시대사 편찬을 통해 전주尊周와 대일통의식大一統意識을 천명하였다. 이진상은 사실에 대한 측면은 『좌전』의 기록을 취하

78) 郭鍾錫. 『寒洲先生文集』. 「附錄」 권3. 〈行狀〉. "於是乎見先生之學 不止於空言 而病者得其治法者有所斷 天叙之大典 聖道之微權 有可得以推者矣 嗚乎 天下後世其不終於霸力之詐蠻夷之猾而已也 有天下不可無春秋 讀春秋者 亦不可不以是編爲一貫之忠恕也 門人 苞山 郭鍾錫謹跋"

고 의리적인 측면에서는 『호전』의 기록을 취하여 이들 책을 편찬하였다. 이는 조선 중후기 주자학자들이 일반적으로 『좌전左傳』을 위주로 하면서도 『호전胡傳』을 수용한 것의 연장선상에 있다. 그런데 정조 이후 중국으로부터 고증학 서적이 도입되고 독자적인 경학 연구가 진행되면서 『좌전』 수용의 흐름이 정조와 일부 유신 사이에서 나타났다. 이진상은 결과적으로 이러한 흐름에서 다시 『호전』 위주로 간 것이라고 할 수 있다.

경학적 측면에서 본다면 이진상의 춘추학은 고증적 측면에서 청대의 경전에 대한 주석 연구를 따라가지는 못하고 있다. 이진상은 『호전』을 위주로 하면서도 안설을 통해 자신의 의견을 제기하고 있으며, 『호전』의 해석 가운데 경문經文의 뜻에 부합하지 않는 부분을 비판하였다. 춘추학사적 측면에서 본다면 『호전』에 대한 비판과 변화 모색이라고 할 수 있다.

이념적 방면에서는 이러한 변화가 필요하였던 배경에는 당시 제국주의 침략이 있다. 이진상은 지방의 한미한 유학자이었지만 시대적 소명의식을 가지고 있다. 이진상은 한강 정구의 문묘 배향을 청할 때, 서원 철폐를 반대하였을 때, 영남 만인소를 올렸을 때는 직접 회의에 동참에서 지지 의사를 표시하기도 하였으며, 1876년 운양호 사건 때는 성주에서 거의하려 할 정도로 행동으로 나서기도 하였다. 이진상의 이러한 척사적 행동의 이론적 배경에는 춘추학이 있었다. 이진상이 생애의 말기에 『춘추집전』과 『춘추익전』를 통해 경세의식과 존주의식을 보이려고 한 것은 이러한 위기에 대한 학문적 대응이었다. 이진상은 자신의 척사적 입장이 『춘추』의 의리에 닿아 있음을 『춘추』 연구를 통해 표방함으로써 경학적 측면에서 행동의 정당성을 뒷받침하였다.

한주 이진상의 『사례집요』와 예학사상

전 성 건

한주 이진상의 『사례집요』와 예학사상

전 성 건

1. 머리말

한주寒洲 이진상李震相(1818~1886)은 19세기 조선성리학에서 매우 독특한 위상을 차지하고 있는 인물이다. 기호학파의 심설에 대해 기氣를 위주로 심心의 성격을 이해하는 폐단이 있다고 판단하고, 그러한 폐단을 극복하기 위해 심즉리心卽理라는 명제를 제시하고 있기 때문이다. 물론 한주의 성리학적 입장에서의 심즉리 명제[1]는 양명陽明 왕수인王守仁(1472~1529)이 제시한 것이라는 측면에서 퇴계의 후학들에게 수용되지 않고 오히려 비판을 당하기도 하였다.[2] 퇴계 학문에 대한 율곡학파

---

1) 윤사순. 2011. 「寒洲 李震相의 性理學的 '心卽理說'」. 『孔子學』 20. 31-32쪽. 윤사순은 한주의 심즉리설을 '성리학의 심설과 심학적 탐색의 성과'이고, 그런 점에서 조선성리학의 '발전양상'으로 이해해야 한다고 주장한다.

2) 권오영. 2006. 「寒洲 理學의 傳統과 그 사상사적 意義」. 『退溪學과 韓國文化』 38. 45-46쪽. 권오영은 한주의 학설은 퇴계의 그것과 배치된다고 하여 이단으로 몰려 尙州鄕校에서 『寒洲文集』이 불태워지기도 하였으나, 許愈와 郭鍾錫 등이 적극적으로 변론하여 1916년 陶山書院에서 상주의 분서사건이 도산서원의 公議가 아니었다고 해명함으로써 한주 理學이 다시 살아남

의 비판에 대한 변론이 오히려 퇴계의 후학들에 의해 다시 비판받은 것이다.

한주의 창견으로 해석되는 수간竪看 · 횡간橫看 · 도간倒看의 삼간三看과 순추順推 · 역추逆推의 이추二推는 인심도심과 사단칠정을 정밀히 변별해야 하는 데에서 매우 중요한 인식논리를 제공한다. 먼저 삼간은 사물의 이치를 궁구할 때에는 기氣로 이루어진 형적形迹에서 출발하여 이면의 진리를 찾고[倒看], 실재하는 사물 그 자체를 단면을 쪼개듯 해부해서 모든 사물이 리理와 기氣로 이루어져 있음을 파악하고[橫看], 본원의 원리로부터 사물의 현상을 이해하는[竪看] 간법看法을 말한다.[3] 그다음 이추는 일종의 삼간의 운용법으로써 순추는 수간에서 도간으로 내려오는 것이고, 역추는 도간에서 수간으로 올라가는 추법推法이다.[4] 이를테면 순추는 형이상에서 형이하로 내려오는 연역법과 유사하고, 역추는 형이하에서 형이상으로 거슬러 올라가는 귀납법과 유사하다.[5]

이러한 한주의 독특한 리기심성에 대한 분석방법은 한주의 심즉리 명제와 함께 당대의 학자들과 변별되는 그만의 학술적 특징을 보여주고 있기에, 이와 관련된 연구들이 그동안 학술계의 주류를 차지하고 있었던 것으로 보인다.[6] 그러나 이밖에는 경학經學 관련 연구성과[7]와 경세

게 되었다고 하였다.

3) 『寒洲集』 권7. 「答沈穉文」: 竊念理氣之妙, 不相離不相雜, 要在人離合看. 故有就本原上竪看者; 有就流行處橫看者; 有就形迹上倒看者. 窮理之始, 倒看而有所據; 析理之精, 橫看而無所遺; 明理之極, 竪看而得其眞. 故朱子曰天地之間, 只有動靜兩端, 循環不已, 此之謂易, 而其動其靜, 必有所以動靜之理, 此倒看說也.

4) 『理學綜要』: 朱子曰自見在事物而觀之, 則陰陽涵太極, 推其本, 則太極生陰陽. 觀乎物者, 逆推也, 推其本者, 順推也. 逆推者, 人見之始, 順推者 天理之原, 物上逆推, 則靠實理, 理下順推, 則得眞.

5) 이상하. 2003. 「寒洲 李震相 性理說의 입론 근거 연구」. 고려대학교 박사학위논문. 31쪽.

6) 이형성. 2001. 「寒洲 李震相의 性理學 硏究」. 성균관대학교 박사학위논문; 이상하. 2003. 「寒洲 李震相 性理說의 입론 근거 연구」. 고려대학교 박사학위논문 등이 대표적인 것으로 한주에 대한 학위논문과 학술지 논문은 대부분 심성론이 주류를 차지하고 있다. 학파를

학經世學 관련 연구성과[8] 등[9]이 몇 편 제출된 상태이며, 영남유학과 낙중학이라는 지역학 형태의 학술연구도 진행되고 있는 실정이다.[10]

그러나 그의 저술 가운데 매우 중요한 예학분야의 단행논문은 전무하다. 단지 경성대학교 한국학연구소가 편한 ≪한국예학총서≫에 「『사례집요』 해제」[11]와 남재주의 박사학위논문인 「조선후기 예학의 지역적 전개 양상 연구」에서 한주 예학에 대한 설명이 소략하게나마 소개되어 있을 뿐이다.[12] 유자儒者의 소종래가 상례자相禮者였다는 사실은 차치하더라도, 유학의 이념이 구체화되기 위해서는 이념의 실현이 시공간에서 어떻게 전개되고 있는지 살펴보아야 한다. 그리고 그러한 이념의 실천은 의례의 장에서 드러날 수밖에 없다.

> 선생께서 평생 저술하신 것이 매우 풍부하니, 심법은 『문집』에 있고, 학술은 『종요』에 있고, 예를 논한 것은 이 책[『사례집요』]에 있다. 지금 이 세 글이 간행되었으니, 이제야 백세를 기다려 질정할 수 있게 되었다.[13]

다른 글들 또한 理氣心性論의 맥락에서 다루어진 것이다.

7) 김동혁. 1995. 「寒洲 李震相의 『直字心訣』에 關한 硏究」. 『논문집』 13; 이영호. 2006. 「寒洲 經學의 特徵과 그 經學史的 位相: 『論語箚義』에 대한 분석을 중심으로」. 『퇴계학과유교문화』 38; 최석기. 2012. 「寒洲 李震相의 『中庸』 分節說」. 『동양한문학연구』 34.

8) 우인수. 2006. 「『畝忠錄』을 통해 본 寒洲 李震相의 國政改革論」. 『퇴계학과유교문화』 38.

9) 오용원. 2009. 「寒洲 李震相의 詩文學 硏究」. 『대동문화연구』 68; 이행렬 · 정영석. 2014. 「한주 이진상의 山居寫景에 나타난 장소정체성에 관한 연구」. 『휴양및경관연구』 8.

10) 홍원식. 2010. 「영남유학과 낙중학」. 『한국학논집』 40; 홍원식. 2012. 「조선중기 낙중학과 정구의 한강학」. 『한국학논집』 48; 홍원식. 2015. 「한 · 려 이후 조선후기 낙중학의 전개」. 『한국학논집』 58 등.

11) ≪韓國禮學叢書≫ 95~96(1~8) 『四禮輯要』. 2011. 慶星大學校 韓國學硏究所 編. 9-13쪽.

12) 남재주. 2012. 「조선후기 예학의 지역적 전개 양상 연구-영남지역 예학을 중심으로」. 경성대학교 박사학위논문. 116-138쪽. 남재주는 영남지역 예학의 전개과정을 권역별로 구별하고 있는데, 이진상의 경우는 정구, 장현광, 장복추와 함께 성주권으로 소속시키고 있다. 그리고 이진상의 예설의 특징을 살펴볼 수 있는 주제로는 深衣說과 母喪中行父祫祭說 등이 있으며, 이는 性齋 許傳의 『士儀』에 대한 그의 비판적 인식과 맞물려 있는 것이라고 하였다.

1906년 작성된 회당晦堂 장석영張錫英(1851~1929)의 『사례집요四禮輯要』 발문을 보면, 그는 한주의 저술 가운데 가장 대표적인 것으로 심법을 밝힌 『한주문집』, 학술을 다룬 『이학종요理學綜要』, 사례四禮를 다룬 『사례집요』를 꼽는다. 『한주문집』과 『이학종요』 관련 논문들은 앞서 살펴본 것처럼, 기왕의 연구에 어느 정도 반영되어 다루어져 있으나, 예禮를 논한 『사례집요』의 경우는 한 편의 단행논문도 없는 상황이다. 이는 한주의 예학사상 전반에 대한 이해의 수준이 어떤지 알 수 있는 대목이기도 하다. 그러므로 본 논문에서는 먼저 한주의 예학관련 저술을 그의 「연보」를 중심으로 일별해보고, 이후 그의 예학사상이 총집되어 있는 『사례집요』를 전체적으로 조망해보고자 한다.

2. 예禮 관련 저술과 『사례집요』

한주의 예학 관련 저술을 「연보」에 따라 개괄해보면 다음과 같다. 한주는 43세에 『독례차의讀禮箚疑』를 짓고, 44세에 『상제편고喪祭便攷』를 짓는다. 이 둘은 부친상을 당한 이듬해부터 순차적으로 저술된 것이다. 『독례차의』의 내용은 구체적으로 확인할 수 없지만 청대淸代 학자인 건암健庵 서건학徐乾學(1631~1694)의 『독례통고讀禮通考』를 보고 의문 나는 점을 기록해 둔 것으로 『사례집요』의 「서목書目」에 기재되어 있어 한주의 예설에 활용되었음을 알 수 있다. 그런데 『독례통고』는 다산茶山 정약용丁若鏞(1762~1836)의 다수의 예학 저술에 상당한 영향을 준 저술이

13) 『四禮輯要』「四禮輯要跋」: 先生平生論著甚富, 而心法在『文集』, 學術在『綜要』, 論禮在是書. 今三書者已刊, 尙可以俟百世而質之也. … 光武十年丙午七月日, 門人張錫英謹跋.

고, 다산의 예학 저술 가운데 가장 중요한 서적이 『상례사전喪禮四箋』이라는 점,[14] 그리고 『상례사전』이 『사례집요』의 「서목」에 기재되어 있다는 점에서, 이들 사이에 모종의 관련성이 있는 것으로 판단된다.[15][16] 한편 『상제편고』는 상례와 제례를 고구考究하기에 간편하도록 만든 저술로 『사례집요』의 상례와 제례의 초본에 해당된다고 할 수 있다.[17]

48세에는 『사례집요』를 짓는데, 이는 『의례儀禮』를 근본으로 하고 『주문공가례朱文公家禮』, 즉 『주자가례』를 참고하였다. 『사례집요』의 절목 및 예설의 경우는 대부분 동암東巖 류장원柳長源(1724~1796)의 『상변통고常變通攷』와 경호鏡湖 이의조李宜朝(1727~1805)의 『가례증해家禮增解』에 있는 것을 채록하였다.[18] 이는 이 두 저술이 조선 예학에서 갖는 위상과 관련성을 맺는다.

『상변통고』는 『주자가례』의 편차에 따라 장절을 나누고 조목을 세워 고금의 상례常禮와 변례變禮를 모아 부록한 저술이다. 「통례通禮」·「관례冠禮」·「혼례昏禮」·「상례喪禮」·「제례祭禮」와 함께 「향례鄕禮」·「학교례

14) 『독례통고』가 다산의 예학에 상당한 영향력을 행사했다는 점을 다룬 논문으로는 박종천. 2011. 「茶山 丁若鏞의 『讀禮通考』 硏究 初探」. 『한국실학연구』 21. 13쪽 참조. 박종천은 『독례통고』의 직접적인 영향을 『禮考書頂』과 「讀禮通考箋註」 등의 저술에 해당하고, 간접적인 영향을 『風水集議』와 『喪儀節要』 등의 저술에 해당하는 것으로 밝히고 있다.

15) 조선후기 『독례통고』가 수용되는 사회적 맥락을 다룬 논문으로 박종천. 2010. 「朝鮮後期 『讀禮通考의 수용과 영향』」. 『한국실학연구』 20. 478쪽 참조. 박종천은 『독례통고』의 사회적 맥락을 첫째 喪禮를 중심으로 다양한 變禮에 대처할 수 있는 체계적인 예학의 학문적 필요성, 둘째 서울 경화세족을 중심으로 유행했던 藏書풍조의 사회적 분위기, 셋째 山訟으로까지 번지는 風水地理의 폐단을 극복할 만한 합리적 논리와 이론의 필요성을 언급하였다.

16) 『독례통고』는 각주14와 각주15에서 제시한 2편의 연구뿐이다. 청대 고증학의 성과를 보여주고 있다는 점에서 앞으로의 후속연구가 필요하다. 더불어 다산과 한주의 연결고리를 보여주고 있다는 점에서 다산과 한주의 예학적 성과뿐만 아니라, 경학과 경세학 등의 분야에서도 비교연구가 필요하다.

17) 『寒洲集』 附錄 권1. 「年譜」: 庚申【先生四十三歲】正月: ○撰『讀禮箚疑』【後合『四禮輯要』】/ 辛酉【先生四十四歲】: 輯『喪祭便攷』【後合『輯要』】

18) 『寒洲集』 附錄 권1. 「年譜」: 乙丑【先生四十八歲】: 撰『四禮輯要』【一以『儀禮』爲本. 而參之於『朱文公家禮』, 其節日及我東禮說, 多采於柳東巖『通攷』. 李鏡湖『增解』之編.】

學校禮」·「국휼례國恤禮」·「가례고의家禮考疑」로 구성되어 있다는 점에서, 『상변통고』는 『주자가례』를 넘어 『의례경전통해儀禮經傳通解』의 전개방식[19]에 의거하여 작성된 것이라고 할 수 있다. 공가례公家禮의 사가례私家禮에로의 영향관계를 고려하여 사가례의 영역을 확장해 나간 것이다. 더불어 스승인 대산大山 이상정李象靖(1710~1781)의 『결송장보決訟場補』[20]가 사례四禮 위주로 상례와 변례를 통합하고 있는 방식인데 반해, 동암의 『상변통고』는 그 규모와 범위를 확대한 예서이기도 하다.[21]

반면 『가례증해』는 『주자가례』를 기반으로 하되 변례를 증보[增]하고 고례를 끌어다 해석[解]하여 변례의 의미를 밝히는 한편, 중국과는 시공간을 달리하는 조선에서 변례를 시행하기 위해서 저술한 것이다. 이처럼 『가례증해』는 『주자가례』에 실려 있지 않는 변례를 채록하여 증보하는 한편, 『주자가례』의 내용을 고례에 근거하여 보완하려는 기획 아래에서 쓰인 저술이다. 특히 「관례」·「상례」·「제례」의 첫머리에 『가례의절家禮儀節』과 『상례비요喪禮備要』에 따라 해당 의례에 필요한 인원

19) 『의례경전통해』의 체제는 「家禮」·「鄕禮」·「學禮」·「邦國禮」·「王朝禮」·「喪禮」·「祭禮」의 7개의 부문으로 이루어져 있다. 이러한 체제는 漢代 劉向과 鄭玄이 정한 『儀禮』의 편차를 기본으로 唐代 賈公彦의 견해를 수용한 것이다.

20) 대산은 38세 때 부친상을 당하여 시묘살이를 하면서 상례와 제례를 중심으로 『決訟場』을 편찬하였다. 그 뒤에 관례와 혼례를 포함하여 『四禮常變通攷』라고 명명하였다. 그런데 『사례상변통고』는 이후 대산 생존시에 간행되지 못하고 손자인 所庵 李秉遠(1774~1840)에 의해 재편집의 과정을 거치게 된다. 소암은 『사례상변통고』에다가 문집 가운데 예를 논한 조목과 知舊와 문인들간에 문답한 것을 보충하고, 직접 발문을 써서 『決訟場補』라고 명명하였다. 예서의 명칭이 『사례상변통고』에서 『결송장보』로 바뀐 것은 애초에 대산이 명명한 『결송장』의 의미를 계승한다는 것이었지만, 대산의 문하인 동암이 『常變通攷』라는 예서를 간행하여 세상에 유포하였기 때문이다. ≪韓國禮學叢書≫ 49. 「決訟場補」해제 참조.

21) 이성혜. 2014. 「柳長源의 『常變通攷』 編纂과 退溪學派의 禮學 傳統」 『퇴계학논총』 24; 권진호. 2010. 「영남학파의 『주자가례』 수용 양상: 東巖 柳長源의 『常變通攷』를 중심으로」 『국학연구』 16. 51쪽. 권진호는 "『상변통고』는 내용과 형식면에서 단순히 『주자가례』를 이해하고 보완하는 입장이 아니라, 『주자가례』를 발휘하여 18세기에 새로운 방법적 접근으로 예서 편찬의 선편을 열었다는 의미가 있다."고 평가하였다.

[人]과 기물[物] 및 기구[具]의 항목을 설정하고 있다는 점에서, 『가례증해』는 '조선판 『가례의절』을 지향'하였다고 할 수 있다.[22]

구준丘濬(1421~1495)의 『가례의절』은 고례古禮와 북송대 시제時制에 대한 고증을 통해 『주자가례』를 이론적으로 보완하는 한편, 구체적 의절儀節을 통해 행례行禮의 편의를 도모하며, 개장改葬과 반장返葬의 의식 등을 추가하여 변례變禮에 대응한다는 문제의식을 보여주는 저술이다. 서파西坡 신의경申義慶(1557~1648)이 찬집纂輯하고 사계沙溪 김장생金長生(1548~1631)이 수식修飾한 『상례비요』는 『가례의절』의 문제의식인 『주자가례』 본문의 '재배치와 보충'이라는 문제의식을 수용하여 『주자가례』에는 빠져 있지만 예경禮經에 명문 규정이 있는 것들을 보충하여 행례의 편의를 도모한 저술이다.[23] 이들의 문제의식을 수용하고 있다는 점에서 '조선판 『가례의절』을 지향'했다는 말은 설득력이 있는 말이라고 할 수 있다.

이상에서 볼 수 있었던 것처럼, 『사례집요』는, 해당 학파의 학문적 전통 위에서 당대의 모든 예설을 집성集成하여 변례를 처리하고 있는 『상변통고』와 『가례증해』의 내용 가운데 이견이 있는 내용이나 충돌되는 예설들을, 자신의 입장에서 다시금 종합하려고 한 예서라고 할 수 있다. 퇴계학파와 율곡학파의 예학적 문제의식을 한주가 다시 한 번 자신의 시야에서 통합하려고 했던 것이다.

48세에 지은 또 다른 저술이 있는데, 그것은 「답신오김공에서의문答薪

---

22) 장동우. 2013. 「朝鮮時代 『家禮』硏究의 進展」 『태동고전연구』 31. 233·209쪽. 이 논문은 조선시대 『주자가례』연구의 동향을 行禮, 註釋, 變禮의 측면에서 그 진전과정을 살피고 있다. 『상변통고』와 『가례증해가』는 모두 행례, 주석, 변례의 측면 모두를 종합하여 총집한 저술이라는 점에서 의미가 있다는 것이다.

23) 장동우. 2012. 「畿湖 禮學의 進展 過程-『家禮儀節』에 대한 대응을 중심으로」 『태동고전연구』 29. 165-170쪽.

塢金公禮書疑問」이다. 「답신오김공예서의문」은 신오薪塢 김영규金泳奎(?~?)가 『의례』「상복」편 '부위장자父爲長子' 장章에 있는 가공언賈公彦의 '사종지설四種之說'에 의문을 품고 질문한 것에 답변한 것이다. 이에 대해 한주는 조목마다 변박辨駁하면서 적장자嫡長子뿐만 아니라, 차장자次長子에게도 참최복을 해야 함을 밝힌다. 예컨대 정체전중正體傳重의 의미를 밝히면서 장자의 명칭을 존尊·대大·맹孟의 세 가지 뜻을 모두 겸하고 있어야 한다고 전제하는 한편, 첫째 아들이 전중傳重을 못하면 둘째 아들이 장자가 되고, 둘째 또한 그럴 경우 셋째 아들이 장자가 된다고 주장한다.[24] 그리고 이러한 예설은 우암尤庵 송시열宋時烈(1607~1689)의 견해를 비판하는 것으로 퇴계학파 예학의 한 단면을 보여주는 사례이기도 하다.[25]

53세에는 성재性齋 허전許傳(1797~1886)의 『사의士儀』「법복法服」편 가운데 심의深衣 등 복제와 관련된 내용을 위주로 의문 나는 점을 질의하는 편지를 쓴다.[26] 한주가 『사의』가 지어졌다고 하는 사실을 안 것은 방산舫山 허훈許薰(1836~1907)을 통해서였다. 평소 심의深衣와 상복喪服 제도에 대해 의문을 품고 있었던 한주가 『사의』에서 이 부분을 상세하게 논했다는 소식을 듣고 허전에게 서간문을 통해 질의한 것이 두 사람

24) 『寒洲集』 권31. 「儀禮喪服篇長衆適庶辨」: 傳文以正體傳重二事, 發明長義. 蓋正室所生之謂正體, 正體莫尊也; 宗統所歸之謂傳重, 傳重莫大也; 長果非尊大之稱乎? 孟荀無故則愛段惡莊, 卒成京鄢之禍, 廢勇立煬, 可知獨孤之誤. 而但闇劣之建成, 不可使居太宗之右, 有功之隆基, 不可使處寧王之下. 況又事勢之加於此者乎? 夫以倫序言之, 第一子固當爲長子, 而將不傳重則便不以長子待之, 而更立其母弟之第二長者, 名之曰長子. 第二子又有此拘則第三長者, 亦得爲長子, 向下皆然.

25) 『寒洲集』 附錄 권1. 「年譜」: 乙丑【先生四十八歲】 ○「答薪塢金公禮書疑問」【金公以『儀禮』「喪服」篇父爲長子章, 賈氏四種之說爲可疑, 蓋欲爲己亥禮訟, 伸尤菴之說也. 先生逐條辨駁, 以明次長當斬之義 「弓」喪服疏丈夫容有貳斬爲長子皆斬及『儀禮經傳通解』「內治」篇朱子所編疾死置後, 復以嫡長子之語, 以證明己亥未發之義】

26) 『寒洲集』 附錄 권1. 「年譜」: 庚午【先生五十三歲】 春. ○「與許性齋【傳】書」: 論『士儀』「法服」篇【性齋著】 疑義【『士儀』所論法服多創新, 如深衣三袪及喪服圓袂及十二幅之類, 先生屢書論辨之】

의 예학 논의의 시작이 된 것이다.[27]

57세에는 회연서당檜淵書堂에서 사례四禮의 의문변절疑問變節에 대해 강론을 하였다. 이때 한주는 강장講長을 맡았다. 또한 성재 허전을 알현하고 예의禮疑를 강정講訂했으며, 성재의 내방을 받기도 하였다. 그리고 면우俛宇 곽종석郭鍾錫(1864~1917)이 의문변절에 대한 질의를 받고 답한 글[「답곽명원사례발문의의答郭鳴遠四禮發問疑義」]도 이때 쓰인 것이다.[28]

67세 때는 한주가 임종하기 2년 전으로 조정에서 의제衣制를 바꾸어 사인士人들에게 소매가 좁은 두루마기[窄袖周衣]를 입으라는 명을 내렸는데, 한주는 이때 심의深衣가 금령禁令에 들어가지 않는 것이라는 이유로 심의를 입었으며, 소매가 좁은 두루마기를 입으라는 의제개혁이 부당함을 피력하기 위해 「의제론衣制論」을 지었다. 여기서 한주는 의제개혁이 진한秦漢 이래 아雅하지 못한 복을 취하려는 것이라 비판하는 한편, 조선의 의제가 매우 번다하기에 고례의 법복인 심의를 고구考究하여 착용할 것을 주장하였다. 그리고 그것에 대한 근거로 고례의 심의는 제도가 간편簡便하면서도 법상法象이 있음을 제시하였다.[29] 그리고 같은 해에 『사례집요』를 중감重勘하였다.[30]

---

27) 이상의 내용은 남재주, 「조선후기 예학의 지역적 전개 양상 연구-영남지역 예학을 중심으로」, 경성대학교 박사학위논문, 119쪽 참조. 『寒洲集』 권6에는 「上許性齋」라는 제목의 편지가 3통 실려 있다. 반면 禮疑問答과 관련된 편지가 「性齋集」에는 권7에 2편, 권8에 1편이 「答李汝雷」란 제목으로 실려 있다. 성재의 『사의』에 대한 의문점을 총결한 저술은 「讀許性齋士儀」로 『寒洲集』 권34에 실려 있다.

28) 『寒洲集』 附錄 권1, 「年譜」: 甲戌【先生五十七歲】 發四禮疑問于檜淵書堂【先生時爲講長】 ○謁性齋許公【講訂禮疑, 相得甚懽】 許公來訪【公語人曰吾雖老不可稽謝, 時公尙帶日講官, 屢以停講已久, 不能奏先生名爲愧】 ○「答郭鳴遠四禮發問疑義」

29) 『寒洲集』 附錄 권1, 「年譜」: 甲申【先生六十七歲】: ○朝命變衣制, 令士人服窄袖周衣, 先生只服深衣, 【惟深衣不入禁令】 作「衣制論」【略曰我東衣制, 三重相疊, 果似煩剩. 如欲改之, 當以邃古之法服. 今反取秦漢以後不雅之服, 何哉? 古之深衣, 制簡便而有法象, 當講究而通其變也. 惜乎! 時賢不知出此也】

30) 『寒洲集』 附錄 권1, 「年譜」: 乙酉【先生六十八歲】: ○重勘『四禮輯要』

이밖에도 ≪한주전서寒洲全書≫ 제4권 『구지록求志錄』 권10에 실려 있는 「의례차의儀禮箚義」, 「주례차의周禮箚義」, 「예기차의禮記箚義」가 있는데, 각각의 「후설後說」을 보면 67세[甲申]에 지은 것임을 알 수 있다. 이처럼 한주는 43세에서 67세에 이르기까지 대략 25년 동안 예설에 대해 상당한 공력을 드렸음을 알 수 있다. 이러한 사실을 통해 그의 예학이 그의 리학理學, 경학經學 등과 더불어 그의 사상의 한 축을 담당하고 있었음을 분명하게 알 수 있다.

요컨대, 한주의 예禮 관련 저술은 삼례三禮 자체에 대한 차의箚義 이외에는 주로 관혼상제의 사례四禮 위주로 작성되었다. 그리고 사례 가운데에서는 변례變禮에 초점을 맞추고 있음도 알 수 있었다. 세부적인 사항으로는 특히 복제의 문제가 중시되었는데, 이는 예송논쟁이 복제논쟁이었다는 것과, 조정에서의 의제衣制개혁에 대한 것 및 『주자가례』에서 제시하고 있는 심의深衣제도에 대한 한주의 이해가 심화되었기 때문인 것으로 판단된다. 성재의 저술인 『사의』에 대한 논변論辨 또한 이러한 맥락에서 이해될 수 있을 것이다. 그리고 결과적으로 한주의 이러한 25년 동안의 예 관련 저술 작업은 『사례집요』로 포섭된다고 할 수 있겠다. 『사례집요』 발문을 쓰면서 회당 장석영이 '한주가 예를 논한 것이 『사례집요』에 있다'고 한 말은 허언이 아니었던 것이다.

3. 『사례집요』의 성립과 원칙

한주는 「사례집요서四禮輯要序」에서 근세에 동암東巖 류장원柳長源(1724~1796)이 저술한 『상변통고常變通攷』와 경호鏡湖 이의조李宜朝(1727~

1805)가 저술한 『가례증해家禮增解』가 간행되어 상례常禮와 변례變禮에 대한 수많은 의론議論이 실려 있으나, 서로 통하지 않는 부분이 있어 후학들이 어느 것을 따라야할지 혼란을 겪으므로, 자신이 이 책을 편찬하게 되었다고 하였다.[31)]

『사례집요』는 1859년 부친상을 당하고 난 뒤, 『독례통고讀禮通考』를 읽고 기록해둔 「독례차의讀禮箚疑」와 1861년 『상변통고』와 『가례증해』 두 책을 참고하여 저술한 『상제편고喪祭便攷』를 원형으로 한 것이다. 한주는 거상居喪을 끝낸 뒤 관례와 혼례를 추가하여 1865년 『사례집요』를 완성하였다. 그는 이후 이것을 보면서 그 내용을 다듬는 한편, 절목 가운데 미비한 것은 임시방편으로 자신의 설을 대신 적어두었다가 다양한 서적을 참고하여 다시 재정리하는 과정을 거쳤다.[32)] 한주의 25년간의 예학 공부의 정수가 담겨져 있었던 만큼, 이후 그가 사망했을 때에는 이 책에 의거하여 치상治喪하게 되었다.[33)]

한주 당대에는 『사례집요』가 간행되지 못하였지만, 한주의 아들인 한계韓溪 이승희李承熙(1847~1916)가 『사례집요』가 전수될 수 있을까를 염려하다가 문인 후산后山 허유許愈(1833~1904), 면우俛宇 곽종석郭鍾錫(1846~1919), 교우膠宇 윤주하尹冑夏(1846~1906), 회당晦堂 장석영張錫英(1851~1929), 홍와弘窩 이두훈李斗勳(1856~1918) 등이 1898년부터 대략 8년 동안 삼봉三峯, 백련산白蓮山, 다전茶田, 축산畜山 소사蕭寺, 영천靈川, 대량大良 등지를 돌며 10여 차례의 교감을 거쳐 세상에 간행된 것은

---

31) 『四禮輯要』「四禮輯要序」: 近世有花山『通攷』之書, 鏡湖『增解』之編, 綜貫百家, 彙分類選, 以盡其常變, 譬如波斯之市, 百貨咸萃, 有求者必得. 然兩書所載議論, 或未能相通, 後學迷於適從, 殆非前輩集衆長之本意也.

32) 『四禮輯要』「四禮輯要序」: 余於庚申, 讀禮廬次, 妄嘗參攷兩書, 抄成『喪祭禮』三篇, 以爲目下受用之地. 服旣闋, 更采冠昏禮以益之, 復就舊編而修潤之. 節目之未備者, 權以謏說代塡, 俟後博采以易之; 衆論之不同者, 輒以謏見論辨, 冀聞同志者駁焉. 編旣成, 名之曰 『四禮輯要』.

33) 『寒洲集』 附錄 「年譜」 참조.

1906년이다.[34]

한주는 『사례집요』를 저술하면서 몇 가지 원칙을 마련하였다. 첫째, 『의례』를 조祖로 삼고 『주자가례』를 종宗으로 삼는다. 둘째, 문장은 간략하게 하고 절목은 상세하게 한다. 셋째, 『의례』와 『주자가례』의 내용이 같을 경우 그것을 따르고, 내용이 다를 경우 실상을 정확히 조사한다. 이러한 원칙에서 보면 한주가 고례古禮인 『의례』를 위주로 하면서 금례今禮인 『주자가례』를 참고하였음을 알 수 있다. 그리고 이것은 『사례집요』가 『주자가례』를 묵수하는 방향이 아니었음을 보여주는 것이다.[35] 이를 좀 더 구체적으로 살펴볼 수 있는 것이 바로 「사례집요범례四禮輯要凡例」이다.

1. 『사례집요』는 『의례』를 위주로 하였다. 고금에 시의時宜를 달리하는 것으로 준행할 수 없는 것은 기재하지 않았다. 절문 가운데 고거할 수 있는 경우 그것을 먼저 기록하여 고의古意를 보였다.
2. 고례가 『주자가례』와 조금 다른 것은 먼저 고례를 쓴 다음 『주자가례』를 언급하였다. 『주자가례』와 고례가 같은 것은 쉽게 이해할 수 있는 것을 선택하여 기록하였다.
3. 『주자가례』의 내용 가운데 주자의 만년정론과 저촉되는 것은 모두 삭제하였다. 기록할 경우 그것들의 다름을 분변分辨하였다.
4. 고경古經에 대한 주소注疏 가운데 절목과 관계된 것 역시 크게 써서 고거하기에 간편하도록 하였다.

---

34) 『四禮輯要』「四禮輯要跋」: 右『四禮輯要』十六編, 寒洲先生所著也. 先生沒, 子承熙思所以壽其傳, 與門人許愈·郭鍾錫·尹冑夏·李斗勳等迭相勘校, 戊戌會三峯, 明年入白蓮山中, 又明年入茶田, 辛丑上畜山蕭寺, 乙巳自靈川至于大良, 首尾凡十數校.

35) 『四禮輯要』「四禮輯要序」: 是編以『儀禮』爲祖, 『家禮』爲宗, 而略其文詳其節, 循其同覈其異, 庶幾卽乎人心之所安, 尋得天理之不易. 而竊恐自以爲無邪心者, 未必盡合正理. 其斟酌去就, 必多有不厭於衆心者, 尙覬未死之前, 節次修改, 粗成頭緖. 私藏於家, 以遺後承, 俾於常變之間, 稍有依循之資, 若乃行之於世, 以來人言, 貽累於公案, 則非吾志也. 旃蒙大淵獻鷹始摯, 新安李震相序.

5. 국가와 관련된 전례典禮는 모두 『국조오례의國朝五禮儀』와 『국조상례보편國朝喪禮補編』을 근본으로 하였다.
6. 인용한 경전 및 선유들의 의론은 세대의 구속을 받지 않고 대부분 절목의 선후를 차례로 삼았다.
7. 『사례집요』는 절목을 초록한 책이기 때문에 경전과 선유들의 글이 대부분 산삭되어 있다. 전문을 보고자 한다면 원서가 있으니, 열람하는 자가 그것을 자세히 보면 된다.
8. 별도로 도식圖式을 마련하여 열람하기에 간편하도록 하였다. 절문節文이 번잡할 경우 사이사이 홀기笏記를 부기하여 행례하기에 간편하도록 하였다.
9. 사례四禮 가운데 상례常禮와 변례變禮가 동일하지 않은 경우, 또 상례 가운데 변례가 있고 변례 가운데 상례가 있는 경우, 상례와 변례가 한 곳에 혼재되어 함께 있는 경우, 어지럽게 있어 열람하기 어려운 경우 등이 있기 때문에, 편編마다 항상 행해야 하는 절목을 뽑아 글머리에 두었다. 그리고 별도로 추설推說을 지어 변례를 다하였고, 부록附錄을 그 아래에 두어 살펴보기에 간편하도록 하였다.[36]

위에서 보았던 것처럼 『사례집요』의 「범례」는 한주 예설의 특징을 극명하게 보여준다. 첫째, 삼례三禮를 기준으로 하는 고례와 『서의書儀』를 근본으로 하여 작성된 『주자가례』의 경우, 『의례』를 위주로 하여 먼저 고의古意를 밝히고, 그 다음 『주자가례』를 차용하는 방식이다. 이는 둘째, 『주자가례』가 주희의 초년미정론初年未定論으로 만년정론晩年定論과

36) 『四禮輯要』「四禮輯要凡例」: 一 此編以『儀禮』爲主, 而凡係古今異宜不可遵行處或不載, 而節文之尙可考据者, 先錄之以見古意. 一 古禮與『家禮』稍異, 則先用古禮, 而後及『家禮』, 『家禮』與古禮同, 則擇其易曉者書之. 一 『家禮』之與晩年定論牴牾者幷刪之. 或書之而辨其異. 一 古經注疏之關係節目者, 亦大書之以便考据. 一 典禮之事關國家者, 幷以『五禮儀』·『補編』爲本. 一 引用經傳及先輩議論處, 不拘世代, 多以節目之先後爲序. 一 此係抄節之書, 故經傳句語先輩文字, 多所刪沒, 若其全文, 則自有原書, 覽者詳之. 一 別有圖式以便考覽, 於節文繁縟處, 間附笏記以便行禮. 一 四禮之常變不同, 而亦有常中之變, 變中之常, 混同一處, 汗漫難考, 故每編揀出常行節目, 處之上頭, 別爲推說以盡其變, 附在其下以便考.

구별되는 방식으로 한주에게 인식되고 있었다는 점과 관련된다. 주희가 40대에 지었다고 전해지는 『주자가례』는 초년미정설에 해당하고, 『의례경전통해』의 기획을 본격화했던 만년에 보이는 다양한 예설들은 만년정론에 해당한다는 판단은 퇴계학파에서 공유하던 생각이고, 한주도 이를 수용하고 있는 것이다.

셋째, 삼례를 기준으로 고경에 대한 주소注疏 가운데에서는 절목과 관련된 것은 대서大書하여 고거考据에 편리하도록 하였다. 한주가 의기義起로 대표되는 성리학性理學을 중심으로 하고는 있지만, 주소注疏의 절목을 참고하고 있다는 점에서 사례事例로 대표되는 고증학考證學의 성과도 놓치지 않고 있다는 사실을 알 수 있다.

넷째, 국가전례와 관련된 것은 당대 통용되고 있었던 『국조오례의』와 『국조상례보편』을 근본으로 하였다. 『국조상례보편』은 궁중의 상례와 관련된 기록으로, 영조英祖의 명을 받아 담와淡窩 홍계희洪啓禧(1703~1771)가 1758년에 완성하여 간행한 것이다. 당시 『국조오례의』나 『속오례의』 등이 있었지만, 이러한 국제國制만으로는 해결할 수 없는 또 다른 사례들이 발생하였다. 시대의 변화에 따른 의물儀物의 변천, 의절儀節의 변개 및 서로 다른 복제의 적용 등이 발생한 것이다. 이를 대처하기 위해 상례만을 다시 규정하는 기준이 필요하였고, 이러한 취지 아래 발간된 것이 바로 『국조상례보편』이다.[37] 『사례집요』 가운데에서는 특히 부록인 「국휼중사의國恤中私儀」와 관련되어서 『국조오례의』와 『국조상례보편』이 활용되고 있다.

다섯째, 중국의 대표 경전經傳 및 동유東儒 선배先輩들의 예설의 경우 세대의 구속을 받지 않고 절목의 차례에 따라 기재하였다. 여섯째, 71

37) 국립문화재연구소. 2008. 『국역 국조상례보편』. 민속원. 22-25쪽.

개의 「도식圖式」을 수록하여 열람하기에 편리하도록 하였고, 절문節文이 번잡해서 행례하기 불편한 것들을 고려하여 홀기笏記를 부기하였다. 홀기의 경우 행례를 간편하게 할 수 있도록 부기한 것으로, 이는 이후 후학인 회당 장석영의 『구례홀기』와 면우 곽종석의 『육례홀기』 등에 직접적인 영향을 미친다.

마지막으로, 상례와 변례가 동일하지 않는 경우를 처리한 것이 있다. 이는 『사례집요』에서 가장 중요한 부분인바, 한주 당대에 통용되던 동암 류장원의 『상변통고』와 경호 이의조의 『가례증해』를 기반으로 하되, 서로 상이하거나 상충되는 견해들을 모으고, 거기에 자신의 생각을 마련하여 정리한 것이다. 그리고 이는 추설推說이라는 제목 아래에 상세하게 정리되어 있다. 통상적으로 변례를 다룰 때에는 정변正變, 의례疑禮, 질의質疑, 차의箚疑, 의의疑義 등으로 표현하여 다루고 있는데 반해, 한주는 추설이라고 명명하고 변례를 다룬다. 이는 그가 심성론을 다룰 때 사용하는 추론법과 관련된 것으로 보인다.[38]

4. 『사례집요』의 구성과 특징

『사례집요』는 첫머리에 「사례집요총목四禮輯要總目」이 기재되어 있다. 곧 「도식圖式」(71개의 도圖), 「사례집요인용서목四禮輯要引用書目」, 「사례집요목록四禮輯要目錄」, 「사례집요발四禮輯要跋」, 「사례집요서四禮輯要序」, 「사례집요범례四禮輯要凡例」 등이 그것이다. 권1에서는 「통례通禮」1[묘제廟制 · 묘제추설廟制推說]을, 권2에서는 「통례」2[종법宗法 · 종법추설宗法推說 · 묘례廟

38) 이 부분은 별도의 글에서 다루게 될 것이다.

禮·묘례추설廟禮推說·부분황附焚黃]을, 권3에서는 「관례冠禮」1[부계례附笄禮·관례추설冠禮推說]을, 권4에서는 「혼례昏禮」1[혼례추설昏禮推說]을, 권5에서는 「상례喪禮」1[초종初終·습襲·소렴小斂·대렴大斂]을, 권6에서는 「상례」2[성복成服·곡전궤哭奠饋·조전부弔奠賻·부군행조제附君行弔祭]를, 권7에서는 「상례」3[상례추설상喪禮推說上」을, 권8에서는 「상례」4[상례추설하喪禮推說下]를, 권9에서는 「상례」5[장葬]를 다루었다.[이상은 『사례집요』I]

권10에서는 「상례」6[장례추설葬禮推說·부개장附改葬]을, 권11에서는 「상례」7[우제虞祭·졸곡卒哭·부祔·소상小祥·대상大祥·담禫·협제祫祭]을, 권12에서는 「상례」8[상제추설喪祭推說」을, 권13에서는 「상례」9[부모해상父母偕喪·부모해상父母偕喪 조모동祖母同·중상중경상重喪中輕喪·소후본생해상所後本生偕喪]를, 권14에서는 「상례」10[객상客喪·문상聞喪·분상奔喪·상상殤喪·거상잡의居喪雜儀]을, 권15에서는 「제례祭禮」1[총론總論·시제時祭·기제忌祭·묘제墓祭 부성묘附省墓·택신제宅神祭]을, 권16에서는 「제례」2[제례추설祭禮推說·부상중제선附喪中祭先·부국휼중사의附國恤中私儀]를 다루었다.[이상은 『사례집요』II]

『사례집요』에서 눈에 띄는 특징적인 사안은 앞서 언급한 추설推說이다. 「통례」1에서는 묘제추설廟制推說 아래에 '지자입묘支子立廟'에서 '추행개제追行改題'에 이르기까지의 37항목을, 「통례」2에서는 종법추설宗法推說 아래에 '종자노이전宗子老而傳'에서 '노비봉사奴婢奉祀'에 이르기까지의 28항목 및 묘제추설廟禮推說 아래에 '배례拜禮'에서 '망실기친고亡失其親告'에 이르기까지의 20항목을, 「관례」1에서는 관례추설冠禮推說 아래에 '대부관례大夫冠禮'에서 '관무악冠無樂'에 이르기까지의 7항목을, 「혼례昏禮」1에서는 혼례추설昏禮推說 아래에 '허가교우종실許嫁教于宗室'에서 '회혼례回昏禮'에 이르기까지의 42항목을 기재하고 있다.

또 「상례」3에서는 상례추설상喪禮推說上 아래에 '유명용부遺命用否'에서

'형제처종부모형제처복의兄弟妻從父兄弟妻服疑'에 이르기까지의 87항목을, 「상례」4에서는 상례추설하喪禮推說下 아래에 '본생복의本生服義'에서 '부당복중성친추복여부夫黨服中成親追服與否'에 이르기까지의 112항목을, 「상례喪禮」6에서는 장례추설葬禮推說 아래에 '보장報葬'에서 '상중상묘喪中上墓'에 이르기까지의 64항목을, 「상례」8에서는 상제추설喪祭推說 아래에 '고례우이입시古禮虞而立尸'에서 '본생상심상변제本生喪心喪變除'에 이르기까지의 113항목을, 「제례」2에서는 제례추설祭禮推說 아래에 '제향소삭祭享疏數'에서 '배선현묘拜先賢墓'에 이르기까지의 52항목을 기재하고 있다.

이상을 통해서 볼 수 있는 것은 다음과 같다. 첫째 『사례집요』는 「통례」를 포함하여 관혼상제의 사례四禮에 모두 추설推說을 제시하고 있다. 둘째, 추설 가운데 가장 큰 비중을 차지하는 것은 역시 상례喪禮에 대한 것이다. 그리고 추설이 당대의 변례變禮를 통합하여 제시하고, 거기에 한주 자신의 입장을 표명하고 있다는 점에서, 셋째 『사례집요』의 가장 큰 특징은 변례에 대한 자신의 예설을 정립하고 있다는 점이다.

> 먼저 절목의 상례常禮를 순서대로 기록하고 뒤이어 추설推說을 이용하여 변례變禮를 상세하게 하였는데, 이는 참고하여 근거로 삼는 데에 간편하거나, 아니면 참고하여 증거로 삼을 수 있기를 바라였기 때문이다. 이후는 이를 따른다.[39]

한주가 제안하는 추설推說의 전개방식은, 먼저 해당 추설과 관련 있는 상례常禮의 항목을 순서대로 개진하고, 그 뒤에 자신의 추설을 이용하여 변례變禮를 다루는 것이다. 이는 참고하여 근거로 삼는 데에 편리하거나 적어도 참고하여 증거로 삼을 수 있기를 바랐기 때문이다. 예컨대, 『사

---

39) 『四禮輯要』「廟制推說」: 先敍節目之常, 後用推說以詳其變, 欲其便於考據而還以參證. 後倣此.

례집요』 처음에 등장하는 묘제추설廟制推說의 첫 번째 사례인 〈지자입묘支子立廟〉를 살펴보자.

> 〈지자입묘〉: 『예기』「상복소기」의 소에서 말한다. "서자가 하사이고 종자가 서인일 때, 이 경우 하사는 종자의 집에 묘를 세우고 희생을 바칠 수 있을 뿐, 종자가 그 예를 주관한다." ○장재가 말했다. "종자가 사이면 2개의 묘를 세우고 지자가 대부이면 3개의 묘를 세우는데, 그 묘 역시 종자의 집에 세워야 한다. 희생을 올리는 제사는 사를 위한 것만이 아니니, 서인 역시 그렇게 한다." ○주자가 말했다. "종자가 재력이 없어 사당을 세울 수 없다면, 서자가 사당을 세운다. 그러나 종자가 그 예를 주관하고 종자가 얻은 명수의 예를 사용한다." 【내가 생각하건대, 지자에게 명수가 있으니, 또한 상등품의 희생[40]으로 종자의 집에서 제사를 행할 수는 있으나, 종자가 주관해야 한다.】[41]

이상은 지자支子가 입묘立廟하는 사례와 관련된 부분을 살펴본 것이다. 〈지자입묘〉 아래에 『예기』「상복소기」의 소疏를 먼저 기재하고, 그 다음 권점圈點 아래에 장재의 언급을 기재하고, 다시 그 다음 권점 아래에 주자의 언급을 기재하였다. 그리고 다시 그 아래의 세주細注에 쌍행雙行으로 한주 자신의 언급인 안설[按]을 적시하였다.

『예기』「상복소기」는 서자가 하사이고 종자가 서인일 경우, 하사가 종자의 집에 묘를 세우고 희생을 바치는 것은 가능하지만, 예를 주관하

---

40) 『禮記』「曾子問」: 曾子問曰: 宗子為士, 庶子為大夫, 其祭也, 如之何? 孔子曰: 以上牲祭於宗子之家. 【鄭玄注: 貴祿重宗也. 上牲, 大夫少牢.】 『예기』「증자문」의 정현의 주석에 의하면 上牲은 대부의 경우 少牢를 쓴다고 하였다. 논평자의 지적을 반영하여 번역문을 수정한 부분이다.

41) 『四禮輯要』: 〈支子立廟〉 「小記」疏: "庶子是下士, 宗子是庶人, 此下士立廟於宗子之家, 供其牲物, 宗子主其禮." ○張子曰: "宗子爲士, 立二廟, 支子爲大夫, 當立三廟. 其廟亦立於宗子之家, 以上牲祭, 非惟爲士, 庶人亦然." ○朱子曰: "宗子無力, 不能立祠堂, 則庶子立之. 然宗子主其禮, 而用宗子所得命數之禮." 【按: "支子有命數, 亦得以上牲祭於宗子之家, 而宗子主之."】

는 것은 종자가 해야 한다는 것이다. 종자가 예를 주관한다는 원칙은 그 아래에 제시되고 있는 장재나 주자의 경우도 다르지 않다. 그러나 장재와 주자의 이론 가운데 상충되는 부분이 존재한다. 장재는 지자도 대부가 되면 3묘를 세울 수 있다고 말하는데 반해, 주자는 종자가 얻은 명수대로 사당을 세워야지 지자가 얻은 명수대로 사당을 세워서는 안 된다고 하였다.

장재는 2가지 입묘의 원칙을 가지고 있는 것으로 보인다. 그것은 바로 종통宗統에 따른 것과 지위地位에 따른 것이 그것이다. 지자가 대부가 되어 3묘를 세울 경우, 증조의 묘는 대부라는 지위를 위해 세우는 것이지 종자를 위해 세우는 것이 아니기 때문이다. 다만 종통을 별도로 분리할 수 없기 때문에 입묘를 종자의 집에서 한다는 것이다. 희생을 올려 드리는 제사가 바로 여기에 해당한다.42)

그 다음 주자는 종자의 명수에 따라 2묘를 따를 것을 주장한다. 그런 전제 아래서 『예기禮記』「왕제王制」와 『예기』「제법祭法」을 인용하여 『예기』「상복소기」에서 말하고 있는 사는 관사官師를 말하는 것으로, 관사는 유사有司들의 우두머리로서 녜묘禰廟에만 미치는 것이지만, 녜묘에서 할아버지와 함께 제사를 드릴 수 있음을 허용한다. 장재의 견해와 비교한다면 지위보다는 종통에 따른 입장이라고 할 수 있다.43)

한주가 제시하고 있는 인용문은 『가례증해』와 『상변통고』의 내용을 집약集約한 것이다. 『가례증해』에서는 〈지자입사종자주제支子立祠宗子主

42) 『常變通攷』〈立廟世數〉: 張子曰: "宗子爲士, 立二廟, 支子爲大夫, 當立三廟. 是曾祖之廟, 爲大夫立, 不爲宗子立矣. 然不可異宗別統, 故其廟亦立於宗子之家, 所謂以上牲祭於宗子之家者也."

43) 『常變通攷』〈立廟世數〉: 朱子曰: "官師, 謂諸有司之長, 只及禰. 却於禰廟, 併祭祖, 不及高曾. 「王制」'天子七廟, 諸侯大夫士, 降殺以兩.' 而「祭法」又有'適士二, 官師一廟.' 之文, 大抵上無太祖, 而皆及其祖考也."

祭〉 조목에 기재되어 있고, 『상변통고』에서는 〈입묘세수立廟世數〉 조목에 실려 있다.

먼저 『가례증해』 〈지자입사종자주제〉 조목을 살펴보자.

경호 이의조는 '종자가 불선하면 별도로 현명한 이를 선택하여 종자로 세운다.'고 한 장재의 언급에 대해, 주희가 이천伊川의 탈적奪嫡을 옳다고 볼 수 없다고 한 사례를 들어 적자嫡子는 장자長子를 세우는 것이지 현명한 이를 세우는 것이 아니라고 설명하였다. 그리고 그 다음 '종자가 무력하여 사당을 세울 수 없으면 서자가 세우되, 종자가 그 제사를 주관하고 종자가 받은 명수의 예를 사용한다.'는 주희의 말을 제시하였다.[44]

그 다음 『상변통고』 〈입묘세수〉 조목을 살펴보자.

동암 류장원은 먼저 『예기』「왕제」와 『예기』「제법」의 내용으로 각각 '천자로부터 서인에 이르기까지의 묘수廟數'와 '적사適士 · 관사官師 · 서사庶士 · 서인庶人의 묘수'를 제시하였다. 그 다음 장재의 '지위를 위해 세울 수 있는 묘수'를 제시하면서 '종통宗統을 별도로 나눌 수 없기에 종자의 집에 사당을 세워야 한다.'는 언급을 제시한다. 그리고 그 다음 주희의 '관사官師라고 하더라도 조고祖考에게까지는 제사를 지낼 수 있다.'는 언급을 제시한다. 그리고 그 다음으로 『대명집례大明集禮』의 내용을 제시하고 있는데, 핵심적인 것은 '주희가 전대前代의 예를 요약하여 사당제도를 창안하고, 4개의 감실을 만들어 4대의 신주를 받들도록 했는데, 지금까지 사대부 집안에서 그 제도를 일상으로 준수한다.'는 것이 그것이다.[45]

---

44) 『국역가례증해』 1. 2011. 민속원. 92-93쪽 참조.

45) 『常變通攷』, 卷1, 「通禮 · 祠堂」〈立廟世數〉: 「王制」: 天子七廟, 三昭三穆與太祖之廟而七; 諸侯五廟, 二昭二穆與太祖之廟而五; 大夫三廟, 一昭一穆與太祖之廟而三; 士一廟, 庶人祭於寢. ○「祭法」: 適士二廟; 官師一廟; 庶士庶人無廟. ○張子曰: "宗子爲士, 立二廟, 支子爲大夫, 當立三廟. 是曾祖之廟, 爲大夫立, 不爲宗子立矣. … ○朱子曰: "官師, 謂諸有司之長, 只及禰. 却於禰廟, 併祭祖, 不及高曾. … ○『大明集禮』: 漢世公卿, 多建祠堂於墓所. … 先儒朱了, 約前代之禮, 創祠堂之制, 爲四龕以奉四世之主, 至今士大夫之家, 遵以爲常.

한주는 『가례증해』의 〈지자입사종자주제〉 조목과 『상변통고』의 〈입묘세수〉 조목을 두 대상으로 선정하고, 이를 검토하여 자신에게 필요한 인용문을 요약하여 제시한 것이다. 한주는 '지위에 따라 희생을 올리는 제사, 즉 종자의 명수가 아닌 서자의 명수에 따라 희생을 올리는 제사를 종자의 집에서 종자가 주관하여 거행할 수 있다.'는 결론을 짓는다. 이는 한주가 요약하여 제시한 인용문으로 볼 때에는 장재의 손을 들어준 것이고, 『가례증해』와 『상변통고』의 입장에서 볼 때에는 『상변통고』의 손을 들어준 것이라고 할 수 있다.

요컨대 『사례집요』가 갖는 특징은 첫째, 율곡학파와 퇴계학파의 예학을 총집하는 동시에 퇴계학파의 입장에서 조선예학을 정리하고 있다는 것이다. 둘째, 『사례집요』는 관혼상제의 사례四禮에 모두 추설推說을 제시하는데, 이는 한주의 독특한 논법인 추론방식을 예학에도 적용하고 있다는 점이다. 셋째, 『사례집요』는, 율곡학파의 가례서家禮書들이 주로 『주자가례』를 보완하여 준수하는 데에 목표를 두고 있는 데 비해, 퇴계학파의 가례서들은 『주자가례』를 주희의 초년미정론으로 판단하여 의절의 순서나 형식을 변형시키는 데에 주저하지 않는다는 점에서 『주자가례』를 넘어선 예서라고 할 수 있다. 마지막으로, 『사례집요』는 19세기 내우외환의 격동[국가의 기강해이와 외세의 무력침탈] 속에서 사대부의 의리정신 수호와 유교의례 준수의 기치를 잘 보여주는 저술이라고 할 수 있다. 유교이념의 현실적 실천이라는 점에서 『사례집요』의 유의미성이 있는 것이다.[46]

---

46) 이 단락은 논평자의 논평을 수렴하여 『사례집요』 자체가 갖는 예학사적 특징과 함께 사회사적 의미를 보강한 것이다. 사회사적 의미에 대해서는 한주의 사상사적 지위와 정치사적 입장을 함께 고려하여 별도의 논문을 통해 보강하도록 하겠다. 한주는 조정에서 제시한 소매가 짧은 두루마기 착용의 의제개혁을 비판하고, 심의제도의 의미를 찾아내어 심의를 착용하였는데, 이는 그의 예학적 입장이 반영되고 있는 동시에, 그의 시대적 진단을 엿볼

5. 맺음말

조선후기 퇴계학파 예학의 특징 가운데 하나는 『주자가례』를 기본으로 하면서도 『주자가례』를 묵수하지 않고, 조선의 역사와 문화적 상황에 알맞은 시의時宜를 적용하여 사례四禮의 예식禮式을 변용하고 변례變禮에 유연하게 대처했다는 점이다. 이는 『주자가례』가 『의례儀禮』를 바탕으로 하면서도 『서의書儀』 및 송나라의 속례俗禮를 다수 차용하고 있는데다가, 주희의 예설에 초년과 만년의 정론시비가 있었기 때문이기도 하다. 그리고 이러한 인식은 퇴계에게서부터 이어진 것임은 물론이다.

퇴계의 예학에서 중요한 것이 바로 『퇴계상제례답문退溪喪祭禮答問』이다. 『퇴계상제례답문』은 퇴계 당시 수많은 변례에 대해 원칙과 대안을 제시하고 있다는 점에서 퇴계 사후 조선예학의 다양한 흐름을 만들었다는 의미를 지닌다. 즉 변례의 원칙과 대안을 제시하기 위해서는 삼례서三禮書 연구를 기반으로 한 의례용어의 주해註解와 의례문헌의 고증考證이 필요하며, 이를 근거로 다시 행례行禮를 간편화하기 위한 필수적인 의절儀節이 필요했고, 17세기 이후 집해류集解類, 고증류考證類, 절요류節要類 등이 저술되기 시작했던 것이다.

18세기 초기부터는 근기 성호학파의 예학이 영남 퇴계학파의 예학과 조우하게 되면서 퇴계학파의 예학이 전성기를 맞이하게 된다. 영남의 퇴계학파는 퇴계 이래 전승되어온 의리예학의 문법에서 예설을 발전시키고 있었는데, 근기의 성호학파와의 조우가 그들에게 박학과 고증의 문법을 추가해주었기 때문이다.

수 있는 부분이기도 하다. 이러한 부분을 보완하여 『사례집요』가 갖는 사회사적 의미를 좀 더 구체적으로 살펴볼 수 있도록 하겠다.

요컨대 퇴계학파의 예학은 퇴계의 문제의식에 따라 고례를 통한 『주자가례』의 보완이라는 측면에서 지산芝山 조호익曺好益(1545~1609)의 『가례고증家禮考證』으로 이어진다. 한편 기호학파에 대항하여 퇴계학파의 예론을 정립한 오자휴五休子 안신安玑(1569~1648)의 『가례부췌家禮附贅』로 이어졌다가 다시 일암一庵 신몽삼辛夢參(1648~1711)의 『가례집해家禮集解』로 합류된다. 그리고 대산大山 이상정李象靖(1711~1781)의 예학을 계승한 동암東巖 류장원柳長源(1724~1796)의 『상변통고常變通攷』로 인해 그간의 퇴계학파 예학의 총결산이 이루어진다.

한주 이진상의 『사례집요四禮輯要』는 이러한 연장선에 있으면서도 조선후기 예학의 독특한 지위를 차지하는 저술이다. 『사례집요』는 기본적으로 퇴계에서 대산으로 이어지는 예학의 흐름 위에 있는 『상변통고』라는 퇴계학파의 예학총서의 입장을 따른다. 그러나 여기에 그치지 않고 당대 율곡학파의 예학총서에 해당하는 경호의 『가례증해』를 자신의 가례문헌 연구를 위하여 『상변통고』와 동일한 대상으로 인정하고, 그것들이 가지는 충돌지점을 해결하는 방식을 취한다.

이런 점에서 볼 때 『사례집요』는 다음의 특징을 갖고 있는 것으로 판단된다. 첫째, 『사례집요』는 퇴계학파는 물론 율곡학파의 입장까지 고려한 조선후기 가례문헌의 총결산을 위해 저술된 책이다. 둘째, 『사례집요』는 『주자가례』의 보완과 조선의 시속의 참작이라는 율곡학파의 가례문헌의 성격과 달리, 『주자가례』를 넘어선 새로운 가례서를 정립하는 방향으로 나아간 책이다. 셋째, 『사례집요』는 한주 사후 그의 문인들에게도 영향력을 행사하였는데, 특히 장석영의 강례서講禮書인 『의례집전儀禮集傳』과 행례서인行禮書인 『구례홀기九禮笏記』 및 곽종석의 행례서인 『육례홀기六禮笏記』 등은 모두 한주의 예학사상과 『사례집요』에 직접적인 영향을 받은 저술들이다.

조선왕조라는 전근대 역사가 막을 내리면서 당시대의 구체적 현실을 지탱해왔던 의례가 무너져버린 지 이미 오래이다. 궁궐과 복식 등 조선왕조의 화려했던 유물은 아직도 남아 관광 상품으로 전락하고 말았지만 그래도 여전히 관심의 대상이 되고 있는 것도 사실이다. 그러나 관혼상제는 어떠한가? 관례는 없어진지 오래되었고, 혼례는 서양식 드레스가 대신하고 있고, 상례와 장례는 상조회사에게 자리를 내주었다.

효제자孝悌慈를 근간으로 하는 관혼상제의 예식을 복원하여 왕조의 시대로 돌아가자는 것은 아니다. 그러나 효제자의 실현은 의례의 실천과 맥을 함께 하는 것도 사실이다. 예의禮義는 시의時宜를 중시하며 예의禮儀는 편의便宜를 중시한다. 지금 여기 우리가 살고 있는 터전에서 어떤 방식으로 예의禮儀를 실천하여 예의禮義를 지키고 살아야 할지 고민해야 할 시간이 너무 지나버린 것은 아닌지 모르겠다.

> 예의 근본은 공경에 있고 예의 쓰임은 조화를 귀하게 여긴다. 조화롭되 공경하지 못하면 쉽게 세상의 변화에 휩쓸려가고, 공경하되 조화롭지 못하면 때로 어디로 가야할지 몰라 상처받게 된다. 공경이란 예를 절도 있게 만드는 것이고, 조화란 예를 아름답게 문식하는 것이다.[47]

47) 『儀禮笏義』「後說」: 禮之本在敬, 而其用則和爲貴. 和而不敬, 則易失於流放, 敬而不和, 則或傷於拘滯. 敬者禮之所以節也, 和者禮之所以文也.

한주 이진상의 시세계

오 용 원

한주 이진상의 시세계

오 용 원

1. 머리말

19세기 영남 지역의 학문은 한주寒洲 이진상李震相(1818~1886)을 중심으로 한 한주학파寒洲學派의 발흥이 가장 눈에 띈다고 할 수 있다. 한주는 성주 대포리에서 태어났으며, 조선성리학의 주요 명제인 사단칠정론을 깊이 탐구하여 주자와 퇴계를 잇는다고 자임하면서 '심즉리설心卽理說'과 '리발일도설理發一途說'을 제기하였다. 그의 학문은 그의 아들 대계 이승희李承熙(1847~1916)를 비롯하여 곽종석郭鍾錫·허유許愈·이정모李正模·이두훈李斗勳·윤주하尹胄夏·김진호金鎭祜·장석영張錫英 등 이른바 '주문팔현洲門八賢'에게 계승되어 한주학파를 형성하였다.

한주학파는 낙동강을 기준으로 성주星州·고령高靈·칠곡漆谷 등 경상우도를 기반으로 하기에, 최근에는 지역학적 관점에서 이들의 학문적 성과를 강안학江岸學, 혹은 낙중학洛中學에 포함시켜 논하기도 한다.[1] 그러나 한주의 학문은 스스로 주자와 퇴계를 계승했다고 자부했지만, 이황의 '심합리기설心合理氣說' 및 '리기호발설理氣互發說' 등과 어긋난다는 비판에 직면하였다. 또 사후엔 도산서원에 봉정한 문집이 환송 조치되었으며, 상주의 도남서원道南書院에서 문집이 불태워지기도 했다.

위에서 언급한 몇 가지 사건을 통해 한주의 학문은 당대에 상당한 논란에 휩싸인 것으로 보이며, 핵심은 그가 주장한 이기설에 있다. 하지만 지금까지의 선행연구는 한주의 성리설이 이황의 그것과 큰 차이를 보이지 않으며, 오히려 이황의 이기설을 부연 확장했다고 평가하는 추세를 보이고 있다.[2] 아울러 이진상의 성리설에 대한 기존의 연구 성과를 검토하고 추후의 과제를 검토하는 단계에 접어들었다.[3] 한편, 한주학파와 류치명柳致明을 중심으로 한 정재학파定齋學派·전우田愚를 중심으로 한 간재학파艮齋學派와의 인물성동이人物性同異 논쟁을 다룬 연구 성과도 발표되었다.[4]

이처럼 한주의 성리설에 대한 연구는 거재두량車載斗量이라 할 수 있을 정도이지만, 그의 시나 문학에 대한 연구는 상대적으로 소홀하다고 할 수 있다. 『시경집전詩經集傳』 서문에서 주자가 "시詩는 사람의 마음이 사물에 감동되어 말의 나머지에 나타난 것[詩者 人心之感物而形於言之餘也]"이란 언명言明을 상기한다면, 그의 학문에 대한 이해는 시문詩文의

1) 정우락. 2014. 「낙동강과 그 연안지역의 공간 감성과 문학적 소통」. 『한국한문학연구』 53. 한국한문학회. pp.173~213 및 홍원식. 2010. 「영남 유학과 낙중학」. 『한국학논집』 40. 계명대 한국학연구소. pp.7~29.

2) 이형성. 2006. 『한주 이진상의 철학사상』. 심산.
이상하. 2007. 『한주 이진상의 주리론 연구』. 경인문화사.
홍원식. 2008. 『한주 이진상의 생애와 사상』. 예문서원.

3) 이형성. 2010. 「한주 이진상과 그 학파 연구의 현황과 전망」. 『유교사상연구』 39. 한국유교학회. pp.5~59.

4) 이에 대한 연구 성과는 이종우. 2013. 『19세기 퇴계학의 좌우파 논쟁』. 역사공간.

분석이 필수적이라 할 수 있다.

현전하는 『한주전서寒洲全書』에 수록된 530여 수의 시는 대부분 한주의 만년에 창작된 것이기에 그의 학문적 정수가 온축되어 있다고 봐도 큰 무리는 없을 것이다. 지금까지 이진상 시에 대한 연구는 산수 유람을 통해 사물을 관조하는 방법을 분석한 것[5]과 산수벽山水癖을 바탕으로 한 체득體得과 체도體道의 구현[6] 등이 있다. 필자는 선행 연구를 통해 한주시寒洲詩의 주요 모티브가 산수벽山水癖과 문자벽文字癖임을 밝힌 바 있다. 이 글에서는 한주시의 또 다른 모티브라고 할 수 있는 '유거幽居'를 중심으로 이진상 시의 형상화 양상과 특징 등을 구명해 보고자 한다.

2. 한주시寒洲詩의 표현양상과 작가의식

성리학자들이 가장 많이 차운한 시 중에는 "조그맣고 모난 연못에 한 거울이 열리어, 하늘빛 구름 그림자가 함께 배회하네. 묻노니 어찌하면 저처럼 맑을까, 원천에서 콸콸 쏟아져 내려서라네.[半畝方塘一鑑開 天光雲影共徘徊 問渠那得淸如許 爲有源頭活水來]"라고 한 주희의 「관서유감觀書有感」도 포함된다. 이 시는 총 2수로 다음 시는 "어젯밤 강변에 봄물이 일어, 큰 몽충이 한 털처럼 가볍네. 종래에 부질없이 밀어 움직이는 힘을 들였더니, 이날 중류에 절로 떠가네.[昨夜江邊春水生 蒙衝巨艦一毛

5) 정우락. 2006. 「李震相의 山水興趣와 그 文學思想의 哲學的 基底」. 『퇴계학과 한국문화』 38. 경북대학교 퇴계연구소. pp.5~43.

6) 오용원. 2009. 「17~19세기 동아시아 지식 정보의 유통과 네트워크 : 한주(寒洲) 이진상(李震相)의 시문학(詩文學) 연구(硏究)」. 『대동문화연구』 68. 성균관대학교 대동문화연구원. pp.291~331.

輕 向來枉費推移力 此日中流自在行]"이다.

조선 성리학자들의 시는 사변적思辨的이거나 관조적觀照的 내용을 담고 있는 것이 많아, 시어와 표현 기법 분석이 용이하지 않은 경우가 허다하다. 이럴 때는 주희의 「관서유감」에 대한 차운시를 살펴보면 쉽게 풀리기도 한다. 왜냐하면 「관서유감」에 성리학자로서 주희의 학문관과 인생관 등이 오롯하게 녹아있기 때문이다. 한주가 「관서유감」에 차운한 시는 다음과 같다.

> 朱子의 「觀書有感」에 차운하다. 二絶.[7]
> 萬疊雲山一路開 만 겹 운산에 길은 하나만 열렸고
> 碧桃花下鶴徘徊 푸른 복사꽃 아래엔 학이 배회하네.
> 清溪曲曲多奇絶 맑은 시내 굽이굽이 기이한 절경 많으니
> 正是遊人向上來 여기가 바로 노닐던 사람 향상할 곳이네.

인용한 시를 보면, 첫째 시에서 한주는 자연을 매우 동경하고 있음을 알 수 있다. 첩첩 산중 아무도 찾지 않는, 학만이 하늘을 빙빙 돌고, 굽이마다 기이한 절경을 이루는 곳은 자연에 사는 사람이 학문으로, 혹은 심신을 정진할 수 있는 최적의 공간이다. 마지막 구에서 표현한 유인遊人은 불특정한 다수를 가리키지만, 여기서는 화자話者 자신을 지칭한다고 보는 것이 옳을 것이다. 그렇다면 이곳은 그야말로 시인이 추구하는 이상향인 셈이다.

자연에 사는 사람의 눈에 보이는 것은 온통 자연물 뿐이다. 그래서 절벽, 시냇물, 소나무, 학 등이 자신의 벗이며, 시의 소재가 되었던 것이다. 간혹 사연물을 통해 자신의 심경을 토로하거나, 자신의 의지를 가탁

7) 李震相, 『寒洲全書』, 권3, 「次朱子觀書有感 二絶」. 이하 오해의 소지가 없을 경우 『寒洲全書』는 『전서』로 약칭한다.

하기도 하는데, 이진상도 구름을 통해 자신의 심정을 토로하기도 했다. 예를 들어 합천에 있는 운포정雲圃亭을 방문하고 정자에 걸린 시판詩板에 차운시 11를 남겼는데, 우운雨雲·한운旱雲으로는 우민憂民 의식을, 입운入雲·농운濃雲·담운淡雲으로는 한가롭게 지내는 자신을 형상화하였다.[8]

이처럼 한주의 시세계는 정적靜的인 요소를 대상으로 자신의 의지를 드러낸 경우를 적지 않게 발견할 수 있는데, 다음 장에서 이를 보다 집중적으로 분석해 보도록 한다.

1) 습정習靜을 통한 무우無憂의 추구

일반적으로 시는 시인의 이념, 세계관, 자연에 대한 인식 등이 오롯하게 녹아 있으며, 조선시대 성리학자들이 창작한 한시 작품 역시 이런 경향이 더욱 뚜렷하다고 볼 수 있다. 한주시의 표현양상은 크게 동적 상태와 정적 상태에서 창작된 시로 양분할 수 있다. 예를 들어 한주가 숙부를 따라 함경도를 배종하던 일부터 만년에 경남 지역을 여행하던 유람을 동적인 상태로 가정한다면, 만귀정晩歸亭으로 들어가서 면학과 후진 양성에 매진할 때는 정적인 상태라고 할 수 있다. 이진상 자신도 일생을 동動과 정의靜 상태로 구분하여 정적인 상태에서 비소로 마음을 비울 수 있었다고 술회한 바[9] 있다.

지난 논문에서 필자는 유람과 여행을 모티브로 하여 동적인 상태를 중심으로 한주시의 특징을 구명한 바 있다. 이 글에서는 여행에서 돌아온 이후부터 숙부가 건축한 만귀정에서 독서와 강학에 매진하던 시기의

8) 『전서』. 권2. 「次雲圃亭 十一詠」.

9) 『전서』. 권1. 「述學自警二十六絶 主靜」. “早役聰明鑽架書, 晩思存養就山居, 動處每憂英氣露, 靜處方覺本心虛”

한주시 특징을 조명해 보도록 한다.

한주는 27세에 안의安義에서 치른 증광문과 초시에 입격하였고, 31세에 경상감영에서 치른 공도회公都會 복시覆試에서 장원하였으며, 32세에 증광생원시增廣生員試 입격하는 등 젊어서 몇 차례 과거에 응시했다. 그러다 33세 되던 해에 증광문과 복시에 응시하기 위해 한양으로 가던 도중 숙부 이원조李源祚가 이조吏曹에 소환되는 사건을 계기로 과거를 단념하였다. 그 뒤 67세에 민태호閔台鎬가 이진상을 의금부 도사에 천거하였으나, 그는 사양하였으며 일생을 포의布衣로 지냈다. 그러므로 그의 일생을 통해 그의 학문을 논하자면 官僚型 학자라기보다 處士型에 가깝다고 할 수 있으며, 이런 점은 「연보年譜」나 선행연구[10]를 통해서도 밝혀진 바 있다.

한주가 정적인 상태에서 지은 시에는 유독 일상생활과 관련된 시어들을 많이 엿볼 수 있다. 여기서 말하는 일상이란, 정치에 나가지 않고 자연에서 은거하며 지내는 동안 지인들과 주고받은 시, 만남과 이별을 표출한 시, 산천을 유람한 뒤 기른 호연지기를 피력한 시, 독서하면서 느낀 점을 적은 시 등이 모두 포함된다. 정靜을 모티브로 한 시는 독서시가 가장 주목된다.

명원 곽종석이 내 생일이라고 자주紫酒 한 병을 보내고 '공경히 사문斯文을 위해 세 장을 노래한다.'는 말을 축하시로 주었다. 그 뜻에 감격하여 보낸 시에 차운한다.[11]

休道斯文已覆觴 사문이 이미 엎질러진 술잔이라 말하지 말게
但循眞級便升堂 다만 참되게 단계를 따르면 당에 오를 수 있네

10) 홍원식. 『전게서』. p.34.
11) 『전서』. 권1. 「郭鳴遠 鍾錫 以吾生朝 送紫酒一甁 爲賦敬爲斯文三章以侑觴 感其意和其韻」.

孳孳向善非無念 부지런히 산을 향한 마음이 없지 않지만
愧我難明炳燭光 병촉의 빛 밝히기 어려운 것이 부끄럽네

이 시를 이해하기 위해서는 우선 차용된 고사를 짚어보아야 한다. 2구에 쓰인 승당升堂은 학문의 조예가 깊어짐을 말하는 것으로, 『논어』 선진 편에 "자로子路는 마루에까지 올라왔고 방에만 들어오지 못했을 뿐이다.[由也升堂矣 未入於室也]"라는 공자의 말에서 유래한 것이다. 마지막 구의 병촉광炳燭光은 늙어서도 학문에 힘쓰는 것을 말한다. 춘추 때 진의 악사樂師 사광師曠이 평공平公에게, "어려서 학문을 좋아하는 것은 해가 돋아오를 때의 햇빛 같고, 장성하여 학문을 좋아하는 것은 해가 중천에 오를 때의 햇빛과 같으며, 늙어서 학문을 좋아하는 것은 켜놓은 촛불의 빛과 같다.[少而好學, 如日出之陽; 壯而好學, 如日之光; 老而好學, 如炳燭之明.]"라고 한 데서 유래한 말이다.

인용한 시에서 보듯, 한주시에는 용사用事와 전고典故가 다양하며, 때론 첩어疊語와 험벽險辟한 시어詩語가 많다. 이런 표현 양상은 독자들로 하여금 평소 한주의 독서량이 어느 정도였는지를 가늠해 볼 수 있게 한다. 또 그가 평소 즐기던 것이 벗과의 교유, 독서 등이었음을 짐작케 한다. 독서와 학문 연마는 유학자의 삶에서 가장 중요한 일상 중의 하나이며, 이것이 한주시에서는 중요한 소재로 등장한다.

한주의 독서는 17세가 되던 해 숙부 이원조의 권유로 『성리대전性理大全』을 읽을 무렵부터 본 궤도에 올랐다고 할 수 있다. 특별한 스승 없이 독학으로 『성리대전』을 읽으면서 그는 각 학설의 이동異同을 분변하는 데 고심하여 나중에는 결국 나름대로의 견처見處를 얻고 다시 경전과 대조하여 성현의 뜻과 부합하는지를 점검하였다.[12] 후일 그가 『구지록求志錄』과 『변지록辨志錄』, 『이학종요理學宗要』 등 방대한 양의 성리서를 남기게 된 것도 이와 무관치 않다.

이처럼 한주시에는 정靜을 소재로 하여 창작된 작품이 많은데, “만년에 편안함과 고요함을 추구했다.[晩求寧靜守心齋]”[13], “정의 경계를 유지하여 고서를 읽게[靜界携來讀古書]”[14], “정의 경계는 근래에 가장 깊이 생각하는 바[靜界今來最所思]”[15], “장수와 고요함은 집안에 전해오는 가르침[壽靜家傳刻苦心]”[16], “일이 시끄러울 땐 마음이 반드시 고요해야 한다.[事鬧心須靜]”[17] 등의 시어를 통해 그 표현 양상을 보다 구체적으로 확인할 수 있다.

이상에서 살펴 본대로 고향으로 돌아와 만귀정晩歸亭에서 강학하며 지내던 한주시의 주요 소재는 주정主靜을 바탕으로 한 습정習靜을 추구하겠다는 의지의 표현이다. 이것이 현실에서 구체적으로 드러난 것이 바로 독서와 교유, 궁리窮理와 우민憂民 등이다. 다음 장에서는 정靜을 유지하며 지내던 그의 일상이 시로 표현되는 양상에 대해 구체적으로 조명해 보도록 한다.

2) 시절의 근심과 지식인으로서의 고뇌

한주가 활동했던 19세기 조선사회는 그야말로 내우외환內憂外患의 시기였다고 할 수 있다. 안으로는 외척가문의 세도정치가 횡행하여 특정 집단들이 권력을 농단하였고, 밖으로는 서구 열강들이 통상을 핑계로 조선을 엿보던 때였다. 그는 당시 전국에서 일어나던 농민 항쟁을 목격

---

12) 이상하. 『전게서』. p.3.
13) 『전서』 권1. 「次寄郭鳴遠」.
14) 『전서』 권2. 「勖崔堉性宇」.
15) 『전서』 권2. 「懷張景遐」.
16) 『전서』 권2. 「懷柳鞏甫基鎬」,
17) 『전서』 권2. 「崔聖若寄詩 有夢裏承誨之語」.

하고 이를 근본적으로 바로잡기 위한 방안을 『무충록畝忠錄』을 통해 제시하기도 했다. 농민항쟁에 대한 해결 방안 이외의 국정 개혁은 흥선대원군의 서원철폐령과 밀접한 관련이 있다.

주지하듯이, 흥선대원군은 왕권 강화와 국가 재정 확보를 위해 양반층에게도 군포軍布를 부과하는 호포제戶布制를 시행하고, 1871년에는 향촌 양반들의 결집 장소였던 서원을 대대적으로 철폐하였다. 그러자 양반들은 철폐된 서원을 서당으로 이름을 바꾸고 그곳에서 대규모 강회를 열거나 향음주례를 시행하여 결속을 다졌다.

이진상도 50세가 되던 해(1867년)에 숙부를 모시고 회연서원檜淵書院에서 『대학』을 강론하였으며, 52세가 되던 해에는 송천당松川堂에서 향약鄕約을 수리하였다. 서원철폐령이 내려지자 장의掌議를 맡아 상소문을 짓기도 했다. 이후 1885년까지 그는 모연재慕淵齋·강림재江林齋·종산재鍾山齋·이연재伊淵齋·고반정사考槃精舍·반룡사盤龍寺·단산서당丹山書堂 등지에서 『소학』·『대학』·『중용』·『논어』·『근사록』을 강론하였으며, 1886년에는 무흘서당武屹書堂에서 향촌의 사족들과 계회契會를 결성하고 서문을 쓰기도 했다.[18)]

이처럼 한주는 국가적으로 큰 사건이 있을 때엔 현실의 어려움을 적극적으로 해결하려는 유학자로서의 모습을 보였다. 그러나 시절의 환란을 한 개인으로 감당하기엔 무리가 따랐고, 그러다보니 자연스레 지식인으로의 좌절을 느꼈던 것 같다. 다음 시는 그가 지식인으로서의 역할을 제대로 하지 못한 자신을 뒤돌아보며 지은 것이다.

---

18) 이에 대한 논의는 우인수. 2006. 「한주의 경세론-『묘충록』에 나타난 한주의 국정개혁론」. 『한주 이진상 연구』. 경북대학교 퇴계연구소. pp.182~185에 자세하다.

시절을 상심하며 술회하다.[19]

講說難期人啓發 강설은 사람들 계발시킴 기약하기 어렵고
揄揚還愧我輕微 유양은 도리어 나의 미약함이 부끄럽네
羣書箚辨多新義 여러 책에 쓴 글은 대부분 새로운 뜻이건만
公案重重孰闡揮 공안이 몇 겹이나 막혔으니 누가 천명할까

인용한 시는 오절五絶 가운데 일부로, 한주는 자신의 강설講說이 남들을 계발시키기 어렵고, 자신의 저술이 공안公案만 되었다고 자조하였다. 그는 이 시를 통해 당시는 사문에 매우 위태로운 상황임[陽九斯文異敎侵 普天將見入重陰 滔滔貨色奔波地 隻手那能救陸沉]을 인식하고, 이를 면학으로 극복하려는 의지를 표출하였다.[歸拜先靈庶有辭 敢忘詩禮囑佳兒 勉學猶應天必復 山林晦迹待淸時]

한주가 힘쓰려고 노력했던 면학은 단순히 독서만을 의미하지는 않는다. 그는 유학에서 이미 정해 놓은 공부의 단계를 실천하고, 실천이 무르익은 뒤에 궁리窮理로 나아감을 추구했다. 사실 사서四書를 비롯한 유가의 여러 경서經書에는 위학차제爲學次第에 대한 언급이 자주 보이며, 주희도 단계를 뛰어넘는 엽등獵等을 경계하였다. 그의 면학도 차례와 단계의 엄수를 강조했으며, 이런 태도는 다음의 시에서도 확인할 수 있다.

郭勉宇의 詩에 次韻하다.[20]

造道有階級 도에 나아감은 단계가 있으니
登高必自卑 높은 데 오르려면 반드시 낮은 곳에서 시작해야 하네.
灑掃基涵養 灑掃應對는 涵養 공부의 기초이고

19) 『전서』. 권2. 「傷時述懷 五絶」.
20) 『전서』. 권2 「次郭鳴遠俛宇吟」.

誠正驗齊治 誠意와 正心으로 齊家와 治國을 징험하네.
(中略)
騰空莫梯接 공중으로 오르려면 사다리가 제일이지만
貪徑便坑隳 지름길 탐내면 문득 구덩이로 떨어지리.
孝悌行餘學 孝悌를 실천하고 난 뒤 학문에 힘써야하니
宣尼不余欺 공자가 나를 속이진 않았으리라.

인용한 시는 5언고시五言古詩의 형식을 취해 곽종석郭鍾錫(1846~1919)의 시에 차운한 것으로, 총 5수 가운데 일부이다. 이 시에 쓰인 시어는 모두 사서四書에서 차용했으며, '등고필자비登高必自卑' 및 '절문切問'·'근사近思'는 『중용』에서, '성의誠意'·'정심正心'·'제가齊家'·'치국治國'은 『대학』에서 가져왔다. 이 시에서 한주는 소학小學 공부를 기반으로 하여 학문의 진보를 추구하였는데, 그 결론은 『논어』 학이學而 편에서 공자가 "제자가 들어가서는 효도하고 나와서는 공손하며, 행실을 삼가고 말을 진실하게 하며, 널리 사람들을 사랑하되 어진 이를 친히 해야 한다. 이것을 행하고 여력이 있으면 글을 배워야 한다.[弟子入則孝 出則弟 謹而信 汎愛衆 而親仁 行有餘力 則以學文]"라고 한 말에서 찾았다. 그러므로 그가 말하는 공부는 바로 조도造道이며, 도로 나아가는 가장 중요한 단계는 자비自卑, 쇄소灑掃, 성의誠意 정심正心, 효제孝悌로부터 등고登高, 함양涵養, 제가치국齊家治國의 과정이다.

지금까지 살펴본 한주의 시는 학문의 기초 단계를 중심으로 한 것이다. 조선시대 유학자들의 학문은 인성을 갖추는 데에 필요한 소학小學 공부를 시작으로 하여 궁리窮理와 수양修養으로 나아가는 단계적 점진을 추구한다. 다음 장에서는 근사近思와 절문切問 등 이른바 성리와 관련된 시들을 살펴보도록 한다.

3) 주자설朱子說 초만初晩에 대한 이해와 제설諸說의 분변分辨

한주는 30대 후반부터 60세가 되기까지 경전 해석과 관련된 글을 다양하게 저술하였다. 예를 들어 그의 나이 35세 되던 해(1852년)에는 『대학차의大學箚義』를, 44세에는 『논어차의論語箚義』를, 55세에는 『춘추집전春秋集傳』을, 60세 이후에는 『시전차의詩傳箚義』·『서전차의書傳箚義』·『의례차의儀禮箚義』·『주례차의周禮箚義』·『예기차의禮記箚義』 등을 편찬하였다. 그의 경설經說은 『구지록求志錄』과 『변지록辨志錄』으로 대변된다. 『구지록』은 주자어류차의朱子語類箚義, 사서차의四書箚義, 시서차의詩書箚義, 계몽차의啓蒙箚義, 삼례차의三禮箚義, 태극도설차의太極圖說箚義, 통서차의通書箚義, 근사록차의近思錄箚義, 주자대전고의朱子大全考疑, 심경관계心經窾啓, 삼례차의三禮箚義, 퇴도서차의退陶書箚義 등으로 구성되어 있으며, 『변지록』은 곤지기변困知記辨, 사칠변四七辨, 남당동이고변南塘同異考辨 등으로 구성되어 있다.

이처럼 한주는 사서오경에 대한 변설을 비롯하여 『근사록』 및 『심경』, 이황과 한원진韓元震의 학설 등을 두루 섭렵하여 자신의 이론을 펼쳤다. 그의 경설 중 가장 주목할 것은 『주자어류』에 대해서이다. 그는 『주자어류』에 1857년부터 1867년까지 11년간 정심을 다했으며, 1857년 안동을 다녀온 뒤 주자어류차의朱子語類箚義를 지어 주자의 초년설과 만년설을 변론하였다. 당시의 심정을 그는 다음과 같이 피력하였다.

朱子語類에 대한 箚義[21]

平生見解得來多 평생의 견해로 깨달은 것 많았으니
摘抉痕瘢道理何 흉터를 도려낸 뒤 도의 이치가 어떠했던가.

---

21) 『전서』 권2. 「箚義語類」.

精義先尋初晩論 이치를 정밀히 공부해 초년과 만년의 의론을 찾아야 하고
記言須擇異同科 말을 기록할 땐 반드시 異同의 차이를 가려야 하네.
先賢分上無加損 선현의 경지는 더함과 덜어냄이 없겠으나
後學看時有詿訛 후학들의 보는 방법은 그릇됨과 잘못이 있네.
更待他人審取舍 다시 다른 사람을 기다려 取捨를 잘 가려야 하니
莫將公案互私阿 公案을 가지고 서로 아집을 부리지는 말아야지.

인용한 시를 이해하기 위해선 주자설의 초만初晩에 대해 언급해야 한다. 주자 사후에 주자의 경설이 초년과 만년의 차이가 있다는 주장이 제기되었고, 그 근거로 중화中和에 대한 주자의 변설을 들었다. 즉, 경서 가운데 일부에서 주자의 설이 다소 차이를 보이는 까닭은 주자의 초년과 만년의 생각이 달라서이기 때문이라는 것이 이 주장의 핵심이다. 이 논쟁은 송원대宋元代를 거쳐 명대明代의 학자 왕수인王守仁에 의해 주자만년정론설朱子晩年定論說이 제기되는 양상으로 흘러갔으며, 조선의 학자들은 이황부터 조심스레 이 설을 검토하기에 이르렀다.[22]

한주 역시 주자의 초년과 만년설이 다르다는 인식을 가지고 있었다. 그래서 함련에서 주자는 정미한 뜻으로 초년과 만년의 의론을 갈라놓았다고 했던 것이다. 결국 그는 주자의 경설에는 문제가 없지만, 후학들이 선현의 뜻을 곡해했다고 진단했다. 실재로 그는 전통적으로 경문을 보는 간법看法을 부정하고 수간竪看·횡간橫看·도간倒看의 세 가지 간법을 제시한 바 있다.[23] 이 시를 통해 그는 주자의 경설에 대한 자신의 견해가 옳다는 자부심을 은근하게 표출하였다. 그의 확신은 다음의 시에서

22) 朱子晩年定論說 및 朱子說 初晩論. 조선학자들의 이에 대한 인식에 대해선 전재동. 2007. 「朝鮮 儒學者들의 '朱子晩年定論說' 收容과 批判에 관한 硏究」. 『영남학』 12. 경북대 영남문화연구원.

23) 한주의 經說과 看法에 대해선 이상하. 『전게서』. pp.24~35에 자세하다.

보다 선명해진다.

또 차운하다. 三絶[24)]

兩路猶差矧兩源 두 갈래 길도 차이가 나거늘 하물며 두 근원이랴.
千秋欲質紫陽門 천 년 뒤에 주자에게 물어보려고 했었네.
理無動靜空乘氣 理는 動靜이 없는데 공연히 氣를 탄다고 하니
此理何曾似我言 이 理가 어찌 예전에 내가 했던 말과 비슷하랴.

인용한 시는 『대산집大山集』에 수록된 윤증尹拯의 사단칠정四端七情 차운시 세 수를 보고 정오석鄭五錫(1826~1869)·송인호宋寅濩와 함께 차운한 시의 일부이다. 이 시를 이해하기 위해서는 윤증尹拯(1629~1714)과 박세채朴世采(1631~1695)의 이기설에 대한 견해부터 검토할 필요가 있다. 박세채의 제자 김재해金載海가 윤증에게 박세채의 편지를 동봉해 "성性이 발해 정情이 됨은 하나의 근원인데, 무엇 하러 사단과 칠정을 나누어 말을 하랴. 선사께서 천추에 남겨 놓은 어록의 뜻, 도리어 중간에서 주主하여 말씀했네.[性發爲情共一源 如何四七更分門 千秋語錄先師意 却向中間以主言]"라는 시를 함께 보냈다. 이는 이이가 이황의 이기호발설理氣互發說을 부정하면서 사단은 오로지 리理를, 칠정은 기氣를 겸하여 말했다는 뜻이다. 그러자 윤증은 이 시에 대한 화답으로 박세채에게 칠언절구 세 수를 보냈다.[25)]

이상정이 윤증의 시에 차운한 것은 알 수 없으나, 이 시에서 보듯 한주는 기존의 이기설에서 주장되던 이발기승理發氣乘·이기호발理氣互發 등에 넌지시 의심의 눈길을 보냈다. 그는 "성현의 천 마디 만 마디 말이

24) 『전서』 권1. 「又次 三絶」.
25) 尹拯. 『明齋遺稿』 권4. 「金叔涵載海 示其與玄石酬答韻 要余訂和」.

다만 하나의 리자理字이니, 조존함양操存涵養은 이 리를 두는 바이고, 확충성찰擴充省察은 이 리를 따르는 바이고, 극기한사克己閑邪는 이를 해치는 것을 제거하는 것"[26]이라 하면서 주리主理로 종지를 삼아야 한다고 주장했다. 이처럼 그는 주리의 입장에서 이기설을 이해하려고 했으며, 이런 태도는 주희로부터 이황-이상정-정종로로 이어지는 조선후기 영남학파의 연장선에 있었다.

한주의 학문에서 성리설 및 그 특징 등에 대해서는 논외이므로 더 이상 따지지 않겠지만, 그의 시세계를 통해 엿볼 수 있는 것 중에는 조식과 이황의 학문을 같은 수준으로 놓고 있다는 점이 주목된다. 예를 들어 조식이 건립한 산천재를 방문하고 난 뒤 지은 시에서 남명과 퇴계의 학문이 동방에서 나란히 일컬어졌으나, 사칠四七에 대해선 같은 이론을 제시하지 않았음을 인정하였다.[27] 또 하홍도河弘度(1593~1666)가 경영했던 모한재慕寒齋를 방문한 뒤 남긴 다음의 시를 통해서도 남명과 퇴계의 학문은 연원이 같다고 했다.

모한재에서 게판된 시에 차운하다.[28]

學究天人奧 학문은 하늘과 사람의 오묘함 궁리하고,
亭開水石區 정자를 냇물과 암석 좋은 곳에 지었네.
淵源疇復錄 무엇하러 연원을 다시 따지겠는가.
汾洛本同流 汾水와 洛水는 본래 같이 흘렀던 것을

26) 『전서』 권8. 「與尹士善別紙」. "竊念聖賢之千言萬語 統只是一理字 操存涵養 所以存此理 擴充省察 所以順此理 克己閑邪 所以去其害理者也 學聖賢者 當以主理爲實旨 而宇宙以來 非聖賢之道而自爲一端者 何嘗見有不主氣者乎"

27) 『전서』 권1. 「山天齋」. "冥陶正學並吾東 四七眞詮不約同 方丈峯高留瑞靄 濯纓臺古挹清風 氛霾不到光明處 峻極元從坦易中 滄洲列像山天揭 始信淵源本貫通"

28) 『전서』 권2. 「慕寒齋 次板上韻」.

하홍도가 정자를 모한으로 편액을 건 까닭은 주자의 한천정사寒泉精舍를 사모한다는 뜻을 드러낸 것이다. 인용한 시의 마지막 구에서 분수汾水와 낙수洛水로 비유한 데서 알 수 있듯이, 한주는 퇴계와 남명의 학문은 주자를 근원으로 하고 있다고 평가하였다.

4) 유거幽居의 흥취興趣와 진락眞樂의 추구

한주의 시를 나이별, 소재별 등으로 구분한다면 유람이나 여행은 어떤 유형이든 하나의 주요 소재임을 부정할 수는 없다. 그의 유람은 단순한 승경의 감상에 그친 것이 아니라, 애군愛君과 우민憂民 의식을 고취하고 사물을 대하는 안목을 넓혔으며, 성리에 관한 제문제諸問題들을 진지하게 고민할 수 있는 계기를 마련했다. 유람은 지식을 넓히며 호연지기浩然之氣를 배양하는 역할도 하지만, 한편으로 시인으로 하여금 귀소歸巢 본능을 자극키도 한다.[29)]

한주의 귀소 중 만귀정晩歸亭은 주목말 만한 곳이다. 주지하듯이 만귀정은 1866년 숙부 이원조가 건립한 것으로 알려져 있으나, 그의 「연보」에 1853년에 만귀정에서 이원조와 김기응金箕應을 모시고 만귀정에서 독서했다는 기록이 있는 것으로 보아 1850년 초반에 만귀정이 이미 있었음을 알 수 있다.

만귀정에서 숙부와 『심경』을 읽을 무렵에 한주는 이미 「통서차의通書箚義」·「근사록차의近思錄箚義」·「이기동정설理氣動靜說」·「성정집설性情集說」 등을 지을 정도로 학문이 완숙의 경지에 접어든 것으로 보인다. 이는 그의

29) 정민은 조선 중기의 시인 權韠 시에 나타난 유람과 회귀 본능의 특성을 '원격의식과 모순충동'이라 명명하기도 했다. 정민. 1987. 「石洲詩의 모순충동과 遠隔意識」. 『한문학연구』 9권. 한국한문학회. pp.35~65.

제자에게 학문의 요체를 알려준 다음의 시를 통해서 잘 알 수 있다.

취오 정재성이 와서 며칠 머무르다가 공부하는 방법을 가르쳐 달라고 청하길래, 그 뜻을 가상하게 여기고 시로 권면한다.

禔躳眞見利名輕	몸을 닦으면 이익과 명예 가볍다는 것을 참으로 알 수 있고
篤志何難德業成	뜻을 독실하게 하면 어찌 덕업 성취가 어려우랴.
璞玉加磨增美質	거친 옥은 연마를 더하면 아름다운 자질이 배가 되고
簴鍾待撞放雄聲	종루에 걸린 종은 쳐야만 웅장한 소리 퍼지네
修辭最忌溫呑煖	말을 꾸밈은 미지근함을 최고로 꺼리고
謀道方知餒在耕	도를 도모함에 밭가는 가운데 굶주림 있음을 아네.
萬理雖殊原一實	만 가지 이치는 비록 달라도 원래는 한 가지 實이니
疑雲捲處快天晴	의심의 구름 걷히는 곳에 푸른 하늘이 상쾌하네.[30]

인용한 시는 한주가 제자 정재성鄭載星(1863~1941)에게 준 것으로, 그의 학문관과 인생관이 집약되어 있다. 일반적으로 칠언배율七言排律은 함련과 경련에서 수사적 기교의 절정을 이루지만, 이 시는 수련부터 미련까지 전고가 은근하게 감추어져 있다. 게다가 함련의 박옥璞玉과 거종簴鍾는 인재를 비유한 시어이며 수사기교의 절정은 조탁한 흔적을 엿볼 수 있는 단어의 대구이다. 예를 들면 수련의 제궁禔躳은 독지篤志와, 함련의 박옥璞玉은 거종簴鍾, 경련의 수사修辭는 모도謀道, 미련의 만리萬理는 의운疑雲이 짝을 이루는 것이 여기에 해당한다. 이 시의 절정은 함련에 온탄난溫呑煖과 뇌재경餒在耕을 놓고, 미련에 원일실原一實과 쾌천청快天晴으로 결론을 맺은 대목이다.

30) 『선서』, 권3, 「鄭聚五載星 來留數日 請示爲學之方 嘉其志 詩以勉之」.

경련에 쓰인 시어 '온탄난溫呑煖'은 『심경』 계명장鷄鳴章에 수록된 주희의 말로, 어떤 사람이 이利와 선善의 차이를 묻자 "냉수가 아니면 펄펄 끓는 물이지 중간의 온탄난溫呑煖한 것은 없다."라고 한 데서 차용한 것이다. '뇌재경餒在耕'은 『논어』 위령공衛靈公 편에 "군자는 도를 도모하지 먹는 것을 도모하지 않는다. 농사를 지어도 그중에 굶주림이 있는 법이고, 학문을 하여도 먹을 녹이 그 속에 있는 것이다. 그래서 군자는 도가 행해지지 못할까 근심하고, 가난할까 근심하지 않는다.[君子謀道不謀食 耕也 餒在其中矣 學也 祿在其中矣 君子憂道不憂貧]"라는 말에서 차용했다.

이 시를 통해 엿볼 수 있는 한주의 학문은 미련의 '일실一實'이라는 단어에 응축되어 있다. 미련에서 표현한 '만리萬理'는 성리학적 측면에서 리理가 만 가지라기보다, 겉으로 드러나는 현상이 여러 가지라는 뜻에 가깝다고 할 수 있다. 즉 여기서 말하는 만리萬理는 리일분수理一分數 가운데 분수分數에 해당한다. 그래서 리일理一을 일실一實이라는 단어로 바꾸었다. 그가 말하는 실實은 조선후기 이익李瀷을 비롯한 실학자들이 강조한 실實과 비슷한 개념으로 추정된다. 그의 실實은 특히 『중용』을 해석할 때 그 진면모를 볼 수 있다.

存誠

實心爲己實工成 實心으로 爲己之學하니 實의 工을 이루고
實德通天實理呈 實德이 하늘에 통하니 實의 이치가 드러나네.
行實事時收實效 實事를 실천할 때 實의 효과를 거두니
方知實學在存誠 바야흐로 實學은 存誠에 달렸음을 알겠네.

일반적으로 시에서는 동일한 어휘를 반복하는 것을 금기시하지만, 인용한 시에는 짐짓 의도적으로 보일 정도로 실자實字를 반복적으로 사용했다. 이는 해당 어휘를 그만큼 강조한다는 뜻이다. 이 시를 통해 한주가 추구했던 실實은 성誠이며, 이 성誠은 곧 리理다. 그러기에 성誠이 없으면 물物도 없다는 『중용』의 '불성무물不誠無物'과도 일맥상통한다.

실實, 리理, 성誠을 또 다른 어휘로 표현한 것이 진眞이다. 한주는 "진락眞樂이 마음을 방해하여 미진未眞일까 두렵네.[眞樂妨心恐未眞]"[31], "거울은 티끌 없는 곳에서 진심을 볼 수 있네[鏡無塵處見眞心]"[32], "색色은 공공空空하고 성性은 진眞이다.[色是空空性是眞]"[33] 등의 구절을 통해 성性이 바로 진眞이며, 이 진眞은 성誠과 같은 개념임을 역설하였다. 나아가 자신이 추구하는 것은 바로 허虛나 위僞가 없는 진眞의 경지를 얻어 진락眞樂을 누리는 것이었다.

3. 불우不憂의 동경憧憬과 조운헌도祖雲憲陶의 정신

한주가 활동했던 19세기는 제너럴셔먼호 사건(1866년), 신미양요辛未洋擾(1871년), 강화도조약체결(1876년) 등 서구열강들의 조선 침탈이 무르익던 때였다. 서학西學으로 통칭되는 천주교의 확산도 지식인으로서는 외면하기 어려운 문제였다. 게다가 농민항쟁마저 전국으로 퍼지고 있는 상황에서 그는 향촌 사회의 질서를 바로잡는 것에서 열강에 대비할 국방력을 갖추는 일까지 대내외 위기 상황에 대해 적극적으로 자신의 의견을 개진하였다.

한주는 서원철폐령書院撤廢令을 반대하는 상소 운동의 장의掌議를 맡았

31) 『전서』. 권1. 「次李子林居詠 暮春」.
32) 『전서』. 권1. 「次李子閒居詠 講學」.
33) 『전서』. 권1. 「宋康叟寄芍藥吟卻和」.

고, 1881년 러시아를 견제하기 위해 일본·미국과 연합해야 한다는 『조선책략朝鮮策略』의 유포에 맞서 이를 반대하는 위정척사운동에 적극 나섰다. 또한 1884년에는 두루마기의 소매를 좁게 하라는 변복령變服令에 반대하여 금령禁令에 빠져있는 심의深衣를 입는 등 전통을 계승하려는 의지가 강했다. 한편 태평천국太平天國의 난을 계기로 청淸에 대한 사대事大를 철폐하자는 상소를 올리는 등 개혁적 성향도 부분적으로 엿볼 수 있다.[34)]

위에서도 살펴보았듯이 한주는 당시 국내외적으로 혼란한 상황에서 국가의 사안이 있을 때마다, 자신의 의견을 적극 펼쳐 위기를 극복하고자 했다. 그래서 근심이 없는 현실을 구가하려고 노력하였으며, 근심을 없애려는 의지는 시에서도 그대로 표출되었다.

> 땅을 택해 無憂洞에 精舍를 지으려 하다.[35)]
>
> 憂國憂民摠是憂 나라 걱정과 백성 걱정 모두가 근심이니
> 希文曾說士憂憂 范希文도 일찍이 士憂憂라 했었지.
> 也有山居忘世者 산에는 거처하며 세상을 잊는 자 있어
> 樂天安分更何憂 樂天安分하는데 다시 무엇을 근심하랴.
> (중략)
> 聖人憂道是眞憂 성인처럼 道를 염려함이 참된 근심이니
> 得道還須樂不憂 得道한 후엔 근심 없음을 즐겨야 하네.
> 陋巷春風溢上月 초라한 시골에 봄바람 불고 溢水에 달뜨는데,
> 吾儕安得歸無憂 우리들은 어떻게 해야 無憂로 귀의할까?

인용한 시에서 말한 "사우우士憂憂"란 시어는 범중엄范仲淹의 「악양루

34) 이상의 논의는 우인수, 「전게 논문」, pp.182~186.
35) 『전서』 권2, 「卜地無憂洞擬構精舍」.

기岳陽樓記」에서 "천하 사람들이 근심하기 전에 내가 먼저 근심하고, 천하 사람들이 즐거워한 뒤에 내가 즐거워할 것이다.[先天下之憂而憂 後天下之樂而樂歟]"라고 말에서 유래한 것이다. 이 시어는 세상 사람들보다 앞서서 걱정하며 난국을 극복하기 위해 동분서주하는 사람을 가리키는 말로 자주 차용된다. 한주는 비록 포의로 일생을 보냈지만, 범중엄처럼 난국을 타개하기 위해 노심초사했던 것을 것이다.

한주가 추구하던 진락眞樂은 『논어』 옹야雍也에서 공자가 안회에게 "어질도다, 안회顔回여! 한 그릇의 밥과 한 표주박의 물로 누추한 시골에 사는 것을 다른 사람들은 그 걱정을 견뎌내지 못하는데, 안회는 그 즐거움을 변치 않으니 어질도다, 안회여.[賢哉回也 一簞食 一瓢飮 在陋巷 人不堪其憂 回也不改其樂 賢哉回也]"라고 칭송한 그 락樂이다. 마침 성주에는 무우동無憂洞이 있어 의도적으로 좋은 땅을 택해 무우無憂의 즐김을 추구하겠다는 의지를 이 시를 통해 강렬하게 드러내었다.

무우無憂의 땅에서 면학勉學을 통해 한주가 궁극적으로 추구하던 이상은 바로 조운헌도祖雲憲陶의 정신이다. 조운헌도祖雲憲陶란 한주가 30세 이후에 사용한 당호堂號로, 운곡雲谷에서 노닐며 강학했던 주자를 조술祖述하고, 도산陶山의 퇴계를 헌장한다는 의미이다. 이는 그는 시세계를 비롯한 학문의 연원을 주자와 퇴계에 있었다고 천명했음을 뜻한다.36)

자연에 묻혀 방문하는 벗들과 성인의 도를 담론하고, 세상과 우주의 변화를 관조하는 것이 정적靜的인 상태에서 바라본 한주의 시세계이다. 선행연구자는 그가 자연에서 객관적 시각으로 사물을 관찰하며 지은 일종의 순수시純粹詩는 당대의 험난한 현실과 성리학적 이념을 떠나 있는

36) 『전서』 권1. 「講學」. "陸禪迷似鄭聲淫 朱李書中正脈尋 珠出泥時明本性 鏡無塵處見眞心 萬埋究來該鉅細 一誠存得便崇深 講求履踐元非二 聖聖相傳只此欽"

것으로 인간존재의 본질과 밀착되어 있는 부분으로 평가하였다.[37] 그러나 이 글에서도 살펴보았듯이, 그가 애써 찾으려 했던 자연은 성리학적 이념을 떠난 곳이 아니라, 혼란한 당대의 현실에서 찾을 수 없었던 자신의 성리학적 가치관을 구현한 공간이었다. 게다가 숙부가 건립해 놓은 만귀정은 전통이 있는 가문을 계승하려는 의지와 후손들에게 전해주고 싶은 학문의 정화精華가 깃든 곳이다.

한주의 시는 표현기법으로는 전고典故가 많고 사물 및 객체에 대한 묘사가 사변적思辨的·철리적哲理的인 것이 많아 조선시대 성리학자의 그것과 큰 차이를 보이지 않는다. 또한 자신이 경설을 통해 획득한 횡간橫看·수간竪看 등의 간법看法을 시에도 그대로 적용하였으며, 선대 학자들의 성리설을 시를 통해 비판하기도 했다. 또한 주자설의 초만初晩 이동異同을 분변하여 만년설晩年說이 정론임을 주장하였으며, 자신만의 독창적인 심학心學 이론을 정립하기도 했다.

하지만 한주가 44세 되던 해에 처음 주장한 「심즉리설心卽理說」은 이미 발표되던 그 당시에 논란이 있었던 것으로 보인다. 게다가 61세에 저술한 『이학종요理學綜要』에서 주장한 '이발일도설理發一途說' 및 '심즉리설心卽理說'은 이황의 '이기호발설理氣互發說'과 '심합이기설心合理氣說'과 다르다고 평가되어 사후에 간행된 문집이 불태워지는 곡절을 겪었다. 본문에서 살펴본 그의 시는 그의 성리설이 결코 주자와 퇴계의 그것을 비판하는 것이 아니라, 나름대로의 견해를 가지고 계승하려는 뜻이었음을 역설한다고 보아야 한다.

---

37) 정우락. 2006. 「李震相의 山水興趣와 그 文學思想의 哲學的 基底」. 『퇴계학과 한국문화』 제38집. 경북대학교 퇴계연구소. p.173.

4. 맺음말

이 글은 정적靜的인 측면을 중심으로 한주시의 특징을 구명하기 위해 작성되었다. 본문을 통해 논의된 사항을 정리하면 다음과 같다. 첫째, 한주는 습정習靜의 의지를 강력하게 지니고 있었으며, 이는 독서시讀書詩, 교유시交遊詩, 자연시自然詩 등에서 염정恬靜·정계靜界·영정寧靜이란 시어로 표출되었다. 그가 말하는 습정은 체도體道의 의미를 지닌 것으로 자신이 자연에서 안분安分하며 성인이 추구했던 이상을 그 속에서 실현해보려는 의지를 피력하였다고 할 수 있다.

둘째, 한주는 대내외적으로 혼란한 시대를 살아가면서 지식인으로서 위기를 극복하려는 노력을 시에 담았다. 우국憂國·우민憂民·우세憂世 등을 주제로 한 그의 시에는 결국 무우無憂를 추구하려는 그의 의지가 고스란히 녹아 있었다. 그가 추구하려던 무우無憂의 경지는 안연이 실천했던 단표누항簞瓢陋巷의 진락眞樂이었으며, 성인의 도를 체득하는 것이 면학勉學의 궁극적 목표였음을 알 수 있었다. 셋째, 유거幽居의 즐거움을 누리던 그는 자신이 깨달은 경설經說·성리설性理說 등을 시로 오롯이 표출하였고, 그 근원을 주자와 퇴계에 두고 있음을 밝혔다. 본문에서 인용한 양명학陽明學·불교佛敎 배척 의지를 담은 시, 퇴계와 남명의 학문적 연원이 똑같이 주자에 있음을 강조한 시 등을 통해서도 이런 사실을 확인할 수 있었다.

모두冒頭에서도 밝혔듯이 한주의 학문에 대한 연구는 이미 연구사를 정리해야 할 정도로 많은 업적이 축적되었다. 그러나 시세계나 경학經學 등에 대한 연구는 상대적으로 소홀하다. 향후 이 부분에 대한 분발을 기대하며, 무엇보다 그의 문학은 성리학·경학 등에서의 성과가 종합될 때 보다 선명해질 것으로 여겨진다.

이진상의 '한주학'과 낙중학의 부흥 _ 홍원식

周敦頤.『太極圖說』.

朱熹.『朱子全書』.

李源祚.『凝窩全書』.

李震相.『寒洲全書』.

李震相.『寒洲文集』.

李承熙.『韓溪遺稿』.

이상하. 2006.「한국 성리학 칠정리발설의 계보 상에서의 응와 이원조」.『응와 이원조의 삶과 학문』. 경북대 퇴계연구소.

이형성. 2006.「한주의 성리학1-주재성 중시와 그 의의」.『한주 이진상 연구』. 경북대학교 퇴계연구소 편. 도서출판 역락.

홍원식 외. 2008.『심경부주와 조선유학』. 예문서원.

______ 외. 2012.『낙중학. 조선시대 낙동강 중류지역의 유학』. 계명대학교 출판부.

______ 외. 2017.『조선 중기의 낙중학, 여헌 장현광의 삶과 사상』. 계명대학교 출판부.

______ 외. 2017.『조선 중기의 낙중학. 한강 정구의 삶과 사상』. 계명대학교 출판부.

홍원식. 2009. 「퇴계학파의 『심경부주』 연구와 이진상의 『심경관계』」. 『동양철학』 제32집. 한국동양철학회.

한주 이진상의 리기설 : '리발일도설'을 중심으로 _ 김기주

李震相. 1980. 『寒洲全書』. 韓國學文獻硏究所編. 亞細亞文化史.
李震相. 『寒洲先生文集』
陳俊民校訂. 2000. 『朱子文集』. 財團法人德富文敎基金會.

강대걸. 1987. 「한주 이진상의 이기설 소고」. 『北岳論叢』 제5집. 227-249.
경북대학교 퇴계연구소 편. 2006. 『조선유학의 마지막 봉우리 한주 이진상 연구』. 도서출판 역락.
권오영. 2006. 「한주 이학의 전통과 그 사상사적 의의」. 『퇴계학과 한국문화』 제38호. 45-81.
송찬식. 1983. 「한주 이진상의 이기론 연구」. 『韓國史學』 제5집. 201-232.
이상하. 2005. 「한주 이진상과 주자정설」. 『漢文學硏究』 제19집. 187-207.
이형성. 2006. 『한주 이진상의 철학사상』. 심산출판사.
이형성. 2002. 「한주 이진상의 성리설 고찰-리주기자론에 의한 리의 주재성을 중심으로」. 『동양철학연구』 제28집. 133-159.
황갑연. 2012. 『심체와 성체5 주희철학』. 소명출판사.
홍원식. 2006. 「한주 이진상의 성리설과 그 계승」. 『퇴계학과 한국문화』 제38호. 191-210.

한주 이진상의 리학적 '심즉리설' 고찰 _ 이형성

1971. 『經書』. 成均館大學校 大東文化硏究院.

1984. 『性理大全』. 保景文化社.

1986. 『朱子大全』. 中和堂.

1970. 『朱子語類』. 中文出版社.

1992. 『王陽明全集』(吳光・錢明・董平・姚延福 編校). 上海古籍出版社.

1971. 『退溪全書』. 成均館大學校 大東文化硏究院.

1971. 『栗谷全書』. 成均館大學校 大東文化硏究院.

1980. 『寒洲全書』. 亞細亞文化社.

『寒洲集』. 奎章閣 所藏本.

현상윤 지음. 2010. 『현상윤의 조선유학사』. 이형성 교주. 심산.

오하마 아끼라(大濱晧) 지음. 1997. 『범주로 보는 주자학』(원제 : 朱子の哲學). 이형성 옮김. 예문서원.

尹絲淳. 1980. 『退溪哲學의 硏究』. 고려대학교 출판부.

張立文 主編. 1993. 『心』. 中國人民大學出版社.

陳榮捷. 『王陽明傳習錄詳註集評』. 學生書局. 中華民國 72년.

崔英成. 1995. 『韓國儒學思想史』 IV. 亞細亞文化社.

홍원식. 2008. 『한주 이진상의 생애와 사상』. 예문서원.

이상익. 2011. 『영남성리학연구』. 심산.

山內弘一. 1990. 「李震相의 心卽理說과 嶺南學派」. 『碧史李佑成敎授停年論叢』. 창작과 비평사.

윤사순. 2011. 05. 「寒洲 李震相의 性理學的 '心卽理說'」. 『공자학』 제20호. 한국공자학회.

琴章泰. 1999. 「退溪學派의 學問〈21〉 - 寒洲 李震相의 性理學과 心卽理說」. 『退溪學報』 제102집. 退溪學硏究院.

李炯性. 2011. 「寒洲 李震相의 性理學 硏究」. 성균관대학교 박사학위논문

李相夏. 2003. 「寒洲 李震相의 性理說의 입론 근거 연구」. 고려대학교 박사학위논문.

한주 이진상의 심주재성과 존덕성공부론 _ 추제협
-『심경관계心經窾啓』를 중심으로

『心經附註』.

『寒洲集』.

『寒洲全書』.

김윤제. 1996.「조선전기『심경』의 이해와 보급」.『한국문화』18집. 서울대 한국문화연구소.

송찬식. 1983.「한주 이진상의 리기론 연구」.『한국사학』5집. 한국정신문화연구원.

윤남한. 1977.「중종대의 도학과 심학화운동과 양명학의 동전문제와 관련하여」.『사총』21・22합집. 고려대 사학회.

윤병태. 1979.「퇴계와 심경부주」.『한국의 철학』8호. 경북대 퇴계연구소.

윤사순. 2011.「한주 이진상의 성리학적 '심즉리설'」.『공자학』20호. 한국공자학회.

이상익. 2011.「한주 이진상의 주리론과 심즉리설」.『영남성리학연구』. 서울: 심산.

이상하. 2007.『한주 이진상의 주리론 연구』. 서울: 경인문화사.

이형성. 2006.『한주 이진상의 철학사상』. 서울: 심산.

홍원식 외. 2007.『조선시대 심경부주 주석서 해제』. 서울: 예문서원.

홍원식. 2009.「퇴계학파의『심경부주』연구와 이진상의『심경관계』」.『동양철학』32집. 한국동양철학회.

_____. 2008.『한주 이진상의 생애와 사상』. 서울: 예문서원.

寒洲 李震相의 現實認識과 經世論 _ 우인수
-『畝忠錄』의 인재 양성과 선발제도 개혁안을 중심으로 -

『조선왕조실록』『二程全書』(정자)『朱子大全』(주희)『반계수록』(유형원)『경세유표』(정약용)『명미당전집』(이건창)『한주전서』(이진상)『譯註 禮記集說大全·王制』(정병섭 역. 2009. 학고방)『동호문답』(이이. 정재훈 주해. 2014. 아카넷)

권대웅. 2001. 「한말 한주학파의 계몽운동」. 『대동문화연구』 38.
권오영. 2001. 「19세기 강우학자들의 학문동향」. 『남명학연구』 11.
______. 2006. 「한주 理學의 전통과 그 사상사적 의의」. 『퇴계학과 한국문화』 38.
김도형. 1991. 「한말·일제초기의 변혁운동과 성주지방 지배층의 동향」. 『한국학논집』 18.
______. 2001. 「한주학파의 형성과 현실인식」. 『대동문화연구』 38.
김준석. 2003. 『조선후기 정치사상사 연구』. 지식산업사.
김태영. 1997. 「경세유표에 나타난 정약용의 국가개혁론」. 『경세유표 I』(정약용 저. 이익성 역. 한길사).
서울대학교동양사학연구실 편. 1989. 『강좌 중국사』III. 지식산업사.
송찬식. 1977. 「조선조말 주리파의 인식논리」. 『한국학보』 9.
______. 1982. 「한주전서 해제」. 『한국학논총』 4. 국민대학교 한국학연구소.
우인수. 1999. 『조선후기 산림세력연구』. 일조각.
______. 2006. 「묘충록을 통해 본 한주 이진상의 국정개혁론」. 『퇴계학과 한국문화』 38.
______. 2015. 『조선후기 영남 남인연구』. 경인문화사.
이영호. 2006. 「한주 경학의 특징과 그 경학사적 위상」. 『퇴계학과 한국문화』 38.
______. 1988. 「19세기 후반 경상도 성주지방의 농민운동」. 『손보기정년기념 한국사학논총』.
______. 1991. 「조선후기의 사회변동과 지배층의 동향」. 『한국학논집』 18.
이형성. 2006. 「한주 성리학에 있어서 주재성 중시와 그 의의」. 『퇴계학과 한국문화』 38.

정만조 외. 2014.『농암 유수원 연구』. 사람의 무늬.
정순우. 2014.「농암의 과거제 및 학교제도 개혁론」.『농암 유수원 연구』. 사람의 무늬.
정우락. 2006.「이진상의 산수 홍취와 그 문학사상의 철학적 기저」.『퇴계학과 한국문화』 38.
정호훈. 2004.『조선후기 정치사상 연구』. 혜안.
한우근. 1980.『성호 이익연구』. 서울대출판부.
홍원식. 1999.「이진상의 철학사상과 그의 후예들」.『동양학』 29.
______. 1999.「한주학파의 공자교 운동」.『한국학논집』 26.
______. 2001.「퇴계학의 남전과 한주학파」.『한국의 철학』 30.
______. 2006.「한주 이진상의 성리설과 그 계승」.『퇴계학과 한국문화』 38.

한주 이진상의 춘추학 _ 박인호
- 『춘추집전』과 『춘추익전』을 중심으로 -

1. 자료

顧炎武. 1984.『日知錄集釋』. 상해고적출판사.
金履祥. 1983.『資治通鑑前編』. 문연각사고전서. 상무인서관(영인본).
大東文化硏究院. 1998.『韓國經學資料集成』 134-145(春秋 1-12). 成均館大學校出版部.
劉恕.『資治通鑑外記』. 民國 24년.『자치통감』. 世界書局(영인본).
世宗命撰. 1986.『春秋經傳集解』.『춘추좌씨전』. 보경문화사(영인본).
永瑢 外. 1929.『四庫全書總目提要』. 萬有文庫 6. 商務印書館(영인본).
李東陽. 1519.『歷代通鑑纂要』.
李震相. 1980.『寒洲全書』. 亞細亞文化社(영인본).
章如愚. 1983.『群書考索』. 문연각사고전서. 상무인서관(영인본).
朱熹. 2002.『朱子全書』. 상해고적출판사.

周中孚. 1933.『鄭堂讀書記』. 萬有文庫. 商務印書館(영인본).
皮錫瑞.『經學歷史』. 민국 69년. 인인문고 771. 대만상무인서관(영인본).
『사고전서』. 경부. 춘추류; 1983. 문연각사고전서. 상무인서관(영인본).
『사부총간』. 1976. 대만상무인서관(영인본).
『속수사고전서』. 경부. 춘추류; 1995. 상해고적출판사(영인본).
『춘추좌씨전』. 1990. 학민문화사(영인본).
『춘추호씨전』. 1439. 경희대 · 고려대도서관.

2. 논저

康凱淋. 民國 99年.「論清初官方對胡安國春秋胡氏傳的批評」.『漢學研究』28권 1기.
______. 民國 101年.『胡安國春秋傳研究』. 國立中央大學 博士學位論文.
금장태. 1997.「다산의 社稷祭와 체제 고증」.『宗教學研究』16.
______. 1987.「茶山禮學에서의 祭天儀禮問題 - 春秋考徵을 중심으로 -」.『한국실학사상연구』. 집문당.
김동민. 2012.「茶山 丁若鏞의 春秋에 대한 이해와 해석 방법 - 春秋考徵의 "不書卽位"에 대한 분석을 중심으로-」.『溫知論叢』31.
______. 2012.「茶山 春秋考徵의 杜預에 대한 비판과 변론」.『東洋哲學研究』71.
______. 2014.「正祖의 經史講義를 통해 본 春秋 경전의 이해」.『東洋哲學研究』79.
______. 2014.「正祖의 經史講義를 통해 본 春秋學의 핵심 쟁점」.『유교사상문화연구』56.
______. 2014.「正祖의 策問: 春秋를 통해 본 조선조 春秋學의 문제의식」.『東洋古典研究』56.
______. 2014.『춘추논쟁』. 글항아리.
______. 2012.「春秋의 禮制에 대한 春秋考徵의 분석과 고증」.『유교사상문화연구』49.
김문식. 2000.「대일통과 의리의 문헌」.『정조의 경학과 주자학』. 문헌과해석사.

金榮奇. 1995. 『韓國春秋學研究』. 政治大 博士學位論文.
涂茂奇. 民國 101년. 『明代學者對胡安國春秋傳之檢討研究』. 東吳大學 博士學位論文.
童書業. 1946. 『春秋史』. 開明書店; 1987. 山東大學出版部(영인본).
藤塚鄰. 朴熙永譯. 1994. 『추사 김정희 또 다른 얼굴(淸朝文化 東傳의 研究)』. 아카데미하우스.
牟潤孫. 1990. 「兩宋春秋學之主流」. 『注史齋叢稿』. 臺灣商務印書館.
文廷海. 2005. 『淸代春秋穀梁學研究』. 華中師範大 博士學位論文.
박성진. 2002. 「한, 중 중세지식소통에 관한 연구 - 다산의 춘추관을 통해 본 춘추학의 소통 -」. 『中國文學研究』 24.
孫春在. 民國 74年. 『淸末的公洋思想』. 臺灣商務印書館.
宋鼎宗. 民國 75년 增訂再版. 『春秋宋學發微』. 文史哲出版社.
宋贊植. 1980. 「寒洲全書 解題」. 『寒洲全書』 1. 亞細亞文化社.
安秉杰. 1998. 「春秋集傳 解題」. 『韓國經學資料集成』 142(春秋 9). 成均館大學校出版部.
안영호. 2002. 『춘추공양전 해석체례 연구』. 한양대 박사학위논문.
염종일. 2004. 「조선시대에 간행된 춘추 주해의 제판본에 관한 연구」. 중앙대학교 석사학위논문.
劉家和. 1995. 「청대의 좌전 연구」, 『제5회 동양학 국제학술회의 논문집』.
윤남한 편. 1982. 『雜著記說類記事索引』. 韓國精神文化研究院.
이유진. 1999. 「丁若鏞 春秋考徵의 연구」. 『孔子學』 Vol.5 No.1.
장병한. 2008. 「19세기 白雲 沈大允의 春秋四傳續傳에 관한 일고찰 - 公正, 實利의 춘추 해석 관점에서 -」. 『한국실학연구』 16.
______. 2008. 「白雲 沈大允의 左國定論 一考 - 實學主義的 價値觀 把握을 중심으로 -」. 『한문학보』 18.
錢穆. 1998. 『錢賓四先生全集』. 聯經出版事業股份有限公司.
趙伯雄. 2004. 『春秋學史』. 山東教育出版社.
홍승태. 2011. 「胡氏春秋傳과 朝鮮의 龍柏祠」. 『중앙사론』 33.

한주 이진상의 『사례집요』와 예학사상 _ 전성건

≪韓國禮學叢書≫95(1~8) 『四禮輯要』I . 2011. 慶星大學校 韓國學硏究所 編.
≪韓國禮學叢書≫96(9~16) 『四禮輯要』II. 2011. 慶星大學校 韓國學硏究所 編.
『寒洲全書』1~5. 1980. 亞細亞文化史. 韓國學文獻硏究所 編.
『寒洲集』.
『常變通攷』.
『家禮增解』.

국립문화재연구소. 2008. 『국역 국조상례보편』. 민속원.
한국고전의례연구회. 2011. 『국역가례증해』. 민속원.

김동혁. 1995. 「寒洲 李震相의 『直字心訣』에 關한 硏究」. 『논문집』 13.
권오영. 2006. 「寒洲 理學의 傳統과 그 사상사적 意義」. 『退溪學과 韓國文化』 38.
권진호. 2010. 「영남학파의 『주자가례』 수용 양상: 東巖 柳長源의 『常變通攷』를 중심으로」. 『국학연구』 16.
남재주. 2012. 「조선후기 예학의 지역적 전개 양사우 연구-영남지역 예학을 중심으로」. 경성대학교 박사학위논문.
박종천. 2010. 「朝鮮後期 『讀禮通考』의 수용과 영향」. 『한국실학연구』 20.
______. 2011. 「茶山 丁若鏞의 『讀禮通考』 硏究 初探」. 『한국실학연구』 21.
이상하. 2003. 「寒洲 李震相 性理說의 입론 근거 연구」. 고려대학교 박사학위논문.
이성혜. 2014. 「柳長源의 『常變通攷』 編纂과 退溪學派의 禮學 傳統」. 『퇴계학논총』 24.
이영호. 2006. 「寒洲 經學의 特徵과 그 經學史的 位相: 『論語箚義』에 대한 분석을 중심으로」. 『퇴계학과유교문화』 38.
이행렬 · 정영서. 2014. 「한주 이진상의 山居寫景에 나타난 장소정체성에 관한 연구」. 『휴양및경관연구』 8.
이형성. 2001. 「寒洲 李震相의 性理學 硏究」. 성균관대학교 박사학위논문.

우인수. 2006. 「『畝忠錄』을 통해 본 寒洲 李震相의 國政改革論」. 『퇴계학과유교문화』 38.
오용원. 2009. 「寒洲 李震相의 詩文學 硏究」. 『대동문화연구』 68.
윤사순. 2011. 「寒洲 李震相의 性理學的 '心卽理說'」. 『孔子學』 20.
장동우. 2012. 「畿湖 禮學의 進展 過程-『家禮儀節』에 대한 대응을 중심으로」. 『태동고전연구』 29.
______. 2013. 「朝鮮時代 『家禮』硏究의 進展」. 『태동고전연구』 31.
최석기. 2012. 「寒洲 李震相의 『中庸』 分節說」. 『동양한문학연구』 34.
홍원식. 2010. 「영남유학과 낙중학」. 『한국학논집』 40.
______. 2012. 「조선중기 낙중학과 정구의 한강학」. 『한국학논집』 48.
______. 2015. 「한·려 이후 조선후기 낙중학의 전개」. 『한국학논집』 58.

한주 이진상의 시세계 _ 오용원

李震相. 1980. 『寒洲全書』. 한국학문헌연구소 편. 아세아문화사.
李源祚. 1994. 『凝窩先生文集』. 한국역대문집총서 926. 경인문화사.
李滉. 1990. 『退溪先生文集』. 한국문집총간 26. 민족문화추진회.
李象靖. 1999. 『大山全書』.
尹拯. 『明齋遺稿』. 2006. 한국고전번역원.

권오영. 2006. 「寒洲 理學의 傳統과 그 사상사적 意義」. 『퇴계학과 한국문화』 제38집. 경북대학교 퇴계연구소.
오용원. 2009. 「17~19세기 동아시아 지식 정보의 유통과 네트워크 : 한주(寒洲) 이진상(李震相)의 시문학(詩文學) 연구(硏究)」. 『대동문화연구』 68. 성균관대학교 대동문화연구원.
우인수. 2006. 「한주의 경세론-『묘충록』에 나타난 한주의 국정개혁론」. 『한주 이진상 연구』. 경북대학교 퇴계연구소.

李相夏. 2003.「寒洲 李震相 性理說의 立論 根據 硏究」. 고려대학교 박사논문.
李相夏. 2006.「한국 性理學 七情理發說의 계보 상에서의 凝窩 李源祚」.『퇴계학과 한국문화』 제39호. 경북대학교 퇴계연구소.
이상하. 2007.『한주 이진상의 주리론 연구』. 경인문화사.
이영호. 2006.「寒洲 經學의 特徵과 그 經學史的 位相」.『퇴계학과 한국문화』 제38집. 경북대학교 퇴계연구소.
이종우. 2004.「한국유학사 분류방법으로서의 主理, 主氣 개념에 관한 비판적 연구-李震相學派와 田愚學派의 논쟁에 관련하여-.『동양철학연구』 제36집. 동양철학연구회.
______. 2013.『19세기 퇴계학의 좌우파 논쟁』. 역사공간.
이형성. 1999.『李震相 性理學 방법론에 관한 고찰」.『한국사상과 문화』 6집. 한국사상문화학회.
李炯性. 2001.「寒洲 李震相의 性理學 硏究」. 성균관대학교 박사논문.
이형성. 2006.『한주 이진상의 철학사상』. 심산.
전재동. 2007.「朝鮮 儒學者들의 '朱子晩年定論說' 收容과 批判에 관한 硏究」.『영남학』 12. 경북대 영남문화연구원.
정민. 1987.「석주시의 모순충동과 원격의식」.『한문학연구』 9권. 한국한문학회.
정우락. 2006.「李震相의 山水興趣와 그 文學思想의 哲學的 基底」.『퇴계학과 한국문화』 제38집. 경북대학교 퇴계연구소.
홍원식. 2008.『한주 이진상의 생애와 사상』. 예문서원.

【저자 소개】

홍원식 E-mail : wsh683@kmu.ac.kr

고려대학교 철학과를 졸업하고 같은 대학에서 「주자학의 거경궁리설 연구」로 철학박사 학위를 받았으며, 현재 계명대학교 철학윤리학과 교수로 재직하고 있다. 동양철학 전반에 걸쳐 관심을 가지고 있으며, 『한주 이진상의 생애와 사상』, 『동도관의 변화로 본 한국 근대철학』, 『조선시대 가문의 탄생』 등 30여 권의 저 · 역서(공저 포함)와 80여 편의 논문을 발표하였다.

김기주 E-mail : zonoz@gw.kmu.ac.kr

계명대학교 철학과를 졸업하고, 臺灣東海大學 哲學硏究所에서 석사·박사학위를 취득하였다. 현재 계명대학교 Tabula Rasa College에 재직하고 있다. 조선성리학과 그 역사적 전개 등에 관심을 가지고 연구하고 있으며, 저서로는 『서원으로 남명학파를 보다』, 『심경부주와 조선유학』(공저), 역서에는 『심체와 성체 – 총론편』, 『유교와 칸트』(공역) 등이 있고, 「기발리승일도설로 본 기호학파의 3기 발전」, 「이상사회에서의 일과 노동」 등 다수의 논문이 있다.

이형성 E-mail : being9562@naver.com

성균관대학교 대학원 동양철학과에서 박사학위를 받았으며, 현재 성균관대학교 한국철학인문문화연구 책임연구원을 역임하면서 전북대와 전주대에서 강의하고 있다. 주요 관심분야는 한국 철학사 및 성리학이다. 저서로는 『한주 이진상의 철학사상』, 『한국철학사상사』(공저), 『한국실학사상사』(공저) 등이 있고, 역서로는 『(현상윤의) 조선유학사』, 『(현상윤의) 조선사상사』, 『범주로 보는 주자학(朱子の哲學)』(이상 역서) 등이 있으며, 「한주학파 성리학의 지역적 전개양상과 사상적 특성」, 「頤齋 黃胤錫의 洛學 繼承的 性理說 一攷」 등 다수의 논문이 있다.

추제협 E-mail : jhchoo@gw.kmu.ac.kr

계명대학교 국어국문학과를 졸업하고 경북대학교 대학원 국어국문학과 석사과정을 수료한 뒤 계명대학교 대학원 철학과에서 석사와 박사학위를 받았다. 현재 계명대학교 철학윤리학과 교수로 재직 중이다. 주요 저서로는 『한강 정구의 삶과 사상』(공저), 『여헌 장현광의 삶과 사상』(공저) 등이 있고, 「한훤당 김굉필의 도학과 퇴계학」, 「성호 이익의 궁리함양공부와 퇴계학」, 「이익의 사단칠정설과 성호학파의 사상적 분기」 등의 논문이 있다.

우인수 E-mail : iswoo@knu.ac.kr

경북대학교 사범대학 역사교육과 교수로 조선후기 정치사를 전공하고 있다. 영남 남인들의 현실인식과 대응에 대한 연구와 조선후기 생활문화에 대한 연구를 진행하고 있다. 최근 저서로 『조선후기 영남 남인 연구』(2015)가 있고, 논문으로는 「선비들의 임란 창의정신과 의병활동」(2015), 「조선 선조대 지산 조호익의 유배생활」(2013), 「조선후기 도산서원 원상의 구성과 그 특징」(2013) 등이 있다.

박인호 E-mail : inhopark@kumoh.ac.kr

경북대학교 사학과를 졸업하고 한국학중앙연구원 한국학대학원에서 박사학위를 받았다. 조선시대사와 사학사를 전공하였다. 현재 금오공과대학교 교양교직과정부 교수로 재직하고 있다. 저서로는 『한국사학사대요』, 『조선후기 역사지리학 연구』, 『조선시기 역사가와 역사지리인식』, 『제천지역사연구』 등이 있으며, 공저로는 『21세기 역사학 길잡이』, 『흥망으로 본 세계의 역사』 등이 있다.

전성건 E-mail : haoxue@anu.ac.kr

고려대학교 철학과를 졸업하고 같은 대학에서 「다산의 예치사상 연구」로 철학박사 학위를 받았다. 현재 국립안동대학교 동양철학과 교수로 있으면서 퇴계학파 형성과정과 조선시대 가례문화를 연구하고 있다. 저서로 『정약용의 철학사상과 체제개혁론』(고려대학교민족문화연구원, 2014)이 있으며, 번역서로 『다산 정약용의 사례가식』(사람의무늬, 2015)이 있으며, 공저로 『퇴계학파의 사람들』(예문서원, 2017)이 있으며, 「다산 정약용의 경학과 『경세유표』(『다산학』 31, 2017) 등의 논문이 있다.

오용원 E-mail : oyw6769@hanmail.net

동국대학교 한문학과를 졸업하고, 동 대학원에서 석사, 박사학위를 취득하였다. 현재 한국국학진흥원 기획조정실에 재직하고 있다. 조선후기 한시와 일기류 자료 등에 관심을 가지고 연구하고 있다.